Lewis Engel/Tom Ferguson
Unbewußte Schuldgefühle

Lewis Engel/Tom Ferguson

# UNBEWUSSTE SCHULDGEFÜHLE

Antworten
für alle, die sich nur für das Wohlbefinden anderer verantwortlich fühlen
für alle »geborenen Versager«
für alle, die das Leben nicht genießen können
für alle, die in Beziehungen nicht glücklich werden

*Aus dem Amerikanischen übersetzt von Annette Charpentier*

Kreuz Verlag

Die amerikanische Originalausgabe erschien 1990 unter dem Titel *Imaginary Crimes* bei der Houghton Mifflin Company in Boston, U.S.A.



2 3 4 5 96 95 94 93


Umschlaggestaltung: Jürgen Reichert, Stuttgart
Satz: Digital Satz und Druck GmbH, Schrobenhausen
Druck und Bindung: Ebner Ulm
ISBN 3 268 00137 8

# Inhalt

Für Harold Sampson, der mich in die Kontrollbeherrschungs-Theorie einführte und dieses Projekt uneingeschränkt unterstützte. Sein tiefes Verständnis und sein ungeheurer Respekt für seine Klienten sind für mich immer eine Inspiration gewesen.

L.E.

Für alle, die ihr Leben mehr unter Kontrolle bringen wollen – auf ihre eigene Weise und in ihrem eigenen Tempo.

T.F.

# Vorwort

Viele unserer schwerwiegendsten psychologischen Probleme beruhen auf einem bestimmten Schuldgefühl: der verborgenen Schuld, die wir unseren Eltern gegenüber empfinden – manchmal auch gegenüber unseren Brüdern und Schwestern.

Manche Menschen sind sich dieser Gefühle und der Art und Weise, wie sie uns beherrschen, teilweise bewußt. Doch viele tragen diese Schuldgefühle völlig unbewußt mit sich herum. Irgendwo in der Kindheit gelangten sie zu der Überzeugung, die Eltern verletzt zu haben (vielleicht auch die Geschwister). Diese vielleicht nur vermeintlich zugefügten Wunden scheinen Verbrechen gegen die geliebten Menschen und bewirken, daß wir von starken, verborgenen Schuldgefühlen getrieben sind. Diese Schuldgefühle sind so verwirrend, weil sie unbewußt sind. Wir sind uns nur der Probleme bewußt, die sie hervorrufen:

* Manche Menschen behindern den eigenen Erfolg.
* Manche sind unfähig, eine intime und befriedigende Beziehung einzugehen.
* Manche finden es unmöglich, sich zu entspannen und das Leben zu genießen.

Mit diesen Problemen bestrafen wir uns für die vermeintlichen Verbrechen, die wir in der Kindheit begangen zu haben glauben.

Die folgenden sechs Arten vermeintlicher Vergehen scheinen am häufigsten vorzukommen: den anderen ausstechen, belasten, ihn der Liebe eines Dritten berauben, jemanden verlassen, illoyal sein und grundsätzlich minderwertig und schlecht sein.

* *Jemanden ausstechen.* Dieses »Verbrechen« kommt vor, wenn man ein anderes Familienmitglied auf irgendeine Weise zu übertreffen versucht. Wenn man sich selbst als glücklicher, erfolgreicher, beliebter oder genußfähiger empfindet als die

Eltern oder Geschwister, findet man sich vielleicht des vermeintlichen Verbrechens des Ausstechens schuldig.

* *Jemanden belasten.* Wenn einer oder beide Eltern überlastet oder bedrückt scheinen, oder wenn ein Elternteil erfolglos oder unerfüllt ist oder war, denkt man vielleicht, man sei schuld an ihrem Unglück. Man glaubt vielleicht unbewußt, daß die Last der Kindererziehung der Grund für ihr Unglück und ihre Unzufriedenheit war.

* *Jemanden der Liebe eines Dritten berauben.* Wenn man glaubt, die Liebe und Zuwendung erhalten zu haben, die ein anderes Familienmitglied brauchte, um zu gedeihen, fühlt man sich vielleicht des eingebildeten Verbrechens des Liebesraubs schuldig. Man fühlt sich dann unbewußt verantwortlich für alle Schwierigkeiten und Probleme des vernachlässigten Geschwisters oder Elternteils.

* *Jemanden verlassen.* Hinter dieser Schuldvorstellung steht der Wunsch, sich von den Eltern zu lösen, eigene Entscheidungen zu treffen, von Zuhause fortzuziehen und ein eigenständiges, unabhängiges Leben zu führen. Wenn man das Gefühl hat, den Eltern durch das eigene Erwachsenwerden und Fortziehen den Hauptlebensinhalt genommen zu haben, oder wenn man meint, daß die Eltern ohne einen zutiefst unglücklich sind, fühlt man sich vielleicht schuldig, jemanden den man liebt, verlassen zu haben.

* *Illoyalität.* Hier handelt es sich um das »Verbrechen«, die Eltern kritisiert, Familienregeln gebrochen, elterliche Erwartungen enttäuscht oder unabhängige Lebensentscheidungen getroffen zu haben. Wenn man den Eltern gegenüber kritische Gedanken hat, wenn man Berufsleben, Religion oder Lebensweise ablehnte, die sie für einen planten, wenn man andere politische oder philosophische Ideen übernahm oder jemanden heiratete, der einem anderen Glauben, einer anderen Rasse oder Klasse angehört, fühlt man sich vielleicht der Illoyalität schuldig.

* *Grundsätzliche Schlechtigkeit.* Negative Botschaften, Mißhandlung oder Vernachlässigung haben ein Kind vielleicht zu dem Schluß gebracht, daß etwas grundsätzlich mit ihm nicht stimmt. Noch heute glaubt dieser Mensch vielleicht, daß, gleich wie freundlich und fürsorglich er ist, er eigentlich immer noch hassenswert, abstoßend und nicht liebenswert sei.

Gleich, was das vermeintliche Verbrechen – oder die Kombination von »Verbrechen« war –, das Kind empfindet sich schuldig und bestraft sich von nun an selbst.

Diese Selbstbestrafung kann viele verschiedene Formen annehmen. Vielleicht erniedrigt man sich selbst. Man leidet vielleicht unter Ängsten oder Depressionen. Man sabotiert unbewußt die eigenen Anstrengungen, eine intime, befriedigende Beziehung zu haben. Oder man zerstört die Beziehung, die man bereits eingegangen ist. Die verborgene Schuld treibt einen, sich genau das zu verweigern, was man am liebsten haben will – Erfolg, Intimität, Freude und Seelenfrieden.

Die Gedanken in diesem Buch basieren auf der Kontrollbeherrschungs-Theorie, einer aufregenden neuen Psychotherapie-Theorie, die von dem Analytiker Joseph Weiss, San Francisco, entwickelt wurde. Sie beruht zwar auf klassischen psychoanalytischen Gedanken, liefert jedoch ein starkes, hoffnungsvolles neues Bild der menschlichen Seele. Dieses Buch konzentriert sich vornehmlich auf einen Aspekt der umfassenden Theorie von Weiss: Die ungeheure Rolle, die unbewußte Schuldgefühle bei vielen psychologischen Problemen spielen.

Uns ist bewußt, daß die Bezeichnung »Kontrollbeherrschungs-Theorie« leicht autoritär klingt. Wir möchten jedoch versichern, daß die Theorie selbst alles andere als autoritär ist. Kontrollbeherrschung bietet eine optimistische Betrachtungsweise des Menschen, ähnlich der von Carl Rogers und Abraham Maslow.

Der Begriff Kontrolle bedeutet nicht, daß wir uns oder andere kontrollieren müssen. Er meint vielmehr, daß wir bestimmte wichtige Aspekte unseres Seelenlebens kontrollieren können, wenn dies angemessen ist. Das Wort Beherrschung spiegelt die Annahme, daß jeder den angeborenen Trieb besitzt, seelische Probleme zu beherrschen, zu meistern.

Ein Schlüsselaspekt der Kontrollbeherrschungs-Theorie ist die

Bedeutung von Sicherheit. Wenn ein Mensch sich sicher fühlt, kann er wachsen und sich auf die Erfüllung seines Wesens hin entwickeln. Von Angst, Schuld oder Scham überwältigt ist dies unmöglich. Daher besteht die Aufgabe des Kontrollbeherrschungs-Therapeuten darin, ein Klima von Sicherheit zu schaffen, in dem die Klienten sich an die traumatischen Vorfälle erinnern können, die zu ihren seelischen Problemen führten, und sie beherrschen lernen.

Die in diesem Buch vorgestellten Prinzipien sind besonders nützlich für alle, die das Gefühl quält, sich ständig selbst im Weg zu stehen und ihre höchsten Ziele zu sabotieren. Kontrollbeherrschung sucht die Ursprünge dieses selbstzerstörerischen Verhaltens aufzudecken – in Kindheitsinteraktionen mit den anderen Familienangehörigen.

Die Kontrollbeherrschungs-Theorie glaubt, daß viele seelischen Probleme Folge eines falschen oder übertriebenen Gefühls von Verantwortlichkeit für die Probleme geliebter Menschen sind. In den folgenden Kapiteln werden Dutzende von Fällen vorgestellt, in denen Menschen therapeutisch daran arbeiteten, sich von ihren vermeintlichen Verbrechen loszusprechen. Denn bei näherer Betrachtung stellt sich fast immer heraus, daß sie die Verbrechen, derer sie sich bezichtigen, nicht begangen haben. Wenn man diese »Verbrechen« identifiziert, kann man herausfinden, wie irrational oder übertrieben die unbewußten Schuldgefühle in Wirklichkeit sind und beginnen, sich davon zu befreien. Wenn die unbewußte Schuld ihren Griff lockert, merkt man bald, daß man weniger selbstzerstörerisch und selbstbestrafend handelt.

Die Kontrollbeherrschungs-Theorie bietet zwar neue, starke Einsichten, die bei seelischen Dilemmas helfen, doch wir wollen nicht behaupten, daß das Lesen dieses Buches schnelle, wundersame Lösungen langwieriger psychologischer Schwierigkeiten bietet. Echtes seelisches Wachstum braucht Mühe und Zeit. Dieses Buch kann jedoch direkt helfen, indem es die Anstrengungen auf einen positiven, konstruktiven Weg leitet – indem eine deutliche, neue Perspektive für die eigenen Probleme und die von Freunden und Angehörigen gegeben wird.

Hier noch drei technische Hinweise:

* Unsere Fallbeschreibungen beruhen auf tatsächlichen Erfahrungen, doch die persönlichen Informationen wurden verändert, um keine Persönlichkeitsrechte zu verletzen. Einige Fallbeschreibungen wurden vereinfacht oder mit anderen kombiniert, um wichtige Punkte zu veranschaulichen.

* Um unsere Gedanken in nicht-sexistischer Sprache auszudrükken, haben wir weibliches und männliches Pronom abwechselnd verwendet, wenn wir von Menschen im allgemeinen reden.

* Dieses Buch ist Ausdruck einer echten Zusammenarbeit zweiter Autoren, doch die Ideendarstellungen und Fallbeispiele entstammen Lewis Engels jahrelanger Erfahrung als Psychotherapeut. Daher benutzen wir manchmal die erste Person, wenn wir nur Engel meinen.

Die Kontrollbeherrschungs-Theorie hat in der psychotherapeutischen Forschung und bei Therapeuten große Begeisterung ausgelöst. Wir sind überzeugt, daß sie in den kommenden Jahren wichtigen Einfluß auf die Arbeit von Therapeuten nehmen wird – und auch auf die Weise, wie wir unsere psychologischen Probleme angehen. Leider dauert es häufig lange, bis sich neue Ideen in diesem Gebiet ausbreiten; selbst unter Therapeuten sind unsere Gedanken noch nicht weit genug verbreitet.

Wir haben dieses Buch geschrieben, weil wir diesen Prozeß beschleunigen möchten. Die Kontrollbeherrschungs-Theorie ist zu gut, um als Geheimnis bewahrt zu werden. Wir sind überzeugt, daß Joseph Weiss' Theorien für die meisten Menschen von großer Hilfe sein können, und daß wir nicht Jahre warten sollten, bis sie aus den wissenschaftlichen Kreisen heraus in das breite Publikum dringen.

Wir hoffen, daß *Unbewußte Schuldgefühle* als nützliche Einführung in dieses aufregende, weiterführende System neuer psychologischer Ideen dienen wird.

Lewis Engel Ph.D.
Tom Ferguson, M.D.

Kapitel 1

# Verborgene Schuldgefühle

## Ein Schlüssel zu seelischen Problemen

*»Unsere Patienten glauben uns nicht, wenn wir ihnen ein unbewußtes Schuldgefühl unterstellen. Damit sie uns begreifen, müssen wir ihnen sagen, daß sie unbewußt wünschen, bestraft zu werden.«*

Sigmund Freud

Viele der schwierigsten seelischen Probleme werden durch Schuldgefühle verursacht. Ich hatte schon lange erkannt, daß Schuld eine starke und gewöhnlich destruktive Rolle im Leben vieler meiner Klienten spielte. Als ich mich mehr in die Kontrollbeherrschungs-Theorie vertiefte, erkannte ich, daß ich die Bedeutung von Schuldgefühlen trotzdem stark unterschätzt hatte.[1]

Meine Klienten haben mir Tausende von Vorfällen geschildert, aufgrund derer sie sich schuldig fühlten. Wenn sie sich grausam oder unehrlich verhalten hatten, bestätigte ich ihnen die Angemessenheit dieser Schuldgefühle und versuchte, ihnen bei der Wiedergutmachung zu helfen. Doch viele Klienten litten wegen höchst trivialer oder sogar nichtexistenter Dinge unter intensiven Schuldgefühlen – wegen kleinerer Vergehen, unfreundlichen Gedanken, sexuellen Phantasien oder anderen Situationen, in denen die vermeintliche Missetat nur wenig oder gar keinen Schaden angerichtet hatte. In diesen Fällen versuchte ich, den Klienten zu der Erkenntnis zu verhelfen, daß ihre Schuldgefühle stark übertrieben oder sogar völlig unberechtigt waren.

Doch die Schuldgefühle, von denen meine Klienten berichteten – ob nun gerechtfertigt oder nicht – waren nur diejenigen, die ihnen bewußt waren. Unbewußte Schuld kann noch viel belastender sein. Wir nehmen sie nicht wahr und können so nicht dagegen angehen. Bewußte Schuld kann entweder tatsächlichen oder vermeintlichen Verletzungen anderer Menschen entspringen, doch unbewußte Schuld entstammt fast immer eingebildeten oder stark übertriebenen Fehlern. Wir werden sehen, daß verborgene Schuld Teil des Preises ist, den wir für unsere eingebildeten Verbrechen bezahlen.[2]

## Man kann sie nicht fühlen

Wenn Sie diese Seiten lesen und über Ihre Probleme nachdenken, glauben Sie nicht, daß Sie Ihre verborgene Schuld empfinden können. Sie werden feststellen, daß Sie diese Schuldgefühle nur indirekt erfahren. Vielleicht verhalten Sie sich so, daß Sie sich frustriert, unglücklich, einsam oder erfolglos fühlen. Oder sie sind sich vage bestimmter Muster der Selbstsabotage oder Selbstzerstörung bewußt. Vielleicht werden Sie ohne offensichtlichen Grund von Angstgefühlen und Depressionen heimgesucht, als müßten Sie sich selbst bestrafen. Das tun Sie in der Tat. Sie bestrafen sich, um die verborgenen Schuldgefühle zu beschwichtigen.

Sehen wir uns drei Menschen an, die mit der Zeit erkannten, wie ihre verborgenen Schuldgefühle sie dazu brachten, ihr eigenes Glück zu behindern.

Lydia war eine große, stille, neunundzwanzigjährige Jurastudentin. Sie war unauffällig, ging ständig gebückt und hatte eine schrecklich geringe Selbstachtung. Sie quälte sich durchs College und schaffte gerade eben die Abschlußprüfung. Anschließend fühlte sie sich völlig ausgebrannt. Nachdem sie bei der nächsten Prüfung mehrfach gescheitert war, kam sie in die Therapie. Sie war nicht in der Lage, so zu arbeiten, wie es erforderlich gewesen wäre.

Lydias Mutter war eine nervöse, perfektionistische Hausfrau, die nach Lydias Geburt ihren Beruf als Modedesignerin aufgegeben hatte. Lydia wurde so zum Mittelpunkt ihres Lebens. Sie schien nur zufrieden zu sein, wenn sie ihrer Tochter zu etwas raten oder sie kritisieren konnte. Immer, wenn Lydia mit Freunden spielen wollte oder andere Zeichen von Unabhängigkeit zeigte, bekam die Mutter eine Depression. Lydias Vater war ein egoistischer, unsicherer Biologielehrer. Er prahlte gern mit seinen wissenschaftlichen Kenntnissen, zeigte aber wenig Interesse an Lydias Meinungen oder Leistungen.

Lydia merkte, daß sie bereits verborgene Schuldgefühle gehabt hatte, als sie das Elternhaus verließ, um zu studieren. Sie glaubte, wenn sie das Abschlußexamen ablegte und finanziell unabhängig würde, würde sie die sich an sie klammernde Mutter verlassen und den ehrgeizigen Besserwisser von einem Vater bedrohen. Unbewußt glaubte sie, daß ihr Erfolg die unglückliche Mutter weiter betrüben und den unsicheren Vater verletzen würde. Lydia beschuldigte sich der vermeintlichen Vergehen des Verlassens und Ausstechens. Die Ängste und die Lethargie, die sie abhielten, ihr Abschlußexamen abzulegen, waren von verborgenen Schuldgefühlen verursacht.

David war ein gutaussehender, dreißigjähriger Mann mit leiser Stimme. Von Beruf war er Skiverkäufer. Er trug Sporthemden und Jeans und bewegte sich mit der natürlichen Anmut eines Athleten. Doch im Gegensatz zu seiner jugendlich-strahlenden Erscheinung wirkte David ständig abwesend und bedrückt.

In der Oberschule hatte er die besten Noten gehabt, doch später wurde er zum Skifan und brachte es nur zu ein paar kleineren Jobs als Skilehrer und Sportartikelverkäufer. Zugleich hatte er eine Reihe oberflächlicher, unbefriedigender Beziehungen mit Frauen. Er war athletisch und attraktiv, doch er hielt sich für dumm, unattraktiv und unmotiviert. Er schien unfähig, Erfolg bei sich zuzulassen – bei der Arbeit, mit Frauen und allgemein. Diese Gedanken erschreckten ihn so sehr, daß er beschloß, eine Therapie zu machen.

David war der Liebling der Mutter gewesen. Sein älterer Bruder Rob war ein körperlich und gesellschaftlich unbeholfener Computerfreak gewesen. David hingegen war gescheit und beliebt. Im Abschlußjahr seiner High School wurde er in die Landesfußballmannschaft berufen. Da beging Rob seinen ersten ernsthaften Selbstmordversuch. Anschließend verbrachte Rob eine Zeitlang in psychiatrischen Krankenhäusern. Schließlich nahm er eine Stelle als Programmierer an, erfüllte aber nie seine vielversprechenden Anfänge.

In der Therapie erkannte David allmählich, daß er an verborgenen Schuldgefühlen litt, weil er so viel Aufmerksamkeit und Anerkennung bekommen hatte, während sein Bruder nur wenig davon abbekam. Er hatte unbewußt gefolgert, Robs Probleme seien Folge seiner eigenen gesellschaftlichen, akademischen und sportlichen Leistungen. David hatte sich des vermeintlichen Liebesraubs beschuldigt. Um diese Schuldgefühle zu mildern, hatte er sich bestraft, indem er unangemessen selbstkritisch war und den eigenen Erfolg verhinderte.

Maria war eine attraktive Frau, siebenundvierzig Jahre alt und Köchin. Sie war offen und gesprächig, lachte gern und strahlte Herzlichkeit und Wärme aus. Ihre berufliche Laufbahn entwickelte sich gut, doch Maria ließ sich ständig auf Beziehungen mit erfolglosen Männern ein, die sie schlecht behandelten und dann mit anderen Frauen durchbrannten. Maria kam mit der Klage in die Therapie, daß Männer unmöglich seien und ihr Liebesleben eine Katastrophe.

Nach der Scheidung ihrer Eltern hatte sich Marias Mutter auf mehrere Beziehungen mit Alkoholikern, Versagern, Frauenhelden und Betrügern eingelassen. In der Therapie merkte Maria, daß sie unbewußt unangemessene Partner wählte – genau wie ihre Mutter. Unbewußt glaubte Maria, wenn sie einen passenden Partner wählte und eine glückliche Beziehung entwickelte, würde sie ihre Mutter verraten. Marias verborgene Schuldgefühle, zu haben, was ihre Mutter niemals hatte, verursachten die meisten ihrer Probleme mit Männern.

Wie diese Beispiele zeigen, beruht unsere verborgene Schuld meistens auf dem unbewußten Gedanken, daß wir Eltern oder Geschwister verletzt haben oder in Gefahr schwebten, dies zu tun. Solche falschen Vorstellungen enthalten oft die irrationale Überzeugung, irgendwie für das Unglück anderer Familienangehöriger verantwortlich zu sein, wenn man Erfolg hat und glücklich ist.

## Ein grundsätzliches Mißverständnis

Lydia, David und Maria mißverstanden die Gründe für ihre fortgesetzten Probleme. Sie glaubten, ihre Schwierigkeiten beruhten auf persönlichen »Fehlern«, wie Faulheit, Dummheit oder Unattraktivität, oder gingen darauf zurück, daß sie etwas wollten, was sie für unrealistisch hielten – einen liebevollen, vertrauenswürdigen Partner, einen anregenden Beruf oder ein angenehmes, befriedigendes Leben. Sie alle litten unter der Überzeugung, wenn sie die eigenen, angemessenen Ziele verfolgten, würden sie jemand anderen verletzen. Aufgrund dieses Mißverständnisses waren ihre zahlreichen Versuche, diesen ungesunden Mustern zu entfliehen, erfolglos gewesen.

Lydia war sicher, ihre Probleme beruhten auf »Faulheit und Mangel an Disziplin«. Sie strafte sich beständig und versuchte, sich zu mehr Arbeit anzutreiben. Doch sobald sie begriffen hatte, daß sie unbewußt Erfolg mied – um die Eltern nicht zu »verlassen« –, konnte sie die Abschlußprüfung ablegen und eine Stelle als Anwältin finden.

David betrachtete sich als wenig intelligent, unattraktiv und unmotiviert. Er war überzeugt, so unfähig zu sein, daß nie etwas aus ihm werden würde. Doch sobald David erkannt hatte, daß er unbewußt glaubte, für das Unglück seines Bruders verantwortlich zu sein und diesem vielleicht noch mehr Leid zufügte, wenn er erfolgreich und glücklich würde, konnte er seinen Motivationsmangel in anderem Licht betrachten. Als er die Ursprünge seiner unbewußten Schuldgefühle begriffen hatte, stieg seine Selbstachtung. Er nahm ein schon lange bestehendes Angebot an, die Leitung des Skigeschäfts zu übernehmen und konnte es schließlich kaufen.

Maria pendelte zwischen zwei gleichermaßen entmutigenden Überzeugungen – der, daß es keine vernünftigen Männer gab, und, daß sie zu uninteressant und zu wenig liebenswert sei, um einen vernünftigen Mann anzuziehen. Als sie die Schuldgefühle erkannte, die eine glückliche Beziehung verhinderten, merkte sie, daß keiner dieser beiden trüben Standpunkte stimmte. Sie fühlte sich stärker zu schlichteren, aber zuverlässigeren Männern hingezogen und verlobte sich schließlich mit einem Mann, der sie liebte und höflich und respektvoll behandelte.

Die meisten Menschen bleiben, wie Lydia, David und Maria, in ihren seelischen Problemen stecken, weil sie nicht verstehen, woher diese stammen. Denn seelische Probleme beruhen auf eingrenzenden, unbewußten Überzeugungen.[3]

Diese Überzeugungen werden als Folge von Kindheitserfahrungen entwickelt. Kinder benutzen Logik und Beobachtungsgabe, um Schlüsse über den Gang der Welt zu ziehen. Doch sie mißverstehen häufig, was sie sehen und hören. So wachsen sie häufig mit der Verantwortung für Probleme heran, die sie nicht wirklich verursacht haben.

Lydia fiel als Kind auf, daß ihre Mutter immer dann angespannt und unglücklich wurde, wenn sie selbst glücklich und fröhlich war. Wenn sie jedoch unsicher und unglücklich war, wurde die Mutter fröhlich und interessiert. Lydia zog unbewußt die Schlußfolgerung, daß ihr Glücklichsein die Mutter traurig machte. Wenn sie sich jedoch bekümmert und unsicher verhielt, konnte sie die Mutter glücklich machen.

David bemerkte als Kind, daß es seinem Bruder immer schlechter zu gehen schien, während er Preise einheimste und immer beliebter wurde. Unbewußt schloß er, daß sein Erfolg auf Kosten des Bruders ging.

Maria glaubte, was ihre Mutter sagte: »Männer sind alle Schweine. Man kann nicht mit ihnen und nicht ohne sie leben.« Maria sah, wie ihre Mutter von einem Mann nach dem anderen verletzt und enttäuscht wurde. Dennoch suchte diese sich verzweifelt einen unangemessenen Partner nach dem anderen. Maria schloß unbewußt, daß auch sie sich immer nach einer befriedigenden, intimen Beziehung sehnen, sie aber nie erreichen würde.

Es ist wichtig, daß wir im Auge behalten, daß diese Überzeugungen zwar überwiegend unbewußt sind, doch unser Leben weiterhin kontrollieren. Wenn man Lydia, David und Maria gefragt hätte, ob sie an diese deprimierenden Gedanken glaubten, hätten sie das vermutlich abgestritten. Man ist sich gewöhnlich der trüben, unbewußten Überzeugungen oder der dahinterliegenden vermeintlichen »Verbrechen« nicht bewußt.

## Falsche Beschuldigungen

Viele Kinder gelangen unbewußt zu der Überzeugung, für das Leiden, die Enttäuschung und die Unzulänglichkeiten der Eltern und Geschwister verantwortlich zu sein. Diese unbewußte Überzeugung – Schuld am Unglück, den Unzulänglichkeiten und Leiden unserer Eltern und Geschwister zu haben – nennen wir ein vermeintliches Verbrechen.

Auch wenn Eltern oder Geschwister chronisch unglücklich, unendlich kritisch oder unfähig zur Liebe waren oder unerklärliche Wutanfälle hatten, sind nicht die Kinder dafür verantwortlich. Auch wenn einem Geschwister oder Eltern durch Tod, Scheidung, Trennung oder Gefängnisstrafen genommen wurden, ändert das nichts an dieser Tatsache. Und auch wenn Eltern oder Geschwister aufgrund einer körperlichen Krankheit, aufgrund von Alkoholismus, Drogensucht, Schizophrenie, Depressionen oder einer manisch-depressiven Krankheit unerreichbar waren, sind nicht die Kinder schuld. Doch unbewußt beschuldigen sie sich wegen all dieser schmerzlichen Ereignisse und bestrafen sich für vermeintliche Missetaten, die sie nie begangen haben.

## Das eingebildete Verbrechen, dieses Buch zu schreiben

Beim Schreiben dieses Buches erlebte ich ein relativ geringfügiges, aber anschauliches Beispiel für unbewußte Schuldgefühle. Ich hatte etwa ein Jahr lang mit dem Gedanken gespielt, ein Buch über die Kontrollbeherrschungs-Theorie zu schreiben und sogar damit begonnen, ehe Tom und ich beschlossen, es gemeinsam zu versuchen. Ich wollte zwar sehr gern ein solches Buch schreiben, zweifelte aber ernsthaft an meiner Fähigkeit, es fertigzustellen oder allein zu veröffentlichen. Erst als Tom, ein erfahrener und erfolgreicher Autor, einer Zusammenarbeit zustimmte, war ich sicher, es könnte tatsächlich geschrieben und veröffentlicht werden. An dem Abend, als wir beschlossen, dieses Buch gemeinsam zu schreiben, ging ich hochgestimmt und optimistisch schlafen.

Am nächsten Morgen erwachte ich fast gelähmt vor Angst. Ich lag zitternd da und machte mir Sorgen, daß es zwischen Tom und mir zu Mißstimmigkeiten kommen könnte und unsere Freundschaft über diesem Projekt vielleicht zerbrach. Ich sorgte mich, daß Hal Sampson, von dem ich zuerst über die Kontrollbeherrschungs-Theorie gehört hatte, und Joe Weiss, der sie entwickelte, meinen könnten, ich stehle ihnen die Schau und mich verachten würden. Ich befürchtete, daß eifersüchtige Kollegen mich dann meiden würden. Ich hatte Angst, daß unser schwacher, populärpsychologischer Versuch auf allgemeine Verachtung und Mißbilligung stoßen könnte.

Ich spielte die Tonbänder meines inneren Dialogs immer wieder ab:

*»Hal und Joe wollen eigentlich nicht, daß ich dieses Buch schreibe.«*

»Das ist lächerlich. Sie haben uns immer unterstützt.«

*»Sie versuchen bestimmt, es zu verhindern.«*

»Stimmt nicht. Sie wollen, daß ihre Gedanken ein so weites Publikum wie möglich erreichen.«

*»Sie werden auf die Aufmerksamkeit und den Erfolg neidisch sein, wenn wir das Buch geschrieben haben.«*

»Falsch. Hal und Joe sind beide sehr erfolgreich und anerkannt. Sie haben sich beide noch nie neidisch oder eifersüchtig verhalten.«

*»Bisher nicht – aber wenn sie mir in der letzten Minute ein Bein stellen?«*

Dieser stumme Dialog setzte sich endlos fort – schmerzlich und völlig grundlos. Statt mich zu einer nützlichen Schlußfolgerung oder einem Entschluß zu führen, machte er mich immer mutloser und deprimierter.

Mehrere Tage lang dachte ich wie besessen an alle möglichen Fallstricke. Dann fiel mir unvermittelt ein, daß meine Sorgen ein Bilderbuchbeispiel für das waren, was die Kontrollbeherrschungs-Theorie »Strafgedanken« nennt – besessene negative Gedanken, die man benutzt, um sich vermeintlicher Verbrechen zu beschuldigen (s. Kap. 7). Ich grübelte nun nicht länger über diese beunruhigenden, aber unwahrscheinlichen Möglichkeiten nach, und begann, mir die Folgen zu stellen, die die Kontrollbeherrschungs-Theorie vorschlägt: Warum wäre es für mich ein Verbrechen, ein erfolgreiches Buch zu schreiben? Warum will ich mich selbst bestrafen?

Nach längerer innerer Einkehr erkannte ich, was hinter meinen

Ängsten lag; es war die Sorge, meinen Vater auszustechen. Er hat mich in den letzten Jahren zwar immer unterstützt, aber als ich noch klein war, schien ich ihm nie etwas gut genug zu machen. Schon sehr früh wollte ich alles auf meine eigene Weise tun, und es schien oft, als mißbillige mein Vater, wenn ich anders vorging als er. Ich leitete daraus den irrtümlichen Schluß ab, daß er mich nie anerkennen würde, wenn ich nicht alles so machte wie er. Außerdem hatte mein Vater vor ein paar Jahren erwogen, ein Buch über seine Arbeit zu schreiben, doch das Projekt gelangte nie über das Ideenstadium hinaus. Daher glaubte ich, wenn ich selbst ein Buch schriebe, würde ich Erfolg haben, wo er scheiterte. Außerdem stand ich beim Heranwachsen unter dem Eindruck, daß mein Vater nicht mit seiner Arbeit zufrieden war und sich nicht sonderlich erfolgreich fühlte. Ich hingegen liebe meinen Beruf und fühle mich recht erfolgreich. Ein nützliches Buch zu schreiben würde das Gefühl noch verstärken. Ich glaubte, wenn ich ein Buch schrieb und veröffentlichte, würde ich meinen Vater ausstechen.

Als ich mir dieser tiefsitzenden Gefühle bewußt wurde, wich meine Angst, und ich wurde zutiefst traurig – wegen meines Vaters, wegen all der Jahre, in denen er mit einer beruflichen Situation gekämpft hatte, die ihm nicht recht gefiel. Ich trauerte um einige Aspekte unserer Beziehung. Und ich trauerte um mich selbst. Ich war traurig wegen der ständigen, tiefsitzenden Angst, die mich mein ganzes Erwachsenenleben begleitet hatte. Ich bedauerte, daß mir dies oft Glück und Zufriedenheit geraubt hatte.

Dieser Vorfall führte zu einer wichtigen Selbsterkenntnis: Ich erkannte, daß ich eine starke unbewußte Überzeugung hatte, bei anderen durch meinen Erfolg so viel Neid hervorzurufen, daß sie mich vielleicht angriffen und ablehnten. Aufgrund dieser Überzeugung fürchtete ich unbewußt, daß Hal und Joe mich wegen dieses Buches angreifen würden – trotz ihrer offensichtlichen Begeisterung für das Projekt. Der wahre Grund meiner Ängste war nicht etwas, was sie getan oder gesagt hatten, sondern das vermeintliche Vergehen gegen meinen Vater.

Gelegentlich beunruhigen mich diese Sorgen immer noch, doch es ist nun viel leichter, sie als das zu erkennen, was sie sind. Dann werden sie weniger intensiv und weniger hartnäckig. Und, wie das Buch bezeugt, das Sie gerade in der Hand halten, hielten sie mich nicht davon ab, mein Ziel zu erreichen.

## Motiviert uns ausschließlich Eigeninteresse?

Als ich die Prinzipien der Kontrollbeherrschungs-Theorie allmählich zu verstehen begann, fiel mir auf, daß viele Probleme meiner Klienten grundsätzlich darin bestanden, daß sie Schuldgefühle und Trauer gegenüber den Eltern vor sich verbargen. Diejenigen, die sich dieser Schuld und Trauer bewußt wurden, schienen im Verlauf der Zeit immer mehr Kontrolle über ihre Symptome zu gewinnen.

Ich fragte mich, warum ich nicht schon früher die Bedeutung solcher Schuldgefühle erkannt hatte. Ich fragte mich, warum meine Klienten, äußerst gescheite und psychologisch hochentwickelte Menschen, nur selten überlegten, daß ihre Schwierigkeiten auf den Schuldgefühlen gegenüber den Eltern oder Geschwistern beruhen mochten. Ich begriff, daß jeder von uns den starken Trieb hat, geliebte Menschen – besonders aber die Eltern und Geschwister – zu beschützen und sich um sie zu kümmern. Solche Gedanken kommen uns aber nur selten in den Sinn, weil man gewöhnlich annimmt, wir seien fast ausschließlich durch Eigeninteresse bestimmt. Wir nehmen unsere selbstsüchtige Natur so sehr als gegeben hin, daß wir gewöhnlich nicht die Möglichkeit in Betracht ziehen, daß unsere hartnäckigsten Probleme vielleicht aufgrund irrationaler Sorgen und Gedanken um andere entstanden sind.

Sinn dieses Buches ist es, ein verschlossenes Gebiet zu eröffnen – unsere mächtigen altruistischen Impulse – und sie zu erforschen. Denn nur, wenn wir die Intensität unseres Bedürfnisses verstehen, uns um andere zu kümmern, können wir verborgene Schuldgefühle erfassen – und mit ihnen die verschiedenen Selbstbestrafungen und Selbstbehinderungen, die daraus erwachsen können.

## Falsche Annahmen

Da ich annahm, ausschließlich durch Eigeninteresse motiviert zu sein, hatte ich nie ernsthaft darüber nachgedacht, daß ich aufgrund einer gewissen Empathie und fehlgeleiteter Loyalität meinem Vater gegenüber fast mein ganzes Leben unter Ängsten und selbstbehinderndem Verhalten gelitten hatte. Ich hatte mir immer andere Erklärungen dafür gegeben: Grundsätzlich sei ich faul. Ich war voller Wut. Ich hatte ungeheure Angst vor Versagen. Ich war eigentlich unfähig und so weiter.

In all diesen Gedanken liegt ein wenig Wahrheit. Ich neige dazu, schwere Arbeit vor mir herzuschieben. Ich bin manchmal voller Vorwürfe. Ich scheitere nicht gern, obwohl ich ein paar Dinge sehr gut kann, mache ich andere sehr schlecht. Doch keine dieser Erklärungen ging der Sache auf den Grund – keine machte mich weniger ängstlich. Eigentlich machten sie alles nur schlimmer. Keine Deutung befreite mich, endlich auf mein Ziel hinzuarbeiten, ein nützliches und erfolgreiches Buch zu schreiben.

Erst als mir klar wurde, daß ich Erfolg noch viel stärker als Scheitern mied und die Arbeit liegen ließ, die ich tun wollte, um statt dessen Dinge zu tun, die ich eigentlich nicht mochte, daß ich dabei Schuldgefühle und Trauer um meinen Vater vermied, um in Selbstmitleid zu zerfließen – erst da begann die Arbeit an meinem Buch zu klappen.

## Selbst Babys verhalten sich altruistisch

Freud und viele seiner Zeitgenossen gingen davon aus, daß Menschen grundsätzlich und ausschließlich egoistisch seien.[4] Bis vor kurzem war diese Ansicht unter Sozialwissenschaftlern, Psychiatern und Psychologen weit verbreitet, doch neuere Beweise widerlegen Freuds Gedanken.[5]

Die aktuelle Forschung untermauert nun die These, daß in vielen Tieren – besonders beim Menschen – ein starker Trieb herrscht, anderen in einer Notlage zu helfen.[6] Bei den Arten, die diese Neigung aufweisen – darunter auch der *homo sapiens* – zeigt sich dieser Trieb besonders stark gegenüber dem Nachwuchs, Eltern und Geschwistern. Diese Studien widerlegen nicht, daß Menschen stark durch den Selbsterhaltungstrieb bewegt werden, doch sie fügen ein weiteres, mächtiges, instinktives Motiv hinzu: unsere angeborene Sorge um andere.

Ein Psychologenteam an der Universität von Michigan fand heraus, daß Neugeborene unruhig wurden, wenn sie ein anderes Baby weinen hörten, aber wenig oder keine Reaktion zeigten, wenn sie einem anderen, gleich lauten Geräusch ausgesetzt wurden.[7] Diese Unterscheidung war deutlich instinktiv.

Die Bestürzung, mit der einen Tag alte Säuglinge auf das Weinen anderer Kinder reagieren, ist eine Art rudimentäre Empathie. Die Tatsache, daß ein anderes Kind leidet, löst bei ihnen Bestürzung aus. Doch Neugeborene haben keine Möglichkeit, ihre empathischen Gefühle in eine Tat umzusetzen. Sie können nicht helfen. Doch sobald Kinder fähig werden, sich helfend einzuschalten, tun sie dies auch.

Als Forscher am *National Institute of Mental Health* Kleinkinder zwischen neun Monaten und zwei Jahren untersuchten, fanden sie überraschend viel helfendes Verhalten. Hier die Beschreibung des Verhaltens der anderthalbjährigen Julie angesichts eines weinenden Babys:

»Das Baby begann zu schreien und mit den Fäusten auf den Boden zu schlagen. Meine Bemühungen, es zu beruhigen, regten es nur noch mehr auf, daher setzte ich es schließlich in ein Stühlchen und gab ihm einen Keks.

Sobald es zu weinen angefangen hatte, sah Julie sehr besorgt, erschrocken und ängstlich aus. Ihr Körper versteifte sich. Sie beugte sich zu ihm und neigte den Kopf. Sie streckte die Hand nach ihm aus, berührte es aber nicht.

Das Baby schleuderte den Keks fort und fing wieder zu weinen an. Julie versuchte, ihm das Plätzchen zurückzugeben. Sie wirkte sehr besorgt: ihre Stirn war gerunzelt, die Lippen geschürzt. Als ich das Baby wieder auf den Boden legte, beugte sie sich darüber und blickte mich fragend an.

Ich setzte es in den Laufstall. Es weinte wieder. Julie sah immer noch sehr besorgt aus und begann mehrere Male selbst zu weinen. Sie streichelte Kopf und Schulter des Babys. Es rückte von ihr ab. Sie stieß besorgte, gurrende Laute aus.

Kurze Zeit später kam sie zu mir, nahm meine Hand und führte mich zu dem Laufstall. Dabei sah sie bestürzt und fragend zu mir hoch. Sie nahm meine Hand und versuchte, sie auf den Kopf des Babys zu legen.«[8]

Die neuere Forschung weist eindeutig darauf hin, daß Kinder schon sehr früh instinktive, empathische Bestürzung empfinden, wenn sie einen anderen Menschen leiden sehen. Diese Geschichte zeigt deutlich, daß schon vor Ablauf des zweiten Lebensjahres ein instinktiver Drang Kinder dazu führt, anderen zu helfen.[9]

Psychologen waren bisher der Meinung, daß Altruismus erlerntes Verhalten sei, das sich erst im fünften Lebensjahr zeige. Doch Zoologen sind sich schon lange der Tatsache bewußt, daß viele in Gruppen lebende Tiere einen ausgeprägten instinktiven Drang zeigen, Artgenossen zu helfen. Dieser altruistische Impuls soll die Überlebenschancen aller Gruppenmitglieder erhöhen.[10] Auch Menschen scheinen zu den Arten zu gehören, die diesen ausgeprägten angeborenen altruistischen Impuls aufweisen.

## Probleme mit dem Altruismus

Die Fähigkeit, mit anderen zu fühlen, ist die Wurzel jener Aspekte von Menschlichkeit, die wir am meisten bewundern:
Fürsorge, Nähren, Sich-Opfern und alle komplexen Variationen der Liebe. Das opfervolle Leben von Mutter Theresa, Gandhi, Albert Schweitzer, Martin Luther King und anderen ist beeindruckend. Solche Menschen sind der Inbegriff des menschlichen Altruismus.

Der starke Trieb, sich um andere zu kümmern, ist für einen Gutteil allen beispielhaften Verhaltens verantwortlich. Einer unserer Kollegen erlitt schlimme Brandwunden, als er in sein brennendes Schlafzimmer rannte, um sein Baby zu retten. Die Sorge um das Leben seines Kindes überwog die Sorge um die eigene Sicherheit vollständig. Die Kontrollbeherrschungs-Theorie nimmt an, daß unsere seelischen Probleme etwa auf gleiche Weise entstehen: Die Entscheidung, sich unglücklich zu machen, weil einer oder beide Eltern unglücklich waren oder sind, ist ebenso altruistisch wie die Entscheidung dieses Mannes, sich durch die Flammen zu kämpfen, um die Tochter zu retten.

Die Kontrollbeherrschungs-Theorie glaubt, daß die meisten psychologischen Probleme Folge davon sind, daß die altruistischen Impulse außer Kontrolle geraten. Altruismus spielt eine so wichtige und starke Rolle im Leben, daß er fehlgeleitet den starken Impuls hervorrufen kann, sich selbst zu bestrafen und das eigene Leben zu gefährden.

Wenn Ihre Mutter in Ihrer Kindheit chronisch unglücklich war, spürten Sie vermutlich das starke Bedürfnis, sie aufzuheitern. Wenn Ihnen das nicht gelang, wuchsen Sie vielleicht mit dem intensiven Gefühl auf, bei ihr versagt zu haben. Als Folge fühlen Sie unbewußt, daß Sie es verdienen, ebenfalls chronisch unglücklich zu sein. Es ist typisch für die Kinder chronisch unglücklicher Eltern, daß sie als Erwachsene große Schwierigkeiten haben, sich zu erlauben, glücklich zu sein.

## Faul bis ins Mark

Tief in ihrem Innern haben viele Menschen den unbestimmten Verdacht, daß sie ziemlich schlecht sind – schwach, feige, gemein, egoistisch, unfähig oder verantwortungslos. Daher ist die Vorstellung, mehr über die innersten Triebkräfte zu erfahren, wenig verlockend. Doch wenn sie erkennen, daß viele ihrer Probleme die Folge grundsätzlicher Verantwortung für geliebte Menschen sind, wird der Prozeß, diese Fäden zu entwirren, eindeutig weniger erschreckend.

Leider wird die Sache dadurch nicht einfacher. Bei der Durcharbeitung verborgener Schuldgefühle entdeckt man vermutlich ein großes Reservoir von Trauer – um die Leiden der Eltern und Geschwister, um die eigenen Schmerzen und die selbstauferlegten Grenzen. Um weiter zu wachsen, muß man diesen Schmerz anerkennen und erleben. Man muß sich den schwierigen Familiengeheimnissen stellen. Man muß die Tatsache akzeptieren, das Leben bisher verzerrt und eingeschränkt zu haben, um im Einklang mit den unbewußten Überzeugungen zu bleiben. Und man muß sich bewußt werden, wie oft man Gelegenheiten verpaßte und die begehrtesten Ziele – Liebe, Freundschaft, Glück und Erfolg – beeinträchtigte.

## Der Fluch der Allmacht

Viele Kinder haben ein Problem, das Kinderpsychologen »Kindheitsomnipotenz« nennen – ein überzogenes Gefühl, die Gefühle und das Verhalten anderer Menschen kontrollieren zu können.[11] Omnipotenz oder Allmacht scheint auf den ersten Blick zwar eine gute Fähigkeit zu sein, stellt sich aber bei näherem Hinsehen eher als Fluch heraus. Da das Kind und später der Erwachsene nicht so allmächtig ist, reduziert sich die sogenannte Allmacht des Kindes später zu einer belastenden Verantwortung dafür, daß sich alle wohlfühlen und man alles richtig machten muß, ohne dazu wirklich die Macht zu haben.

Ein Kind kann unter Omnipotenz leiden, wenn die Eltern ihm ein falsches Machtgefühl vermitteln. Wenn streitende Eltern ihre Argumente dem Kind darstellen, als sei es ein Richter oder Eheberater, fühlt es sich unbewußt für den Erfolg der Ehe verantwortlich. Wenn ein unglücklicher Vater sich bei der Tochter beklagt, wie kalt und gemein die Mutter sei, deutet das Kind unbewußt, daß es an ihm läge, ihn aufzuheitern. Wenn ein frustrierter Elternteil einem Kind Dinge sagte wie: »Du machst mich unglücklich«, »du machst mich verrückt« oder »du hast mein Leben ruiniert«, wird das Kind diese Aussagen für wahr halten.

Ein Kind kann sich für jede Art von Familientrauma verantwortlich fühlen – Tod, Scheidung, Alkoholismus oder körperliche und seelische Krankheiten. Ein kleines Kind denkt leicht, daß solche traurigen Ereignisse durch seine bösen Gedanken oder schlechtes Benehmen ausgelöst wurden. Wenn es erst einmal davon überzeugt ist, daß seine Gedanken anderen schaden können, leidet es an einer besonders belastenden Form von Omnipotenz, den »Zaubergedanken«.

## Zaubergedanken

Bei Zaubergedanken handelt es sich um die Überzeugung des Kindes, es sei fähig, Dinge geschehen zu lassen, indem es sie denkt. Wenn Kinder dies bei ihren positiven Wünschen und Hoffnungen glauben, kann es sehr bestätigend wirken. Wenn sie aber meinen, ihre wütenden und verletzenden Gedanken würden anderen schaden, kann dies zu einer schrecklichen Belastung werden.

Eines abends war Hanna, elf Jahre alt, wütend auf ihren Vater und weigerte sich, ihm einen Abschiedskuß zu geben, als er auf eine Geschäftsreise ging. Sie sah ihn nie wieder. Sein Flugzeug stürzte ab, und er kam um. Heute, fünfundzwanzig Jahre später, macht Hanna immer noch die unbewußte Überzeugung zu schaffen, sie sei für den Tod des Vaters verantwortlich. Ihre wütenden Gedanken hätte irgendwie den Absturz des Flugzeugs verursacht.

Im nächsten Kapitel schildern wir genauer, welche Probleme dies im späteren Leben Hannas hervorrief.

## Wenn du Hunger hast, esse ich nicht

Da Kinder ein so ausgeprägtes Verantwortungsgefühl für ihre Eltern haben, hängt die Fähigkeit eines Menschen, Glück, Zufriedenheit und seelische Gesundheit zu erleben, stark davon ab, wie glücklich die Eltern waren. Wenn Mutter und Vater glücklich, gesund und erfolgreich waren, denkt das Kind, seine Handlungen – gute Gedanken und ebensolches Verhalten – hätten die Eltern vor Schaden bewahrt. Es betrachtet sich als einen positiven Einfluß im Leben der Eltern und entwickelt gute Gefühle sich selbst gegenüber.

Doch wenn die Dinge schlecht stehen – wenn Mutter oder Vater körperlich oder seelisch krank, alkoholsüchtig oder unglücklich sind, glaubt es, es habe versagt. Dann schließt es vielleicht unbewußt, es selbst habe den Eltern dieses Leid zugefügt und müsse irgendwie schlecht und unfähig sein.

Da man sich für geliebte Menschen so verantwortlich fühlt, ist man nicht bereit, erfüllt oder zufrieden zu sein, wenn diejenigen, die einem am nächsten stehen, leiden. Als mein Sohn Nick sieben war, sah er eine Fernsehsendung über Hunger in der Welt. Danach kam er zu mir und nahm mich in den Arm. »Weißt du, Daddy,«, sagte er, »wenn du und Mammi so hungern würden wie die Leute in Afrika, würde ich auch nichts mehr essen.« Nicks Verhalten bietet ein schönes Beispiel für unsere natürliche Neigung, das gleiche Schicksal zu teilen wie die anderen Familienangehörigen. Wenn du nicht ißt, esse ich auch nichts. Wenn du nicht glücklich bist, bin ich es auch nicht.

## Aber sind wir wirklich unschuldig?

Wir haben festgestellt, daß Kinder für das Unglück von Eltern und Geschwistern nicht verantwortlich sind. Manche Leser mögen dagegen Einwand erheben. Sie meinen vielleicht, sie hätten den Eltern oder Geschwistern tatsächlich großes Leid und Unglück zugefügt.

Sicher sind sich viele Menschen sehr deutlich bewußt, daß sie ihren Eltern eine Last sind. Manche Kinder sind unerwünscht, andere haben schwere seelische oder körperliche Behinderungen. In manchen Fällen verlangt die Erfüllung ungewöhnlicher Bedürfnisse der Familie starke emotionale, körperliche und finanzielle Opfer ab. Die Geburt eines Kindes zwang vielleicht einen Elternteil, den Beruf oder einen Lebenstraum aufzugeben. Einer oder beide Eltern blieben vielleicht um der Kinder willen in einer unglücklichen Ehe. Für manche Eltern bedeutet die Erziehung von mehreren lebhaften Kindern einfach mehr, als sie bewältigen können. Elternsein ist schwer, und viele Menschen sind damit schlichtweg überfordert.

Doch obwohl solche Schwierigkeiten zum Leid der Eltern und Geschwister beigetragen haben mögen, war es weder die Entscheidung des Kindes noch seine Absicht, ihnen Leid zuzufügen. Daher ist es irrational, sich selbst die Schuld dafür zu geben. Dies ist besonders offensichtlich, wenn das Kind schwer krank ist. Eine solche Krankheit macht zwar jedem Familienmitglied das Leben schwerer, doch das Kind selbst trägt keine Schuld daran.

Die Tatsache, daß man für die Eltern zuviel Belastung bedeutete – zu aktiv, zu clever, zu eigensinnig, zu verschieden von ihren Erwartungen war – ist auch nicht die Schuld des Kindes. Die Eltern gaben ihr Bestes, aber sie waren einfach nicht fähig oder flexibel genug, sinnvoll mit dem Kind umzugehen. Alle normalen Kinder sind zuweilen selbstsüchtig, böse, wütend oder achtlos gegenüber den Gefühlen anderer. Wir sind zwar von dem Zeitpunkt an für unser Tun verantwortlich, wenn wir Gut und Böse unterscheiden können, doch letztendlich ist es Sache der Eltern, vernünftige Grenzen zu setzen.

Manche Menschen haben sich tatsächlich gegenüber nahen Familienangehörigen schuldig gemacht, indem sie ablehnend, grausam, ausnutzend oder sexuell unangemessen mit jüngeren Geschwistern umgingen. Wenn das zutrifft, ist es wichtig, sich dem zu stellen und so viel wie möglich an Wiedergutmachung zu leisten. Falls möglich, sollte man mit dem betroffenen Angehörigen reden, eingestehen, was geschah und sich entschuldigen. Wenn es nicht möglich ist, direkte Zugeständnisse zu machen, weil die betroffene Person gestorben ist oder nicht mit einem spricht, ziehen Sie vielleicht eine Alternative in Betracht, mit der es Ihnen besser geht: Wenn Sie einen jüngeren Bruder abgelehnt haben, könnten Sie zum »großen Bruder« für ein Kind werden, das von seinem eigenen Vater abgelehnt wird. Wenn sie eine jüngere Schwester mißhandelt haben, könnten Sie ein Heim für geschlagene Mütter und Kinder unterstützen. Indem Sie Ihr inneres System moralischer Buchführung ausgleichen, können Sie den unbewußten Trieb mildern, sich selbst zu bestrafen.

## Die Schuld auf sich nehmen

Kinder aus besonders chaotischen, lieblosen und vernachlässigenden Familien haben noch einen weiteren Grund, ihre vermeintlichen Verbrechen zu verbergen: Wenn sie das tun, können sie nämlich hoffen, weiterzuleben. Wenn ein oder beide Elternteile gefühlskalt, unglücklich, gemein, verantwortungslos, oder schwach waren, halten sie sich vielleicht selbst für das Problem, nicht die Eltern.

Es ist psychologisch leichter und sicherer, sich selbst die Schuld zu geben, statt sich der beunruhigenden, beschämenden und manchmal erschreckenden Tatsache zu stellen, von inkompetenten, ablehnenden oder lieblosen Eltern abhängig zu sein. Die Schuld auf sich zu laden, ist vielleicht weniger schrecklich, als sich der Wahrheit zu stellen. In Begriffen der kindlichen Zaubersprache heißt es sogar, das bloße Eingeständnis der Tatsache, daß ein Elternteil unglücklich, behindert, lieblos oder verrückt ist, trüge bedeutsam dazu bei, daß sie so sind.

## Einsicht in seelische Probleme

Menschen, die unter massiven, unbewußten Schuldgefühlen leiden, zerstören ihre Ehe, entfremden sich von ihrer Familie, sabotieren ihre berufliche Laufbahn, werden Tabletten- oder Alkoholabhängig oder leiden unter überwältigenden Angstgefühlen und Depressionen.[12] Jene mit weniger starken Schuldgefühlen strafen sich hingegen auf mildere Weise – indem sie ein Scheckbuch verlieren, den Partner unsinnig kritisieren oder indem sie ständig »vergessen«, sich Zeit für Dinge zu nehmen, die ihnen am meisten Spaß machen.

Wir werden in den folgenden Kapiteln sehen, daß man seine psychologischen Probleme nicht voll begreifen kann, wenn man nicht identifiziert, wie die verborgenen Schuldgefühle einen dazu bringen, das Leben zu sabotieren. Erst dann kann man begreifen, wie diese Schuld mit starken altruistischen Sorgen um Bruder oder Schwester, vor allem aber um die Eltern verknüpft ist.

Kapitel 2

# Der Hexenfluch

## Destruktive, unbewußte Überzeugungen wirken wie ein Fluch

*»Solange es dem Menschen gut geht, ist sein Gewissen nachsichtig... aber wenn ihm ein Unglück zustößt, durchforscht er seine Seele, erkennt seine Sünden, erhöht die Ansprüche seines Gewissens, erlegt sich Enthaltsamkeit auf und bestraft sich.«*

Sigmund Freud

Von früher Kindheit an entwickelt man Überzeugungen darüber, wie es in der Welt zugeht: Wenn ich einen heißen Ofen anfasse, tut das weh. Wenn ich weine, tröstet meine Mutter mich. Doch da Kinder die Gesetze von Ursache und Wirkung nicht kennen, gelangen sie häufig zu irrationalen Schlußfolgerungen.

Eines der wichtigsten Dinge, die wir lernen müssen, ist, wie unsere Handlungen unsere Eltern betreffen. Die Bindung an die Eltern ist – trotz der altruistischen Gründe, die wir im ersten Kapitel diskutierten – von höchster Bedeutung, und unser Überleben hängt von dieser Bindung an die Eltern ab. Daher werden wir jeden Aspekt unserer Persönlichkeit verurteilen, der sie zu ärgern scheint. Wir lehnen alle Ziele ab, die sie kritisch zu betrachten scheinen, denn wir fürchten, daß sie uns ihre Unterstützung, ihre Liebe und den Schutz, den wir zum Überleben brauchen, entziehen könnten, wenn wir sie verletzen oder beleidigen.

Ein lebhaftes Kind, das spürt, daß seine überschäumende Energie die depressive Mutter überfordert, schließt folglich, daß Lebhaftigkeit eine schlechte, gefährliche Angewohnheit ist. Als Folge schränkt es seine wilden Spiele und seine Überschwenglichkeit ein und wird ebenfalls depressiv.

Auch wenn das Kind weiterhin lebhaft bleibt, trägt es die unbewußte Überzeugung mit sich, daß Fröhlichkeit schlecht sei und andere verletze. Die Macht dieser unbewußten Überzeugung kann so groß sein, daß das Kind sich derart verhält, daß diese negative Voraussage Wirklichkeit werden muß. Es spricht vielleicht ohne Erlaubnis im Unterricht oder verhält sich aufsässig, damit es von den Lehrern getadelt wird. Die unbewußten Gedanken, die man in dem Versuch bildet, die Bindung an die Eltern aufrecht zu erhalten, werden so zu sich selbst erfüllenden Prophezeiungen.

## Überzeugungen, die sich nicht verändern

Als wir klein waren, hatten wir teilweise oder völlig falsche Vorstellungen vom Zusammenspiel von Ursache und Wirkung. Doch im Verlauf der Zeit konnten wir die falschen Annahmen überprüfen und unser Verständnis der Welt verändern. Beim Älterwerden entwickelt man daher immer konkretere Vorstellungen vom Leben.[1]

Doch einige der problematischsten Erkenntnisse scheinen zu schmerzlich oder bedrohlich, um überprüft zu werden. Statt sie auszutesten, schiebt man sie lieber ins Unterbewußtsein ab. Leider steht eine vermeintliche Erkenntnis, wenn sie erst unbewußt geworden ist, nicht mehr zu einer Überprüfung zur Verfügung. So bleiben manche falschen Kindheitsbilder unkorrigiert, können so irgendwann einen schlimmen Einfluß auf das Leben ausüben.

Die Kontrollbeherrschungs-Theorie nennt diese alten, unkorrigierten Kindheitsbilder destruktive unbewußte Überzeugungen.[2] Gewöhnlich nehmen sie folgende Form an: Wenn ich ein Ziel X (wünschenswert) verfolge, dann geschieht mir oder einem anderen Familienangehörigen Y (ein schreckliches Unglück). Man ist überzeugt, für sich oder andere geliebte Menschen ein Unglück heraufzubeschwören, wenn man den eigenen natürlichen Impulsen, Wünschen oder Zielen folgt.[3]

### Hannas destruktive, unbewußte Überzeugung

Wie wir im letzten Kapitel sahen, beschuldigte sich Hanna des vermeintlichen Verbrechens, den Vater getötet zu haben, weil sie sich kurz vor seinem Tod geweigert hatte, ihm einen Kuß zu geben. Hannas Mutter war eine unzufriedene, unglückliche Frau, die nach dem Tod des Mannes noch mutloser wurde. Ihr einziges Vergnügen schien darin zu bestehen, jede Einzelheit in Hannas Leben zu kontrollieren. Wenn Hanna über die Einmischungen der Mutter wütend wurde, verhielt sich diese schrecklich beleidigt. Statt Hanna zu helfen, die Gefühle beim Tod des Vaters zu überwinden, verstärkte sie sie.

Der unbewußte Glaube Hannas, den Vater getötet zu haben, bewirkte eine Reihe destruktiver, unbewußter Überzeugungen. Da Hanna sich als Mörderin betrachtete, glaubte sie, nur wenig Vergnügen und Zufriedenheit zu verdienen, und sie wurde unbewußt getrieben, ihr eigenes Glück zu beeinträchtigen. Da sie überzeugt war, ihre Wut würde den Verlust geliebter Menschen bewirken, war sie unfähig, in einer intimen Beziehung Wut auszudrücken.

Als Folge davon stellte sich jede enge Beziehung als ein ernstes Dilemma dar. Wenn Hanna ihre Gedanken und Gefühle frei äußerte, glaubte sie, den Partner zu verlieren. Wenn das nicht der Fall war, wurde sie immer vorwurfsvoller und verlor schließlich alle liebevollen Gefühle. Wie zu erwarten, war Hanna nicht in der Lage, eine bedeutsame, intime Beziehung länger aufrecht zu erhalten.

### Ein Fall von Selbstsabotage

Larry war ein intelligenter, sympathischer Mittdreißiger, der als Manager auf mittlerer Ebene in einem großen Chemiewerk arbeitete. Er war fähig und ehrgeizig, doch jedesmal, wenn eine Beförderung anstand, vergaß er, einen wichtigen Brief abzuschicken, reichte einen schlampig verfaßten Bericht ein oder provozierte einen Streit mit einem Vorgesetzten. Daher wurde er mehrfach übergangen.

Als Larry klein war, arbeitete sein Vater als Vorarbeiter in der

Maschinenabteilung einer Autofabrik. Er war ein guter Arbeiter, verfügte jedoch nur über geringe organisatorische Fähigkeiten. Die jungen Männer, die er ausbildete, stiegen immer rasch in höhere Positionen auf, während er selbst niemals befördert wurde. Da dieser Fall mehrfach eintrat, regte sich Larrys Vater darüber auf. Im Verlauf der Jahre wurde er zu einem bitteren, unglücklichen Mann, der zu viel trank und Larry heftig kritisierte. Manchmal, nach einer längeren Trinkphase, erging er sich in langen Schimpftiraden über die jüngeren Kollegen mit Universitätsabschluß, die so aufstiegen, wie er es sich wünschte. Immer wieder erklärte er seiner Frau und seinen Söhnen, das seien doch reine Theoretiker, die seiner Meinung nach nicht einen Pfifferling wert seien.

Larrys Brüder waren beide nicht gut in der Schule, Larry hingegen immer Klassenbester. Larrys Vater und seine Brüder lehnten seinen akademischen Erfolg jedoch ab. Einmal, als Larry ein gutes Examen abgelegt hatte, verprügelten seine Brüder ihn mit der Erklärung: das verdiene er, weil er versuche, ein Besserwisser zu werden. Sein Vater mischte sich nur selten ein.

Larrys Mutter war eine stille, geduldige, leicht depressive Frau, die bei der Heirat einen verantwortungsvollen und befriedigenden Posten in einem großen Büro aufgegeben hatte. Auch als Larry und seine Brüder schon erwachsen waren, weigerte sich ihr Vater, die Mutter wieder arbeiten zu lassen. Er fürchtete, die Leute würden denken, er verdiene nicht genug für den Unterhalt seiner Familie. Larry war der Liebling seiner Mutter und der einzige der Familie, der bislang die Universität besucht hatte.

Von früh an hatte Larry den Eindruck, daß sein Vater ihn ebenso ablehnte wie die jüngeren Kollegen, die immer vor ihm aufstiegen. Sein Vater fühlte sich ganz offenkundig dadurch gedemütigt, und Larry glaubte unbewußt, seine eigenen Erfolge würden den Vater genauso demütigen. Später, als der Vater sich gegen seine Pläne sperrte, die Universität zu besuchen, wurde Larry noch überzeugter, daß sein Vater ihm den Erfolg nicht gönnte.

Nachdem er selbst mehrere Male bei einer anstehenden Beförderung übergangen worden war, beschlich Larry der Verdacht, er sabotiere seine Anstrengungen, voranzukommen, und er beschloß, sich in Therapie zu begeben.[4]

## Navigatoren vor Kolumbus

Menschen, die destruktive, unbewußte Überzeugungen in sich speichern, sind wie Navigatoren vor Kolumbus' Zeiten. Selbst, wenn die damaligen Seefahrer der Tatsache skeptisch gegenüberstanden, daß sie irgendwann vom Rand der Erde kippen würden, wenn sie immer weiter nach Westen segelten, brauchten sie großen Mut, um die schrecklichen Folgen für sich und die Mannschaft zu riskieren, falls sie doch Unrecht haben sollten. Dieser Vergleich zeigt, daß man sich, wenn man seine destruktiven Überzeugungen nicht überprüft, Sorgen macht, nicht nur das eigene Wohlergehen zu gefährden, sondern auch das anderer.

Eine destruktive Überzeugung ist eine Art psychologischer Fluch, der schlimme Konsequenzen verheißt, wenn man eigene Ziele verfolgt. Psychotherapeuten sind sich schon lange darüber im klaren, daß man an unbewußten Schuldgefühlen leiden kann, weil man gierig, feige, egoistisch oder wütend ist, mörderische Gedanken hegt oder von tabuisierten Sexualobjekten oder anderen unerreichbaren Zielen und Wünschen erregt wird. Weiss entdeckte, daß wir praktisch über jeden Wunsch oder jede Hoffnung, egal wie positiv, Schuldgefühle empfinden können. Solange die Eltern sich darüber aufzuregen scheinen, kann man sich einreden, daß die Verfolgung eigener Ziele gleichbedeutend damit ist, den Eltern zu schaden.

- Wenn die Eltern sich an ihr Kind anklammern und dessen Abhängigkeit brauchen, kann der Wunsch nach Unabhängigkeit zum vermeintlichen Verbrechen werden.
- Wenn die Eltern distanziert und von dem Wunsch des Kindes nach Abhängigkeit und Nähe belastet zu sein scheinen, kann der Wunsch nach Nähe zum vermeintlichen Verbrechen werden.
- Wenn die Eltern bei allen Anzeichen von Traurigkeit seitens des Kindes ablehnend wirken, können traurige Gefühle oder Handlungen zum vermeintlichen Verbrechen werden.
- Wenn die Eltern depressiv und trübsinnig wirken und Glück oder gute Laune nicht zu mögen scheinen, kann der Wunsch, glücklich zu sein, ein vermeintliches Verbrechen darstellen.

Der Wunsch nach Unabhängigkeit kann folglich in der einen Familie ein vermeintliches Verbrechen sein, in einer anderen der Wunsch nach Abhängigkeit. Es gibt Eltern, die beleidigt sind, wenn die Kinder mit anderen spielen wollen, aber überlastet und ablehnend reagieren, wenn die Kinder wünschen, daß sie sich um sie kümmern. Ein Kind in einer solchen Situation fühlt sich einerseits wegen seines Wunsches nach Unabhängigkeit schuldig und gleichzeitig wegen dem nach Abhängigkeit.

## Tausendfach wiederholte destruktive Überzeugungen

Die meisten Menschen gewinnen ihre grausamen Überzeugungen in einem langsamen, allmählichen Lernprozeß, der sich über Jahre hinzieht. Larry entwickelte seine destruktive Überzeugung, daß Erfolg für ihn sowohl schädlich als auch gefährlich sein würde, als Folge der kleinen Nörgeleien seines Vaters, dessen Klagen über seinen Beruf und der Bemerkungen und des Verhaltens der Brüder. Keiner dieser Vorfälle in seiner Kindheit war an sich bemerkenswert, doch insgesamt dienten sie dazu, ihm eine mächtige und unmißverständliche Botschaft zu geben. Larrys Überzeugung, daß sein Erfolg seine Familie beeinträchtigen würde, ist ein Beispiel für eine tausendfach wiederholte destruktive Überzeugung.[5] Diese beruht nicht auf einem einzigen traumatischen Vorfall, sondern auf einer Reihe von kleineren Ereignissen, die sich über einen langen Zeitraum hinweg immer wiederholten.

Einige der tausendfach wiederholten destruktiven Überzeugungen entstammen negativen Elternbotschaften. Wenn einem Jungen immer wieder gesagt wird, aus ihm werde nie etwas, wächst er höchstwahrscheinlich mit der Überzeugung heran, dies stimme. Wenn eine Mutter einem jungen Mädchen immer wieder sagt, man könne Männern nicht trauen, findet die junge Frau es vermutlich schwierig, eine stabile, intime Beziehung zu einem Mann aufrecht zu erhalten. Die Wirkungen negativer Elternbotschaften werden in Kapitel 6 ausführlicher beschrieben.

## Traumatisch ausgelöste destruktive Überzeugungen

Manchmal werden destruktive Überzeugungen aufgrund eines einzigen, eindrucksvollen, schockierenden Vorfalls gebildet. Hanna gelangte zu ihrer Überzeugung, daß sie jemanden vielleicht auf immer verliert, wenn sie ihm oder ihr die Zuneigung verweigert, weil ihr Vater starb, kurz nachdem sie sich geweigert hatte, ihm einen Kuß zu geben. Ein Kind, das den Tod eines Elternteils oder eines anderen engen Angehörigen erlebt, fühlt sich in irgendeiner Weise fast immer dafür verantwortlich.

Kinder haben wie Erwachsene kurz nach einem traumatischen Ereignis Probleme – nach dem unerwarteten Tod eines nahestehenden Menschen etwa, einer Krankheit, einem Unfall, einem Raubüberfall, einer Vergewaltigung, einer Naturkatastrophe oder einem anderen Unglück. Fast jedermann neigt dazu, sich für traumatische Ereignisse verantwortlich zu fühlen, auch wenn es keine Möglichkeit gegeben hätte, sie zu kontrollieren. Wenn ein Freund Selbstmord begeht, sagen wir uns, wir hätten es voraussehen müssen und eingreifen können. Bei Kindern ist diese irrationale Übernahme von Verantwortung noch stärker ausgeprägt.

Manche Klienten kommen mit der Hoffnung in die Therapie, einen einzigen Vorfall aufzuspüren, der ihre Probleme erklären wird. Den finden sie fast nie. Die große Mehrheit der Probleme beruht auf tausendfach wiederholten destruktiven Botschaften. Destruktive Überzeugungen aufgrund traumatischer Ereignisse sind viel seltener.

## Trennung und andere Traumata

Eine lange Trennung von den Eltern – oder Trennungen, die unter angsterregenden Umständen passieren – können ebenfalls destruktive, unbewußte Überzeugungen hervorrufen.

Als Paul zweieinhalb war, erkrankte sein älterer Bruder an Masern. Seine Eltern sorgten sich, der kleine Paul könne sich anstekken. Ohne eine Vorwarnung und mit wenigen Erklärungen schickten sie den Jungen zu Onkel und Tante. Die Eltern, die zu jener Zeit mit schweren Problemen zu kämpfen hatten, holten ihn erst drei Monate später wieder nach Hause.

Zum Zeitpunkt der Trennung war Paul ein lebhaftes Kind mit ausgeprägtem Willen. Als er drei Monate später zurückkehrte, war er still, angespannt und fast zu freundlich. Als er sich mit zweiunddreißig in Therapie begab, war er immer noch der stille, angespannte Junge, der von Onkel und Tante zurückkam. Er hatte unbewußt geschlossen, er sei fortgeschickt worden, weil er zu lebhaft und eigensinnig gewesen war. In all den Jahren hatte er die Überzeugung beibehalten, ein derartiges Verhalten führe zu Ablehnung.[6]

Andere Kindheitstraumata können ähnliche Folgen haben. Dazu gehören Unfälle und Krankheiten (entweder eigene oder die von Angehörigen), körperlicher und sexueller Mißbrauch, finanzielle Schwierigkeiten der Familie oder eine manische, depressive, schizophrene oder alkoholische Phase eines Elternteils oder Geschwisters. Wir werden in Kapitel 10 diskutieren, wie solche fortgesetzten Traumata in der Familie destruktive, unbewußte Überzeugungen entstehen lassen.

## Der böse Fluch

Destruktive Überzeugungen sind wie Bannflüche im Märchen. Dornröschen wurde von einer wütenden bösen Fee verflucht, die sich zurückgesetzt fühlte, als sie nicht zur königlichen Taufe eingeladen wurde. Genau wie Dornröschen eine Katastrophe riskierte, als sie sich von dem faszinierenden Spinnrad anlocken ließ, fürchtet man unbewußt, psychologische Verdammnis zu riskieren, wenn man diejenigen Ziele verfolgt – Unabhängigkeit, Erfolg und Glück – die einem von den unbewußten Überzeugungen untersagt werden.

Jene Menschen, die dieses verschwommene Gefühl von Verdammnis mit sich herumschleppen, glauben, daß sie vorübergehend das Schicksal betrügen, wenn es ihnen einmal gut geht. Es ist, als hätten sie ihre Steuererklärung gefälscht: Sie wissen genau, daß man sie am Ende doch erwischt. Wenn das geschieht, müssen sie alle ausstehenden Steuern nachzahlen und vielleicht eine Gefängnisstrafe riskieren. Wenn die Dinge schlecht stehen, ob in größeren oder kleinen Angelegenheiten, glaubt man, endlich vom schrecklichen, aber unvermeidlichen Schicksal eingeholt worden zu sein. Man hält sich für dumm, jemals den Gedanken gewagt zu haben, man könnte glücklich, erfolgreich oder erfüllt sein.

George, der die Oberschule abbrach und sich bis zum erfolgreichen Reporter hochgearbeitet hatte, war am Boden zerstört, als sein alter, wertvoller Porsche gestohlen wurde. Das bestätigte seine unbewußte Überzeugung, er würde niemals etwas wirklich behalten dürfen, an dem ihm wirklich lag. Mehrere Wochen lang war er von dem Gedanken besessen, er würde nun auch noch seine Arbeit und seine Freundin verlieren.

Viele Menschen mit psychologischen Schwierigkeiten tragen diese Vorahnung eines bösen Schicksals mit sich herum. Was immer sie auch tun, um es abzuwenden, das Muster bleibt das gleiche.

Die meisten Menschen haben zumindest vorübergehend einmal das Gefühl, unter einem Fluch zu stehen. Die Einzelheiten dieser Ahnung eines bevorstehenden Unheils sind je nach Person sehr verschieden. Manche Menschen fühlen sich in jedem Lebensbereich betrogen. Häufiger ist jedoch das Gefühl, verhext zu sein, auf nur einen oder zwei Bereiche beschränkt.

Manche Menschen erleben im Beruf beträchtliche Erfolge, scheinen aber unfähig, eine zufriedenstellende Beziehung aufrecht zu erhalten. Andere wieder haben eine angenehme Beziehung, können aber nicht den beruflichen Erfolg erreichen, nach dem sie sich sehnen. Man fürchtet vielleicht, niemals zu lernen, seine finanziellen Angelegenheiten in den Griff zu bekommen, niemals sexuell befriedigt zu werden oder niemals irgend ein anderes begehrtes Ziel zu erreichen.

Ein solcher »Fluch« ist oft eine Folge der Überzeugung, den Eltern gegenüber verletzend, belastend oder illoyal gewesen zu sein. Genau wie die böse Fee Dornröschen verzauberte, weil sie von deren Mutter und Vater übergangen worden war, verflucht man sich selbst, weil man glaubt, die Eltern verletzt zu haben. Der Fluch ist die selbstauferlegte Strafe für vermeintliche Verbrechen.

## Sich selbst erfüllende Prophezeiungen

Viele Menschen, die sich zum Scheitern verdammt fühlen, haben große Schwierigkeiten, das Verhalten und die Einstellungen zu ändern, die ihr Unglück verursachen. Der Grund dafür ist, daß sie unbewußt dazu getrieben werden, den Fluch Wahrheit werden zu lassen.

- Michael, ein Geschäftsmann, litt unter der unbewußten Überzeugung, man könne niemandem trauen. Michaels Eltern waren beide Alkoholiker und unzuverlässige Menschen. Er war daran gewöhnt, nie zu wissen, ob ein Versprechen gehalten würde, ob er ein Mittagessen bekam, ob seine Eltern die ganze Nacht fortbleiben oder zu Hause sein würden. Er gelangte zu der Überzeugung, er sei ein schlechter Mensch, der solche Mißhandlung *verdiene.* Als Erwachsener sorgte Michael dann unbewußt dafür, daß er das bekam, was er seiner Meinung nach verdiente, indem er eine Partnerschaft mit einem bekannten Betrüger einging und eine notorisch untreue Frau heiratete.
- Charlotte war eine intelligente, ungewöhnlich attraktive Frau. Ihre Mutter war eine temperamentvolle, erfolglose Schauspielerin, ihr Vater ein freundlicher, geduldiger und leidender Mensch, Anwalt von Beruf, der sich von der Mutter trotz deren Verantwortungslosigkeit und gelegentlicher Untreue nicht scheiden ließ. Charlotte selbst war dreimal mit herzlichen, liebevollen Männern verheiratet gewesen. Jedes Mal hatte sie die Beziehung zerstört, indem sie außereheliche Beziehungen einging. Charlotte war von starker, selbstzerstörerischer Loyalität zur unglücklichen und unverantwortlichen Mutter getrieben.
- Maria, die wir im ersten Kapitel beschrieben, sorgte selbst für ein frustrierendes Liebesleben, indem sie sich ständig unangemessene Partner suchte – genau wie ihre Mutter.

## Wie man den Bann bricht

Einige Menschen sind irgendwann in der Lage, sich von dem Fluch zu befreien. Die Ermutigung durch einen besonderen Lehrer, eine religiöse Leitfigur, einen Berater, Therapeuten oder Mentor kann manchmal bei diesem Schritt helfen. Ein Partner oder enger Freund, der einen liebt und dem tiefsitzenden Gefühl von Wertlosigkeit widerspricht, kann ebenfalls eine große Veränderung bewirken.

Ebenso können die Geburt eines Kindes, eine neue Beziehung, eine schwere Krankheit oder die Begegnung mit dem Tod einem das Gefühl geben, eine neue Chance zu bekommen. Eine religiöse Bekehrung oder eine ähnlich tiefgehende spirituelle Erfahrung haben zuweilen das gleiche Ergebnis. Manchmal kann sogar der Tod eines Elternteils den Bann brechen. Wenn man merkt, daß man den Eltern nicht mehr schaden kann, nehmen die großen Lebensprobleme plötzlich ab.

Bei vielen bleibt jedoch das Gefühl, verflucht zu sein, überraschend hartnäckig. Sie sehen oft nur diejenigen Vorfälle, die »beweisen«, daß der »Fluch« existiert und ignorieren alle gegenteiligen. Die Ermutigung eines Mentors wird als falscher Optimismus betrachtet, die Liebe und Zuneigung von Freunden und geliebten Menschen empfindet man als fehlplaziert und unzuverlässig. Sie sind sicher, abgelehnt zu werden, sobald man herausfindet, wie sie *wirklich* sind. Selbst die Verschonung durch den Tod scheint nur eine vorübergehende Erleichterung. Und nach dem Tod eines Elternteils internalisiert man vielleicht einfach den Verstorbenen und stellt sich vor, wie er »von oben auf einen herabschaut«: Genau so mißbilligend und enttäuscht wie immer. Viele Menschen stellen fest, daß sie den Fluch nur mit Hilfe einer Gruppen- oder Individualtherapie verbannen können.

## Die falsche Abrechnung

Die vernunftgemäßen Erklärungen für ungesundes Verhalten klingen zwar ganz plausibel: »Ich bin zu egoistisch«, »mir liegt eigentlich nichts an anderen Menschen«, »ich bin faul und undiszipliniert«, »ich habe Angst vor Verantwortung«, »ich bin nicht gescheit genug«. Meistens sind sie jedoch falsch, eine bloße Tarnung für eine destruktive, unbewußte Überzeugung wie: »Ich bin ein schlechter Mensch und verdiene keinen Erfolg«, oder: »Wenn ich Erfolg habe, verletzt das meine Eltern«.

Man denkt leicht, wenn sich jemand wiederholt selbstzerstörerisch verhält, müsse er »etwas dabei gewinnen«. So erklärt man vielleicht seine Selbstbestrafungen in Begriffen einer heimlichen Abrechnung:

- Wenn man scheitert, haben andere Mitleid.
- Wenn man selbstverschuldet leidet, bekommt man Aufmerksamkeit.
- Wenn man sich unerbittlich selbst bestraft, gewinnt man den masochistischen »Nutzen« des Selbstmitleids.

Jeder dieser Gedanken birgt zwar ein Körnchen Wahrheit, doch keiner trifft den Kern. Diese Dinge kommen nur einer weiteren Selbstbestrafung gleich. Wenn ein Therapeut einer leidenden Klientin sagt, sie gefalle sich in Selbstmitleid oder ringe bloß um Aufmerksamkeit, fühlt sie sich nur schlechter.

Larry zum Beispiel hatte seine eigenen Erklärungen dafür, warum er immer kurz vor einer fälligen Beförderung einen groben Fehler beging. Er glaubte, Angst vor Erfolg zu haben und vermied so die Verantwortung einer höheren Position. Das klingt zwar plausibel, doch der wahre Grund war, daß Larry Angst hatte, seinen Vater und seine Brüder zu beschämen, wenn er zu erfolgreich wurde.

Erst, als Larry seine unbewußten Überzeugungen erkennen konnte, wurde ihm klar, wie sie sein Leben durchdrungen hatten. Als er sie langsam ablegte, merkte er, daß er sich in seinem Beruf nicht mehr zu sabotieren brauchte. Schließlich wurde er mehrfach verdient befördert.

## Die Wurzeln der Selbstsabotage

Die Kontrollbeherrschungs-Theorie bietet eine neue Methode, die Wurzeln der schmerzlichen und selbstzerstörerischen Verhaltensweisen, Einstellungen und Gefühle zu verstehen. Diese Überzeugungen wurden als Folge bestimmter Traumata und Erfahrungen beim Heranwachsen gebildet und sind daher bei jedem Menschen anders. Sie haben lange in einem gelebt und sind Bestandteil eines Systems von Überzeugungen, auf das man sich bei seinem Weg durchs Leben verlassen hat. Wie irrational sie auch sein mögen, sie haben das Überleben ermöglicht.

Man zögert natürlich – und zwar zu Recht – diese lange vertretenen unbewußten Überzeugungen aufzugeben. Immerhin ist ein solches System von Überzeugungen eine Landkarte fürs Leben. Es stellt den Leitfaden für Handlungen dar. Es hat das Überleben ermöglicht. Man sollte keine raschen und leichten Veränderungen erwarten. Veränderungen vollziehen sich oft langsam und brauchen vielleicht Monate oder Jahre.

Allein das Verständnis der destruktiven, unbewußten Überzeugungen bringt diese nicht zum Verschwinden, es stellt jedoch einen wichtigen ersten Schritt dar. In Kapitel 3 behandeln wir die Vorstellung, gegen Eltern und Geschwister Verbrechen begangen zu haben. Ferner werden dort die sechs häufigsten Typen von vermeintlichen Verbrechen, näher betrachtet.

Kapitel 3

# Die häufigsten eingebildeten Verbrechen

## Die Macht der Schuldgefühle

*»Wenn man sich selbst Leiden zufügt, kann man leichter verleugnen, daß man anderen geschadet hat. Man wird durch einen Prozeß magischer Gedanken zum Opfer und ist daher kein Täter mehr.«*

Michael Friedman

Wir haben gesehen, daß die meisten Menschen mit psychologischen Schwierigkeiten unbewußt glauben, sie seien schwerer »Verbrechen« schuldig, auch wenn dies fast immer auf falschen Selbstbeschuldigungen und destruktiven Botschaften der Eltern beruht. Doch obwohl die Beschuldigungen falsch sind, strafen diese Menschen sich, als seien die Verbrechen tatsächlich geschehen.

Mike Snyder ist ein gutaussehender Enddreißiger. Er ist kosmetischer Chirurg und wirkt sehr freundlich und entspannt. Im Sommer segelt er gern, im Winter läuft er Ski. Er hat ein wunderschönes Haus oberhalb der San Francisco Bay und ist für seine ausgefallenen, sorgfältig vorbereiteten Parties bekannt. Er ist der Inbegriff eines begehrten Junggesellen.

Doch hinter der Fassade des beeindruckenden Lebensstils ist Mike verzweifelt unglücklich. Segeln und Skilaufen haben für ihn ihren Reiz verloren. Einladungen werden zur Last. Er sorgt sich, seine Freunde zu verletzen, wenn sie einmal nicht auf der Einladungsliste zu einer seiner Parties stehen. Selbst seine Arbeit, an der er immer Spaß hatte, scheint nur weniger befriedigend. Mike sah sich zu einer Einsicht gezwungen, daß sein scheinbar idyllisches Leben einen schweren Fehler hat: Er würde gern heiraten und Kinder haben, doch immer wieder zerstört er vielversprechende Beziehungen zu Frauen.

Mike hat keine Schwierigkeiten, passende Partnerinnen zu finden, doch sobald die Freundschaft mit einer Frau intim wird, fühlt er sich gefangen und entwickelt den unwiderstehlichen Drang, sich zu entziehen.

Die mit ihm befreundeten Frauen finden ihn herzlich, sensibel, aufmerksam und fürsorglich – eine freundliche, liebevolle Vaterfigur, die sie zu verstehen scheint. Sicher, er redet niemals viel über seine eigenen Gefühle, aber so sind nun einmal viele Männer. Das sagen sich jedenfalls seine Freundinnen. Jede Neue ist begeistert, wenn sich die Beziehung zu Mike vertieft. Doch ihre Träume werden bald zerstört, wenn Mike sich ohne offensichtlichen Grund zu entziehen beginnt und schließlich verschwindet.

Mike ist das älteste Kind eines alkoholsüchtigen Vaters, und einer überlasteten Mutter. Er war ein Sohn wie aus dem Bilderbuch. Wie viele Kinder von Alkoholikern fühlte sich Mike für seine Mutter verantwortlich.[1] Sein Vater starb, als er elf war. Nach seinem Tod konnte die Mutter nicht aufhören, zu trauern. Sie unternahm nichts, um andere Männer kennenzulernen, und im Laufe der Jahre schien sie sich immer mehr von der Welt abzukapseln.

Mike meinte, da seine Mutter bereits ein so schweres Schicksal hatte, wäre alles, was er an Problemen bereitete, besonders unverzeihlich. Er versuchte, immer gut zu sein. Doch auch wenn er sich extreme Mühe gab, behandelte seine Mutter die gelegentlichen kindlichen Missetaten und Abenteuer als schrecklichen Verrat. Als sie erfuhr, daß Mike ermahnt worden war, weil er einen Schülerlotsen beschimpft hatte, warf sie sich aufs Bett und weinte stundenlang.

Als Erwachsener übertrug Mike dieses Kindheitsmuster auf seine Liebesbeziehungen. Er gibt sich große Mühe, der perfekte Partner zu sein. Doch wenn er seine Partnerinnen auf irgendeine Weise zu enttäuschen scheint – wenn er müde ist, und sie mit ihm schlafen will; wenn er allein sein, und sie sich mit ihm verabreden möchte – überfällt ihn das alte Schuldgefühl.

Natürlich stellt dies für eine sich entwickelnde Beziehung eine große Belastung dar. Mike spürt daher mit jeder neuen Freundschaft eine schwere Verantwortung. Je näher man sich kommt, umso entschlossener wird er, daß er die Beziehung beenden muß – weil er unbewußt Angst hat, die Partnerin zu verletzen, wenn er bleibt. Und er straft sich hart. Er bombardiert sich mit Selbstbezichtigungen und Vorwürfen, wenn er wieder eine Beziehung abgebrochen hat.

Mikes Kindheit hinterließ bei ihm eine ungeheure Last von Schuldgefühlen. Obwohl er ein sehr artiges Kind war, glaubt er heute noch unbewußt, sein Vater hätte mit dem Trinken aufgehört, wenn er nur besser gewesen wäre. Und da der Vater auch aufgrund des Alkoholismus gestorben war, fühlt er sich indirekt für seinen Tod verantwortlich. Überdies ist er wütend auf den Vater und schämt sich für die Schande, die dessen Trinkerei der Familie gebracht hat.

Mike versuchte, seiner Mutter auf jede mögliche Weise zu helfen. Er kochte und kümmerte sich um seinen jüngeren Bruder und seine Schwester, doch er glaubt immer noch, eine große Belastung gewesen zu sein. Außerdem fühlt er sich schuldig, weil er das Lieblingskind der Mutter war. Als sein jüngerer Bruder Alkoholiker wurde, fühlte sich Mike auch dafür verantwortlich. Er glaubte unbewußt, daß er als Liebling seiner Mutter die Liebe und Aufmerksamkeit bekommen hatte, die sein Bruder brauchte.

## Die Macht der Schuldgefühle

Schuldgefühle können ungeheuer stark sein. Viele Menschen empfinden dabei sogar körperliches Unbehagen – heftige Übelkeit in der Magengrube, Spannung im ganzen Körper, Beklemmungen in der Brust, Schwierigkeiten beim Atmen. Darüber hinaus können Schuldgefühle die Selbstachtung und das Selbstwertgefühl beeinträchtigen. Sie können jemanden an gesunden Instinkten zweifeln und gute Absichten infrage stellen lassen. Sie können einen zwingen, vor Situationen fortzurennen, in denen man sich eigentlich behaupten müßte. Andererseits kann man durch Schuldgefühle ungerechten Anschuldigungen und unverdienten Mißhandlungen ausgesetzt werden. Bei intensiven Schuldgefühlen kann man weder schlafen noch essen, und das kann so weit gehen, daß man versucht, sich das Leben zu nehmen.[2]

Wenn man die Quelle der Schuldgefühle erkennt, kann man sich entschuldigen, Wiedergutmachung anbieten, Reue zeigen oder schwören, sich niemals wieder so zu verhalten. Doch wenn die Schuld von vermeintlichen Verbrechen herrührt, wird man wie Mike angetrieben, die höchsten Ziele zu sabotieren, auch wenn man sich nur vage bewußt ist, daß man sich für schuldig hält. Ein Großteil selbstschädigenden Verhaltens stellt einen Versuch dar, der Wut der unbewußten Schuldgefühle zu entrinnen.

- Wenn man wie Hanna (deren Vater starb, nachdem sie sich geweigert hatte, ihm einen Kuß zu geben) meint, daß unabhängig oder wütend zu sein heißt, den Eltern Schaden zuzufügen, gibt man seine Unabhängigkeit und die Wut auf. Hanna fühlte sich unbewußt immer schuldig, wenn sie auf einen Freund wütend war. Sie unterdrückte ihre Wut, um diese Schuldgefühle zu vermeiden.
- Wenn man wie Larry (dessen Vater immer bei Beförderungen übergangen wurde) glaubt, daß der eigene Erfolg einen verletzlichen Elternteil demütigt, kann man aufhören, sich Mühe zu geben. Larry fühlte sich unbewußt jedesmal schuldig, wenn man ihn für eine Beförderung in Betracht zog. Er beging wichtige »Fehler« bei der Arbeit, um seine Schuldgefühle zu vermeiden.
- Wenn man wie Mike denkt, man würde unweigerlich diejenigen verletzen, die einem am nächsten stehen, findet man es unmöglich, irgend jemand nahezustehen. Mikes unbewußte Schuldgefühle wurden immer dann aktiviert, wenn er eine Frau näher kennenlernte. Indem er sich von der Beziehung zurückzog, schützte er sich vor diesen Schuldgefühlen.

Man kann auch eine unbewußte Strategie verfolgen, wie sie Michael Friedman im Zitat zu Beginn dieses Kapitels beschrieb. Man fügt sich selbst Leiden zu, damit man sich als Opfer und nicht als Täter sieht. Einer meiner Klienten glaubte, er sei für seine depressive, überarbeitete Mutter eine große Belastung gewesen. Um die Schuldgefühle für dieses »Verbrechen« zu vermeiden, hat er sein Leben so arrangiert, daß auch er sich ständig überarbeitet und überlastet fühlt. Indem er sich auf sein eigenes Opfer konzentriert, fühlt er sich nicht mehr unbewußt schuldig, weil er seine Mutter zum Opfer machte.

### Arten von vermeintlichen Verbrechen

Die meisten Menschen fühlen sich eines der vermeintlichen Verbrechen schuldig, die auf den folgenden Seiten beschrieben werden. Wenn sie diese Liste durchgehen, achten Sie auf Ihre unmittelbare emotionale Reaktion. Wenn Sie die Beschreibung eines vermeintlichen Verbrechens lesen, das eine wichtige Rolle in Ihrem Leben spielt, empfinden Sie das Wiedererkennen vielleicht körperlich.

Viele Menschen halten sich für zwei oder drei dieser Verbrechen für schuldig. Andere merken, daß sie aufgrund eines jeden Verbrechens Schuldgefühle haben. Doch nicht alle vermeintlichen Verbrechen passen in diese Kategorien – möglicherweise haben Sie an sich selbst andere Formen der vermeintlichen Verbrechen kennengelernt.

### Übertreffen

Das »Verbrechen« des Übertreffens kann daraus resultieren, daß man ein anderes Familienmitglied auf irgendeine Weise verdrängt hat – indem man Professor wurde, wenn der Vater Fabrikarbeiter war, wenn man das Leben genießt, während die Mutter chronisch depressiv war, wenn man attraktiv und beliebt war, während die Schwester zurückgezogen und ohne Freunde blieb. Dieses Gefühl entstammt zwei irrationalen, unbewußten Überzeugungen. Die erste ist, daß man die guten Dinge im Leben, die man genießt (Glück, Erfolg, Liebe und Zuneigung) verbraucht und nicht genug für die weniger glücklichen Eltern und Geschwister übrig läßt. Die zweite ist, daß man glaubt, vor den anderen Familienmitgliedern anzugeben, wenn man berufliche oder persönliche Ziele erreicht, die diese nicht erreichen konnten. Erfolg zu haben, wenn ein geliebter Mensch gescheitert ist, scheint grausam und unnötig.

Aber wenn Verdrängen ein so schweres vermeintliches Verbrechen ist, wie kommt es, daß viele Menschen ihre Eltern übertreffen können, ohne sich zu bestrafen? Viel hängt von der elterlichen Reaktion auf ihren Erfolg ab. Wenn diese auf die Leistungen des Kindes stolz sind und ihn als Beweis für ihre Fähigkeit als Eltern betrachten, werden die Kinder weniger von Schuldgefühlen belastet. Wenn die Eltern hingegen ihren Erfolg abzulehnen scheinen oder glauben, selbst nicht das erreicht zu haben, was sie sich wünschten, sabotieren die Kinder am Ende vielleicht ihre eigenen Leistungen, um Schuldgefühle zu vermeiden.

Nicht die äußeren Zeichen von Erfolg der Eltern bedeuten so viel, sondern die innere Einschätzung des Erfolges. Wenn Ihr Vater auf seine Stelle als Vorarbeiter in einer Fabrik stolz war, werden Sie sich nicht schämen, ein bekannter Herzchirurg zu sein. Doch wenn Ihr Vater sich als Versager fühlt, weil man ihn bei der Besetzung des Chefsessels von Mercedes übergangen hat und er seine Karriere bloß als Vizepräsident für die Südamerika-Niederlassung beendete, entdecken Sie vielleicht, daß Sie ihren eigenen Erfolg sabotieren.

Die Schwere des vermeintlichen Verbrechens hängt auch von der möglichen Wirkung auf das »Opfer« ab. Wenn der angeblich ausgestochene Angehörige ein glückliches, zufriedenes Leben führt, merken Sie, daß ihr Verbrechen keinen große Schaden anrichtete. Doch wenn der Übergangene unglücklich und erfolglos ist, seelisch krank wird oder ein tragisches Leben hat, meinen Sie vielleicht unbewußt, daß Ihr Verbrechen ihm geschadet hat. Dann fällt die Selbstbestrafung umso härter aus.

## Belastung

Wenn einer oder beide Eltern vom Leben insgesamt bedrückt oder von den elterlichen Verantwortlichkeiten überfordert schienen, leidet man vielleicht unter der eingebildeten Schuld, die Eltern überbelastet zu haben. Als Kind überbelasteter Eltern fühlt man unbewußt, einem bereits schweren Los eine weitere Belastung hinzugefügt zu haben. Man meint, wenn man nur netter, gesünder, klüger, schöner, kooperativer, liebevoller, verantwortungsbewußter, disziplinierter, erfolgreicher oder irgendwie anders gewesen wäre, hätte man Vater oder Mutter erleichtert und unglückliche Eltern glücklich gemacht.

Das Unglück der meisten Eltern hat nichts mit den Kindern zu tun, und das Kind kann sogar bei ehelichen Schwierigkeiten, niedriger Selbstachtung oder anderen Problemen einen Trost bedeuten. Doch Kinder halten sich fast immer unbewußt für die Leiden der Eltern verantwortlich.

In manchen Situationen fühlen sich Eltern durch die Kindererziehung schwer belastet. Die Mutter ist vielleicht seelisch nicht auf die Härten der Elternschaft vorbereitet. Vielleicht verringern andere Faktoren, wie Armut, der Tod des Partners oder Alkoholismus ihre Kraft. Die neue Forschung[4] zeigt, daß elterliche Schwierigkeiten besonders dann auftreten, wenn ein großer Unterschied zwischen dem Temperament des Kindes und dem des Vaters oder der Mutter besteht. Wenn zum Beispiel zwei sehr aktive, energievolle Eltern ein nachdenkliches, langsames Kind haben, sind sie vielleicht frustriert über die Art und Weise, wie das Kind mit dem Leben umgeht. Ebenso können langsame, vorsichtige Eltern mit einem extrem aktiven Kind überfordert sein.

Manchmal wird dieses Mißverständnis zwischen Eltern und Kind von einem anderen Geschwister betont, das mehr mit den natürlichen Vorlieben der Eltern in Einklang steht: Zwei ruhige, bedachte Eltern empfinden ihre ruhige, bedachte Tochter als viel leichter im Umgang, während der aktive, erregbare Sohn für sie eine starke Herausforderung bedeutet.

Sie stehen vielleicht unter einem besonders hohen Risiko, sich des Verbrechens der Belastung zu bezichtigen, wenn Ihre Eltern den Umgang mit einem Geschwister viel leichter fanden als mit Ihnen.

Doch auch wenn es zutrifft, daß die Eltern Sie als Kind aufgrund der Temperamentsunterschiede schwierig fanden, sollten Sie sich nicht für deren Probleme verantwortlich fühlen, denn als Kind waren Sie für Ihr Temperament ebensowenig verantwortlich wie für Ihre Haarfarbe.

Auch wenn die Temperamente übereinstimmen, ist die Erziehung von Kindern eine anspruchsvolle Aufgabe. Kinder brauchen sehr viel Zuwendung, Zuneigung und Unterstützung. Sie müssen spielen und mit neuen Verhaltensformen experimentieren dürfen. Sie brauchen Ungestörtheit. Sie brauchen die Freiheit, die Welt zu erforschen, um zu entdecken, wer sie sind. Sie müssen die Grenzen der Eltern austesten. Sie müssen lernen, die eigenen Vorlieben durchzusetzen.

Leider können viele Eltern ihre Kinder niemals so akzeptieren wie sie sind. Einige Eltern reagieren auf das normale, gesunde Verhalten eines Kindes wie auf ein schweres Verbrechen oder einen schrecklichen Verrat. Wenn einer oder beide Eltern Ihnen gegenüber andeuten, sie hätten mit Ihnen als Kind schwer zu kämpfen gehabt, wenn man Ihnen den Eindruck gibt, Sie seien ein schwieriges oder undankbares Kind gewesen, wenn man Ihnen sagt, daß einer oder beide Eltern gezwungen waren, Ihretwegen viel aufzugeben, stehen Sie vermutlich unter einem besonders hohen Risiko, sich selbst des Verbrechens der Belastung zu bezichtigen. Doch auch wenn man Ihnen nicht ausdrücklich mitteilt, Sie seien für das Unglück der Eltern verantwortlich, fühlen Sie sich vermutlich genauso verantwortlich. Es ist nicht ungewöhnlich, daß Kinder von geschiedenen Eltern sich selbst für die Trennung verantwortlich machen.

Ganz gleich, wie schwierig Sie als Kind waren, – wenn Ihre Eltern glücklich und zufrieden waren, werden Sie Ihre Schuldgefühle nicht sehr stark empfinden. Wenn Ihre Eltern aber ein tragisches, unglückliches Leben hatten, fühlen Sie sich vermutlich unbewußt für ihre Leiden verantwortlich.[5]

## Liebesraub

Liebesraub nennen wir es, wenn man die Liebe und Zuwendung erhält, die ein anderes Familienmitglied zu seinem Wohlbefinden braucht. Dieses Verbrechen bilden sich häufig Kinder ein, die den anderen Geschwistern vorgezogen wurden. Wenn eines der weniger begünstigten Geschwister unglücklich war oder ist, wenn es ein Versager, geistig oder körperlich krank ist, kann die Strafe, die sie sich selbst auferlegen, besonders hart ausfallen.

Dahinter steht der Gedanke, daß sie in dem Wettbewerb um die Liebe der Eltern Bruder oder Schwester die lebensnotwendige Substanz stahlen, die diese brauchten, um glücklich, erfolgreich oder gesund zu bleiben. Es ist, als hätte ihre Mutter ihnen viel zu essen gegeben, die anderen aber hungern lassen. Da sie die Liebe und Zuwendung nahmen, die ihre Schwester so dringend brauchte, halten sie sich unbewußt für deren Leid und Unglück verantwortlich. Wenn ihre Geschwister trotz der Tatsache, daß sie vorgezogen wurden, glücklich und zufrieden sind, schließen sie vielleicht, daß ihr Verbrechen nicht sehr schwerwiegend war. Doch wenn sie ein schmerzerfülltes, tragisches Leben haben, halten sie sich selbst für den Schuldigen.

Liebesraub kommt auch vor, wenn sie zu ihrer Mutter eine herzlichere Beziehung hatten als zum Vater oder umgekehrt. Indem man einen Elternteil im Kampf um die Zuwendung des anderen besiegt, wird man für die Probleme des Besiegten verantwortlich.

## Verlassen

Verlassen nennen wir das »Verbrechen«, das man glaubt zu begehen, wenn man sich von den Eltern lösen will – wenn man eigene Gedanken hat, eigene Entscheidungen fällt und sich schließlich befreit und ein unabhängiges Leben führt. Wenn Ihre Eltern unglücklich waren oder wenn ihr Glück von Ihnen abhing, kann Ihnen die bloße Loslösung von ihnen das unbewußte Gefühl geben, Sie hätten sie verlassen. Darüber hinaus verhalten sich manche Eltern so, als sei der Reifeprozeß – eigene Gedanken zu haben, eine eigene Identität zu entwickeln und schließlich aus dem Elternhaus auszuziehen – eine unaussprechlich grausame und ungerechte Verhaltensweise seitens des Kindes.

Wir wollen damit nicht sagen, daß erwachsene Kinder keine Verantwortung für ihre alten und gebrechlichen Eltern haben. Es ist nur natürlich und richtig, sich um Eltern zu kümmern, die Fürsorge, Zuwendung oder ein Heim brauchen. Doch es gibt auch Eltern, besonders diejenigen, die ihr ganzes Leben den Kindern gewidmet haben, die vom Nachwuchs das Gleiche als Gegenleistung erwarten. Wenn diese Eltern eine solche Ergebenheit nicht bekommen, leiden die erwachsenen Kinder oft unter heftigen Schuldgefühlen, die wiederum Selbstzerstörung und Selbstbestrafung auslösen können.

Das ist vor allem der Fall, wenn diese Kinder sich entschließen ein eigenes Leben zu leben.[6] Manche Erwachsene fühlen sich so schuldig, daß sie immer noch bei den Eltern wohnen und niemals wirklich unabhängig werden. Andere, die fortgezogen sind, strafen sich mit einer Reihe von körperlichen Symptomen für dieses Verbrechen. Wenn Mutter oder Vater immer den Märtyrer gespielt haben, ist es für die Kinder vermutlich besonders schwer, eine eigene Identität zu entwickeln, ohne eine beträchtliche Last unbewußter Schuldgefühle mit sich herumzuschleppen.

### Illoyalität

Illoyalität gegenüber der Familie übt man, wenn man Familienregeln bricht oder elterliche Erwartungen enttäuscht. Sie begehen vielleicht das Verbrechen der Illoyalität, indem Sie jemanden mit anderem Glauben, anderer Rasse oder Klasse heiraten, oder wenn Sie eine andere politische, gesellschaftliche oder religiöse Meinung entwickeln. Man wird vielleicht als illoyal angesehen, wenn man nicht das Familienunternehmen übernimmt. Wenn Sie Sohn oder Tochter einer Familie von Ärzten sind, machen Sie sich wahrscheinlich der Illoyalität schuldig, wenn Sie sich entscheiden, Schreiner zu werden. Wenn Sie aus einer Familie von Schreinern stammen, kann es als Schuld ausgelegt werden, wenn Sie Arzt werden. Jede Verletzung der elterlichen Erwartungen oder Hoffnungen kann Grund für Sie sein, sich der Illoyalität zu bezichtigen. Ein sogenanntes Verbrechen, das wohl jeder von uns schon begangen hat, ist die Eltern zu kritisieren. In manchen Familien brechen die Eltern zusammen, wenn ein Kind nur ein wenig kritisch ist. In anderen unterdrücken einer oder beide Eltern vielleicht jeden offenen Ausdruck negativer Gefühle und bestehen darauf, daß die gesamte Familie von allen Mitgliedern als wunderbar betrachtet wird. Da es aber nur natürlich ist, die Eltern und Geschwister auch kritisch zu sehen, rufen solche Forderungen in den Kindern ein Gefühl von Illoyalität hervor. Wenn die Meinung vertreten wird: »Wenn du nichts Gutes sagen kannst, halt lieber den Mund«, kann es leicht passieren, daß Sie sich als illoyal betrachten. Und wenn Sie sich selbstzerstörerisch verhalten, obwohl Sie Ihre Kindheit und die Eltern in guter Erinnerung haben, idealisieren Sie diese Vergangenheit vielleicht, um eben dieses vermeintliche Verbrechen zu vermeiden.

Es ist tatsächlich sehr schwierig, der Tatsache ins Auge zu sehen, daß die Eltern nicht perfekt waren. Viele Klienten in der Psychotherapie empfinden diesen Prozeß als sehr verstörend, wenn sie sich selbst mit den Mängeln der Eltern konfrontieren und deren Fehler einem Außenstehenden beschreiben müssen. Für diese Patienten scheint schon die Therapie selbst ein ungeheurer Verrat zu sein, da dieser Prozeß unweigerlich bedeutet, das idealisierte Image der Eltern einzureißen, das die Kinder stillschweigend aufrecht erhalten haben.

Wenn Sie unbewußt meinen, ihren Eltern gegenüber illoyal zu sein, merken Sie vielleicht, daß schon das Lesen dieses Buches Ihnen Unbehagen bereitet. Für das Unbewußte sind bloße kritische Gedanken über die Eltern schon fast genau so schlimm, wie direkte Kritik.

## Grundsätzliche Schlechtigkeit

Das grundsätzliche Selbstgefühl wird vorwiegend durch Dinge bestimmt, die die Eltern einem sagen und wie sie einen behandeln. Wenn sie ein Kind als egoistisch, lieblos, dumm, unattraktiv, schwach, faul, verrückt oder irgendwie sonst unzulänglich bezeichnen, wächst es mit der Überzeugung auf, so zu sein. Wenn die Eltern es übergehen, vernachlässigen und ihm wenig oder gar keinen Respekt zeigen, wächst es in dem Glauben auf, es verdiene ihre Aufmerksamkeit und Wertschätzung nicht.

Die meisten Menschen leiden mehr oder minder stark unter negativen Botschaften. Als Folge davon glauben sie, unzulänglich zu sein und zwar je nach erhaltener Botschaft unwichtig, wertlos, nicht liebenswert, unattraktiv, lieblos, dumm. Bei manchen sind solche Gefühle nur schwach vorhanden, kommen selten vor und sind nicht wichtig. Bei anderen stellen sie eine ständige Last dar, einen Hauptfaktor ihres Lebens. Je stärker man von den Eltern mißhandelt oder vernachlässigt wurde, um so schwerer wiegt das Gefühl, grundsätzlich schlecht zu sein.

Kinder, die ständig kritisiert, zurückgewiesen, vernachlässigt, verlassen oder körperlich und sexuell mißbraucht wurden, kommen gewöhnlich zu dem Schluß, es stimme etwas ganz Grundsätzliches nicht mit ihnen. Warum sollten die Eltern es sonst so schlecht behandeln? Eine solche Behandlung von den scheinbar allmächtigen und wunderbaren Familienmitgliedern wird unbewußt als Beweis dafür gehalten, daß man es verdient hat. Das mißhandelte Kind wächst mit der Überzeugung auf, daß, wie freundlich es auch nach außen hin sein mag, es doch grundsätzlich schlecht und böse ist.

Dieses Schuldgefühl unterscheidet sich erheblich von den anderen fünf eingebildeten Verbrechen. Bei den anderen glaubt man, jemanden verletzt zu haben oder Gefahr zu laufen, das zu tun. Verlassen bedeutet, daß man einen Elternteil oder Geschwister verletzt, indem man geht. Beim Liebesraub verletzte man einen Elternteil oder Geschwister, indem man die von ihnen benötigte Liebe für sich vereinnahmte, und so weiter. Bei grundsätzlicher Schlechtigkeit fühlt man sich nicht schlecht, weil man irgend etwas tat, sondern einfach, weil man so ist, wie man ist.[7]

Wir haben betont, daß Lieblingskinder oft meinen, den anderen Liebe gestohlen zu haben. Ein ungeliebtes Kind hingegen bekommt das Gefühl, die Ablehnung und Vernachlässigung bedeute, daß etwas mit ihm nicht stimme. Als Folge davon erwartet es nicht viel vom Leben, weil es meint, nur wenig zu verdienen.

## Mikes vermeintliche Verbrechen

Kehren wir nun zurück zu Mike, dem Kosmetik-Chirurgen. Wenn wir uns die vorangegangenen Beschreibungen ansehen, erkennen wir, daß er sich mindestens in vier Fällen für schuldig befand:

- Mike fühlte sich schuldig, weil er seinen Vater und Bruder zurückdrängte, indem er erfolgreicher wurde.
- Mike hatte jemanden verlassen. Da er sich für das Wohlbefinden seiner Mutter verantwortlich hielt, fühlte er sich extrem schuldig, als er nach dem Studium von zu Hause auszog.
- Mike fühlte sich schuldig, seine Mutter belastet zu haben; sie war mit den Problemen seines alkoholkranken Vaters so überlastet, daß sie nur wenig Energie für die Kinder übrig behielt. Daher glaubte Mike, seine bloße Existenz sei eine Belastung für sie. Nach dem Tod des Vaters meinte er, die Liebe seiner Mutter

zu ihm und seinem Bruder hielte sie davon ab, wieder zu heiraten.

- Mike hatte Schuldgefühle, weil seine Mutter ihn gegenüber dem jüngeren Bruder vorzog. Als sein Bruder alkoholkrank wurde, hielt er sich unbewußt für dessen tragisches Schicksal verantwortlich. Er fühlte sich auch schuldig, weil er seinem Vater Liebe entzogen hatte. Als dieser immer mehr trank, wandte sich seine Mutter dem Lieblingssohn zu. Die Eltern entfremdeten sich immer mehr voneinander und Mike und seine Mutter hatten eine immer engere Beziehung.

Mikes Fall beleuchtet, wie viele Menschen sich unbewußt mit einer ganzen, komplexen Gruppe von miteinander verknüpften Schuldgefühlen belasten.

## Fast alles kann zum Schuldgefühl werden

Das verwirrendste an eingebildeten Verbrechen ist, daß sie einem Schuldgefühle vermitteln über Ziele und Hoffnungen, die man bewußt bejaht. Jeder will doch unabhängig, erfolgreich und glücklich sein. Jeder will eine gute Beziehung führen. Doch wenn man sich eingebildeter Verbrechen für schuldig hält, meint man unbewußt, daß diese gesunden Ziele anderen schaden.

Für manche Menschen kann es sogar ein Verbrechen bedeuten, ehrlich und rechtschaffen zu sein. Bei den meisten ruft kriminelles oder unmoralisches Verhalten Schuldgefühle hervor, doch für diejenigen, für die kriminelles oder unmoralisches Verhalten den Lebensstil bildet, kann Ehrlichkeit unbewußte Schuldgefühle auslösen. In dem Film *Die Ehre der Prizzies* will sich Charlie, Angehöriger einer Mafia-Familie, von seinem »Beruf« als Killer zurückziehen. Doch der Gedanke, sich aus dem Familiengeschäft zurückzuziehen, löst bei ihm intensive Schuldgefühle aus, die der Vater, – ein alter Mafia-Boss – ausnutzt, indem er vorgibt, durch Charlies Wunsch, die Firma zu verlassen, verletzt zu sein. Dies intensiviert Charlies Schuldgefühle. Am Ende setzt er nicht nur sein kriminelles Leben fort, sondern ermordert aus Loyalität zur Familie die Frau, die er liebt. Wir haben einen Fall, bei dem Mord, den man normalerweise als schuldauslösend empfinden würde, tatsächlich durch Schuld motiviert wird. *Die Ehre der Prizzies* veranschaulicht die Tatsache, daß der Wunsch, die Bindung an die Familie aufrecht zu erhalten, so stark ist, daß er jemanden zwingen kann, gesunde Ziele aufzugeben und diejenigen Dinge zu opfern, die ihm am liebsten sind.

Ich habe eine Reihe von Klienten kennengelernt, deren kriminelles oder unmoralisches Verhalten von Schuldgefühlen verursacht war. Manchmal fühlt sich jemand schuldig, weil er die korrupten Eltern verdrängt hat oder illoyal zu ihnen war. Diese verstörten Patienten fügten sich einer elterlichen Botschaft: »Du wirst genau so ein Betrüger wie dein Alter.« In einigen Fällen hörte das kriminelle oder unmoralische Verhalten auf, wenn der Klient erkannte, daß er unbewußt zu der Überzeugung gebracht worden war, Ehrlichkeit sei ein Verbrechen.

## Kinder können mißverstehen

Schwere Schuldgefühle treten am häufigsten bei Menschen auf, die unglückliche, erfolglose, übermäßig beschützende, kontrollierende, vernachlässigende oder mißhandelnde Eltern hatten. Doch es ist durchaus auch möglich, sich eingebildeter Verbrechen schuldig zu fühlen, wenn die Eltern einigermaßen glücklich, erfolgreich und liebevoll waren und sensibel auf die kindlichen Bedürfnisse eingingen. Einem unruhigen überaktiven Kind geht es viel besser, wenn es auf dem Land aufwächst, wo es draußen herumrennen und spielen kann, statt in eine kleine Sozialwohnung eingesperrt zu sein, wo die Gegend so unsicher ist, daß die Mutter es nicht draußen spielen lassen kann.[8] Ein Vater, der drei Arbeitsstellen annimmt, um die Familie zu ernähren, hat nur wenig Zeit und Energie für seine Kinder übrig. Eine überängstliche Mutter, die um ihr Kind fürchtet, kann dieses zu der unbewußten Überzeugung bringen, es würde die Mutter verletzen, wenn es unabhängig und selbständig wird. Eltern, die ihr Kind ständig kritisieren und anbrüllen, weil sie sich sonst nicht durchsetzen können, werden diesem den unbewußten Eindruck vermitteln, es müsse sich aufspielen, weil die Eltern gern strafen.

Wenn Ihnen Ihre Eltern lieblos, nachlässig oder irgendwie anders vorkommen, bedeutet dies jedoch nicht, daß es sich dabei um die vornehmliche Haltung Ihnen gegenüber gehandelt haben muß. Die Auswirkungen emotionaler oder finanzieller Belastungen, gegensätzlicher Temperamente oder sogar von Krankheiten und Abhängigkeiten haben vielleicht ihre besten Absichten untergraben.

Es kann sehr nützlich sein, wenn man die Kräfte zu verstehen lernt, die die Eltern leiteten, aber wir müssen zuerst ein klares Bild davon gewinnen, *wie* sich die Eltern verhielten. Wenn man dabei herausfindet, daß man übermäßig kontrolliert, vernachlässigt, ausgenutzt oder körperlich oder sexuell mißhandelt wurde, muß man sich mit diesen Tatsachen auseinandersetzen. Denn nur aufgrund von Einsicht in die Kindheitserlebnisse kann man seine eingebildeten Verbrechen begreifen und versuchen, sich von ihnen freizusprechen.

Kapitel 4

# Verdrängen, Belasten und Liebesraub

## Die Schuldgefühle des Überlebenden

*»Die Schuld des Überlebenden ... entstammt ... der Überzeugung eines Menschen, seine Eltern oder Geschwister verraten zu haben, weil er mehr von den guten Dingen des Lebens abbekommen hat als diese. Man glaubt, diese Dinge seien auf Kosten der Eltern oder Geschwister erworben worden.«*

Joseph Weiss

Die eingebildeten Verbrechen des Übertreffens, der Belastung und des Liebesraubs sind Manifestationen eines umfassenderen Phänomens: der Schuld des Überlebenden.

Der Begriff *Überlebendenschuld* wurde ursprünglich für die irrationalen, aber starken Schuldgefühle benutzt, die Überlebende nach dem Tod eines geliebten Menschen empfinden.

Judith Guests ungewöhnlicher Roman *Ordinary People* gibt uns ein dramatisches Beispiel für Überlebendenschuld. Conrad, die Hauptperson des Buches, ein sechzehnjähriger Oberschüler, versucht sich umzubringen, nachdem sein Bruder bei einem Bootsunglück ums Leben kam, das er selbst überlebte. Nach dem Selbstmordversuch wird er in ein Krankenhaus eingeliefert, bis man ihn außer Gefahr glaubt. Es stellt sich später heraus, daß Schuldgefühle – Überlebendenschuld – Conrads starke Depression ausgelöst, und ihn zu einem Selbstmordversuch getrieben haben.

Im Verlauf einer Psychoanalyse, die er unternimmt, geht es

Conrad viel besser. Er verliebt sich in eine Klassenkameradin und findet das Leben wieder lebenswert. Dann erfährt er, daß Karen, eine junge Frau, die er im Krankenhaus kennengelernt hat, sich umgebracht hat. Karens Selbstmord ruft erneute starke Überlebendenschuldgefühle bei ihm hervor. Darüber hinaus belebt er die Schuldgefühle gegenüber dem toten Bruder aufs neue. Conrad findet es wieder schrecklich ungerecht, daß er am Leben blieb, während diejenigen, die so wichtig für ihn sind, sterben. Er bekämpft jedoch seine Selbstmordgedanken, sucht seinen Psychiater auf und platzt schließlich damit heraus, daß er sich verantwortlich fühlt, »... ihn umgebracht zu haben ... zugelassen zu haben, daß er ertrank«.

Der Psychiater versucht Conrad zu der Einsicht zu bringen, daß diese Gedanken zwar normal und verständlich seien, aber völlig irrational. »Du warst doch auf der anderen Seite des Bootes. Du konntest ihn nicht sehen. Er war der bessere Schwimmer. Er war kräftiger und hatte mehr Ausdauer. Warum glaubst du also, du hättest ihn retten können?«

»Ich weiß es nicht«, antwortet Conrad.

Conrads Beharren, er hätte etwas für den Bruder Lebensrettendes tun können, drückt die Irrationalität, Hartnäckigkeit und Destruktivität von Überlebendenschuld aus. Trotz aller gegenteiligen Beweise hält man sich oft für den Tod eines geliebten Menschen verantwortlich, auch wenn man völlig schuldlos daran ist.[2]

## Sophies Entscheidung

Viele Überlebende von Konzentrationslagern während des Nationalsozialismus erlitten unaussprechliche Grausamkeiten und unvorstellbare Verluste – sie verloren Eltern, Partner, Kinder, in manchen Fällen die gesamte Großfamilie. Noch lange nach der Befreiung tragen sie ein weiteres schreckliches Erbe des Holocaust – die Schuld des Überlebenden.

William Styrons Roman *Sophies Entscheidung* gibt uns ein dramatisches Portrait vom Schicksal einer Überlebenden eines solchen Konzentrationslagers. Sophie ist eine Polin, die nach dem Zweiten Weltkrieg aus Auschwitz befreit wurde und nach New York auswandert. Sie verliebt sich in einen gutaussehenden, charismatischen jungen Juden, Nathan, der stark schizophren ist und vorwiegend in einer Welt der Illusionen lebt. Nathan ist in den ersten Wochen ihrer Beziehung sehr liebevoll und zärtlich, doch bald wechselt seine freundliche Aufmerksamkeit immer häufiger mit Phasen von Mißhandlung ab. Er bedroht Sophie verbal und körperlich und beschuldigt sie fälschlicherweise der Untreue.

Die Geschichte von Sophie wird in einer Reihe von Rückblenden dargestellt – Sophie und ihre beiden Kinder, ein achtjähriger Junge und ein vierjähriges Mädchen, werden ins Konzentrationslager verschleppt, weil sie Essen für Sophies sterbende Mutter organisiert haben. Bei der Ankunft im Lager teilt ihr ein SS-Offizier höhnisch mit, sie könne nur eines ihrer Kinder behalten. Das andere solle sofort ermordet werden.

Sophie weigert sich, eine Entscheidung zu treffen. Schließlich zerren die SS-Soldaten an beiden Kindern, und sie wählt den Sohn. Ihre Tochter wird in die Gaskammer gebracht. Ihre Schreie klingen noch heute in den Ohren der Mutter.

Alle späteren Bemühungen Sophies gelten ihrem Sohn und dessen Überleben. Sie versucht sogar, die Geliebte des Lagerkommandanten zu werden, eines Mannes, den sie verachtet. Doch trotz ihrer Anstrengungen wird der Junge ebenfalls von den Nazis ermordet. Eine weitere Rückblende enthüllt, daß sowohl ihr Vater wie auch ihr Mann trotz ihrer Sympathien für die Nazis von der SS umgebracht wurden.

Die ganze Geschichte wird von einem jungen Mann erzählt, Stingo, der Sophie heimlich liebt. Als Nathan sein Realitätsgefühl verliert und droht, beide umzubringen, laufen Sophie und Stingo fort und planen ein ungestörtes Leben im ländlichen Süden, wo Stingo einen kleinen Hof geerbt hat.

Doch in der letzten Minute wird Sophie von Schuldgefühlen übermannt. Wenn der wahnsinnige Nathan sich umbringt, wird sie aufs neue die schreckliche Schuld des Überlebenden fühlen, wie nach dem Tod von Mutter, Vater, Kindern und Gefährten im Konzentrationslager. Sie verläßt Stingo, gibt das angenehme Leben, das sie erwartet hätte, auf, und nimmt zusammen mit dem verrückten Nathan Zyankali. Nur so kann sie sich von den schrecklichen Schuldgefühlen befreien.

Sophie glaubt, für den Tod ihrer Kinder verantwortlich zu sein, obwohl sie dies nicht war. Sie mußte eines ihrer Kinder auswählen, andernfalls wären beide umgebracht worden. Die Nazis, nicht sie, haben ihre gesamte Familie ausgelöscht.[3]

In der Person der Sophie beschreibt Styron das Los vieler Überlebender von Konzentrationslagern aufs genaueste.[4] Zu Beginn der Geschichte ist Sophie schwach, depressiv, blaß und unfähig zur Freude – ein verbreiteter Zustand bei jenen, die aus den Todeslagern befreit wurden. Auch nachdem sie von Krankheiten und Unterernährung befreit waren, wurden sie von schweren Schuldgefühlen heimgesucht. Sie glaubten, die toten Freunde und Verwandten durch das eigene Überleben verraten zu haben, obwohl sie, wie Sophie, in Wirklichkeit nichts vermocht hätten, um sie zu retten.[5]

Auf ähnliche Weise empfinden alle Menschen, die Mutter, Vater, Bruder, Schwester, einen engen Freund oder Verwandten durch Krankheit, Unfall, Selbstmord oder ein anderes Unglück verloren haben, die Schuld des Überlebenden. Diese Gefühle können über Jahre andauern, noch lange, nachdem die Wut, die Verleugnung und der unmittelbare Schmerz über den Tod eines geliebten Menschen abgeklungen sind.[6]

## Alltägliche Überlebendenschuld: Eine weitere Definition

Bei der Überwindung von unbewußten Schuldgefühlen wird der Begriff *Überlebendenschuld* in einem weiteren Sinne als nur im Zusammenhang mit dem Tod einer geliebten Person benutzt. Es werden mit diesem Begriff die Schuldgefühle beschrieben, die entstehen, wenn man glaubt, mehr Glück, Erfolg oder Liebe abbekommen zu haben als andere Familienangehörige.[7] In diesem Sinne kann jeder mit einer Überlebendenschuld belastet sein, auch wenn alle Freunde und Verwandten noch am Leben sind. *Alltägliche Überlebendenschuld* ist naturgemäß weniger intensiv als die Schuldgefühle nach einem Tod. Doch sie kann immer noch zu einer sehr destruktiven Kraft werden. In unserer Studie haben wir die Erfahrung gemacht, daß diese Schuld die Wurzel vieler tiefliegender psychologischer Probleme bildet. Es ist die Schuld des Überlebenden, die hinter den Schuldgefühlen wegen Verdrängung, Belastung und Liebesraubs an unseren Nächsten steht.

- Beim Verdrängen glaubt man, erreicht zu haben, was andere Familienmitglieder nicht schafften.
- Beim Liebesraub hat man die Liebe und Zuneigung gestohlen, die ein Geschwister oder Elternteil dringend brauchte.
- Bei Belastung meint man, die Zeit und Energie aufgezehrt zu haben, die die Eltern für sich selbst brauchten.

Das alles sind eingebildete Verbrechen, die vorkommen, wenn man Zugang zu bestimmten Notwendigkeiten, Vergnügen oder Befriedigungen im Leben gewonnen hat, aber unbewußt glaubt, man hätte sie auf Kosten eines oder mehrerer Familienangehöriger erreicht.

## Manuel: Meister der Selbstsabotage

Manuels Eltern betrieben eine chemische Reinigung. Sie lebten in einem mexikanisch-amerikanischen Wohnviertel und sprachen nur wenig Englisch. Sie arbeiteten schwer und hatten nur wenig Zeit für Vergnügungen. Daher wirkten sie bitter und erschöpft und vergeudeten das bißchen Energie nach der Arbeit, indem sie miteinander stritten.

Alle paar Jahre meinten Manuels Eltern, ihre Reinigung läge im falschen Viertel. Dann mieteten sie einen neuen Laden und zogen um. Es folgte eine kurze Phase voller Hoffnung und Zuversicht. Doch sobald deutlich wurde – jedes Mal –, daß es mit dem neuen Laden nicht besser ging als mit dem alten, verloren sie ihre Begeisterung und versanken wieder in der alten, gehetzten, freudlosen Existenz.

Seit Manuel sich erinnern kann, war er sicher, niemals einen Beruf haben zu wollen, bei dem er viel arbeiten und wenig verdienen würde. Er legte eine käufmännische Prüfung ab, ging ins Maklerwesen und konnte nach einigen Jahren harter Arbeit ein Mietshaus kaufen. Er steckte viel Zeit in die Renovierung und konnte dann ein zweites, etwas größeres Gebäude kaufen. Er arbeitete hart und verdiente wenig, doch er freute sich auf die Zeiten, in denen alles leichter sein würde.

Es dauerte nicht lange, bis sich Schwierigkeiten abzeichneten. Manuel konnte sich nicht dazu durchringen, seinen Mietern hart gegenüber zu treten, wenn sie mit der Miete im Rückstand waren. Er wollte seine Gläubiger nicht informieren, wenn er eine Rechnung spät beglich, und zahlte auch dann nicht, wenn er das Geld hatte. Nach einem Jahr dieses verantwortungslosen Verhaltens sperrte ihm die Bank den Kredit, und er verlor beide Häuser. Nach einer kurzen Phase der Depression lebte er wieder auf, zog in eine andere Stadt und begann aufs Neue. Als er sich im Alter von vierunddreißig Jahren in Therapie begab, hatte er diesen Kreislauf viermal hinter sich gebracht.

Natürlich wollte Manuel nicht immer wieder scheitern. Er wollte auf jede Weise Erfolg haben. Doch trotz seiner größten Anstrengungen endete es immer damit, daß er schwer arbeitete und wenig Freude und nur finanzielle Entschädigung dafür genoß. Er mußte zugeben, genau das gleiche Muster wiederholt zu haben, das er bei seinen Eltern so beklagenswert fand. Wie diese vertraute er einfach darauf, daß ein Ortswechsel alle seine Probleme lösen würde. Wie seine Eltern weigerte er sich, sein selbstzerstörerisches Verhalten anzuerkennen oder zu verändern.

Manuel kam in die Therapie, weil er wieder einmal kurz vor einem Erfolg stand und »es nicht wieder versauen« wollte. Zunächst konzentrierte er sich auf seine geschäftlichen Probleme und seine Freundin, aber ab und zu sprach er auf rührende Weise von der harten, freudlosen Atmosphäre in seinem Zuhause. Er sprach auch über seinen Bruder, der mit siebenunddreißig immer noch bei den Eltern lebte, keine Freundin hatte und seine Zeit im Streit mit den Eltern verbrachte. Er beschrieb seine eigenen fruchtlosen Versuche, seinen Bruder zum Auszug zu bewegen und seine Eltern zu ermutigen, doch einmal Urlaub zu machen.

Manuel war sich des starken Kontrasts zwischen seinem eigenen Leben und den der nächsten Angehörigen bewußt: Er verdiente gut, sie kamen gerade eben zurecht. Er hatte Spaß an seiner Arbeit, sie haßten ihre. Er hatte eine Gruppe von anregenden Freunden, darunter eine Frau, die er zu heiraten hoffte. Seine Eltern und sein Bruder lebten eine freudlose, isolierte Existenz. Seine Aussichten waren glänzend, ihre gnadenlos trübe.

Er empfand intensive, unbewußte Schuldgefühle, daß er so viel hatte und sie so wenig. Und je mehr er den Abstand vergrößerte, umso schuldiger fühlte er sich. Im Verlauf der Therapie begriff Manuel allmählich, wie er versucht hatte, den Abstand zu verkleinern, indem er sein Geschäft und seine persönlichen Beziehungen sabotierte. Daraufhin konnte er sein Geschäft erweitern, ohne es in Gefahr zu bringen. Und schließlich sah er sich in der Lage, seine Freundin zu heiraten.

Manuel hatte sich unbewußt drei eingebildete Verbrechen zur Last gelegt, die alle auf Überlebendenschuld beruhten: Verdrängen, Belasten und Liebesraub. Er fühlte sich des Verdrängens schuldig, weil er glücklicher und erfolgreicher als die anderen Angehörigen war. Er fühlte sich der Belastung schuldig, weil er sich unbewußt als weitere schwere Verantwortung im bereits überlasteten Leben seiner Eltern betrachtete. Er fühlte sich des Liebesraubs schuldig, weil seine Mutter ihn dem jüngeren Bruder vorgezogen hatte und sein Bruder selbst so tief in destruktiven Mustern verwurzelt zu sein schien.

Indem die Eltern wie Manuel ein Leben der Schufterei, des Märtyrertums und des Scheiterns führten, schufen sie sich eine Art hausgemachtes Konzentrationslager. Es ist dann ohne Belang, ob die Eltern durch die eigenen seelischen Probleme oder durch Sturmtruppen unterdrückt wurden – das Kind ist für starke Überlebendenschuldgefühle empfänglich.

Da auch die besten Eltern zuweilen unsicher, unfähig und unglücklich sind, leiden die meisten Menschen zumindest in gewissem Ausmaß an Überlebendenschuld. Die Schwere dieser Schuldgefühle hängt von zwei Faktoren ab: Erstens vom Ausmaß, in dem man Eltern und Geschwister als unglücklich, erfolglos und unfähig betrachtet, und zweitens von den eigenen Hoffnungen, Talenten und den Möglichkeiten, die sich einem bieten.

Für manche Menschen ist Überlebendenschuld eine Nebensächlichkeit. Für andere ist sie so schwerwiegend, daß sie ihr gesamtes Seelenleben beherrscht und ihre Handlungen stark einschränkt. In Extremfällen, wie bei Sophie, kann sie jemanden dazu bringen, sich das Leben zu nehmen.

## Die Schuldphantasie eines Überlebenden

Stellen Sie sich vor, Sie essen in einem kleinen Restaurant. Sie und ein paar enge Freunde sitzen an einem großen, schön gedeckten Tisch mitten im Raum. Ihre Eltern hocken an einem kleinen schmuddeligen Tisch in einer dunklen Ecke.

Der Kellner bringt große Platten mit schön dekorierten Speisen an Ihren Tisch: Vorspeisen, Fleisch, Fisch, frisches Gemüse, alles mit köstlichen Saucen. Dazu gibt es auserlesene Weine. An den Tisch Ihrer Eltern bringt der Kellner angestoßene Teller mit ein paar welken Salatblättern, trockenem Brot und schimmligem Käse.

Sie laden die Eltern zu Ihrer Gesellschaft ein, aber sie lehnen ab und bestehen darauf, daß es ihnen doch gut gehe und sie keine Last sein wollen. Aber Sie hören trotzdem, als sie sich über das Essen beklagen.

Wie die meisten Menschen fühlen Sie sich vermutlich so unbehaglich, daß es Ihnen unmöglich wird, sich zu entspannen und den Abend zu genießen. Sie tragen auch noch zu dem Leid Ihrer Eltern bei, weil es Ihnen so gut geht und sie sich leicht ausgeschlossen und neidisch fühlen können. Wie in den meisten echten Lebenssituationen, so bewirken auch hier die Strafen, die Sie sich selbst zufügen, um Ihre Schuldgefühle zu beschwichtigen, nichts, um das Leid der Eltern oder Geschwister zu mildern. Es ist wahrhaft nutzloses Leiden.

Diese Phantasieszene beleuchtet noch einen weiteren wichtigen Punkt. Auch wenn Sie die Eltern einladen, an den Freuden teilzuhaben, die das Restaurant zu bieten hat, weigern diese sich. Und obwohl sie sich bewußt heraushalten, fühlen Sie sich immer noch schuldig, weil Sie das eigene Mahl genießen.

Es spielt eigentlich keine Rolle, ob Ihren Angehörigen die Freuden des Lebens durch außenstehende Kräfte verweigert werden (indem sie etwa ans Krankenbett gefesselt oder im Gefängnis sind), oder aber durch innere Einschränkungen (Alkoholismus oder ein seelisches Problem). Ob sie von der üppigen Tafel des Lebens ausgeschlossen sind, weil sie nicht können oder weil sie nicht wollen – es bleibt für Sie schwer, ihr Mahl zu genießen.

Diese Restaurantphantasie ist nicht so weit hergeholt, wie sie vielleicht scheint. Jeder trägt seine Eltern mit sich herum. Man fühlt unbewußte Schuld, wenn man sich den Teller mit Dingen vollhäuft, die die Eltern nicht haben konnten oder wollten. Eine wirksame Weise, mit dieser Schuld fertig zu werden, besteht darin, den Teller in den Müll zu werfen, sobald er voll zu werden droht. Genau das tat Manuel, wenn er sein Geschäft sabotierte, sobald es erfolgreich zu werden versprach.

## *Fallbeschreibung: John*

John war fünfunddreißig Jahre alt und ein erfolgreicher Architekt. Er kam mit der Klage in die Therapie, seine Ehe mache ihn depressiv. Seine Frau klagte, John liege mehr an seiner Arbeit als an ihr. Sie kritisierte ihn unaufhörlich. Ihr Zusammenleben wurde so unbefriedigend, daß John immer häufiger bei der Arbeit blieb, um nicht nach Hause zu müssen. Ab und zu hatte er eine Affäre mit jüngeren Frauen, die er durch seine Arbeit kennenlernte.

John war der Sohn eines erfolgreichen Geschäftsmannes, dem man nachsagte, er sei ein finanzielles Genie. Johns Vater hatte sein eigenes Geschäft und war Vorstandsmitglied bei mehreren großen Firmen. Man könnte meinen, als Kind eines besonders erfolgreichen und bekannten Mannes würde John niemals an Überlebendenschuld leiden. Doch genau das tat er.

Johns Mutter fühlte sich von ihrem berühmten Workaholic vernachlässigt. Sie klagte bitterlich darüber. Die Eltern hatten mehrere Male in der Woche schreckliche Streitereien. Für John war klar, daß ihre Ehe sehr unglücklich war. Johns Vater ließ sich nicht scheiden, doch er tröstete sich mit einer Reihe von Affären mit attraktiven Frauen.

Mutter und Sohn hatten eine enge Beziehung. John war ihr Vertrauter und hörte immer bis in die kleinsten Einzelheiten alles über die Untreue, Unreife und Unverantwortlichkeit seines berühmten Vaters. Von früh an war John klar, daß sein Vater unfähig war, eine reife, intime Beziehung zu leben.

John sorgte sich nicht, seinen Vater in finanzieller Hinsicht zu übertreffen. Er arbeitete so gut er konnte und war erfolgreich, doch er hatte schon vor langer Zeit die Tatsache akzeptiert, nicht ein Genie wie sein Vater zu sein. Doch trotz des Ruhms und des Reichtums seines Vaters sah John ihn als eine jämmerliche Figur, die das Wichtigste im Leben – eheliches Glück – nicht erreichen konnte. Mit der irrationalen Logik der Überlebendenschuld konnte John sich nicht zugestehen, das einzige Kostbare zu erreichen, das sein Vater nie verwirklichen konnte. Wenn er das tat, würde er sich einbilden, das Verbrechen des Verdrängens zu begehen. John bestrafte sich für das Verbrechen des Liebesraub. Er hatte unbewußt gefolgert, daß seine enge Beziehung zur Mutter die Kluft zwischen den Eheleuten vergrößert hatte.

In der Therapie merkte John zum ersten Mal, daß er genau diejenigen Eigenschaften seines Vaters ausprägte, die er am meisten beklagte. Er sah allmählich, wie er die Kritik seiner Frau provozierte, indem er sie ignorierte, mied und als selbstverständliches Eigentum hinnahm. Und er sah ein, wie seine außerehelichen Beziehungen eine befriedigende, intime Beziehung zu seiner Frau unmöglich machten.

Johns Fall beleuchtet, daß nicht einmal auffallend erfolgreiche Eltern Überlebendenschuld bei den Kindern verhindern können. Wenn die Eltern auch in bestimmten Lebensbereichen sehr erfolgreich sind, ist man sich dennoch deutlich derjenigen Gebiete bewußt, in denen sie enttäuscht und unerfüllt sind. Man sieht sich dann unbewußt gezwungen, sich die Befriedigung zu versagen, die die Eltern ebenfalls nicht erlangen konnten.

## Die De-Idealisierung der Eltern

Für manche Menschen ist das Haupthindernis bei den Bemühungen, Überlebendenschuld zu überwinden, die Neigung, die Eltern zu idealisieren:

- Wenn man die Schwächen und Fehler der Eltern deutlich erkennt, meint man, sich ihnen gegenüber unloyal zu verhalten.
- Wenn man sich erlaubt, zu erkennen, wie unglücklich und unerfüllt das Leben der Eltern tatsächlich war, fühlt man Trauer um sie und auch schmerzliche Desillusionierung.
- Die Unzulänglichkeiten der Eltern verursachen schwere Traumata. Wenn man sich den Mängeln stellt, müßte man einen Teil der Trauer und des Leides neu durchleben, die man als Kind erfahren hat.

Ein extremes Beispiel für die Idealisierung der Eltern geschieht in *Sophies Entscheidung*. Sophie dachte als junge Frau, ihr Vater sei der beste Mensch der Welt. Erst beim Abschreiben einer seiner Reden – in der er die Ermordung der Juden forderte – mußte sie sich endlich eingestehen, was für ein starrer, grausamer, liebloser Mensch er tatsächlich war. Sie merkte, daß sie dies unbewußt schon lange gewußt hatte, aber nicht bereit gewesen war, mit der Wut, der Trauer und der Verachtung umzugehen, die sie mit Anerkennung der Wahrheit erleben würde.

Beim Prozeß der De-Idealisierung der Eltern muß man sich der Tatsache stellen, daß Mutter und Vater vielleicht in vieler Hinsicht ausgezeichnete Eltern waren, aber in anderen Bereichen kläglich scheiterten. Um die Fehler der Eltern zu erkennen und zu akzeptieren, muß man sich großer Enttäuschung, Traurigkeit und Wut stellen. Doch nur, wenn man sich mit diesen schmerzlichen, scheinbar illoyalen Gefühlen konfrontiert, kann man die psychologischen Schwierigkeiten der Eltern wirklich erfassen – und damit auch die eigenen.

Der Prozeß der De-Idealisierung der Eltern kann eine Phase begleiten, in der die Beziehung zu ihnen gespannt wird. Man fühlt Enttäuschung und Wut und ist unwillig, die traditionellen Rollen weiterzuspielen. (S. Kapitel 10 über die Rollenverteilung in der Familie). Der bloße Gedanke, den Eltern Unbehagen zu bereiten, kann die Schuldgefühle vorübergehend verstärken. Doch nur, wenn man diesen Prozeß durchlebt, kann man sich von selbstzerstörerischen Schemata lösen.

## Wenn Loyalität pathologisch wird

Überlebendenschuld versteht man am besten als eine Art intensiver Familienloyalität, die verzerrt wurde. Dies kann verwirren, denn Familienloyalität kann eine der positivsten Kräfte im menschlichen Leben darstellen, und Überlebendenschuld ist fast unweigerlich destruktiv.

Es ist nicht pathologisch, wenn man seinen Eltern und Geschwistern helfen will. Es ist natürlich, wenn man denjenigen, die man liebt, Opfer bringt. Doch es ist nicht gut, sinnlos zu leiden und unnötig zu scheitern, weil man unbewußt glaubt, man helfe damit einem unglücklichen Elternteil oder Geschwister. Überlebendenschuld ist ein starkes Beispiel dafür, wie der tiefe und normalerweise positive Instinkt, Angehörigen zu helfen und sich um sie zu kümmern, sich manchmal in eine negative Kraft im Leben verwandeln kann.

Überlebendenschuld spielt eine Rolle, wenn das Leben droht, »zu gut« zu werden, wenn der Abstand zwischen dem, was man selbst hat und andere Familienmitglieder nicht, zu groß wird. Das Verständnis von Überlebendenschuld kann helfen, Impulse zu erkennen und zu vermeiden, die das Leben sabotieren, wenn alles wunderbar läuft. Indem man lernt, diese Versuche der Selbstzerstörung zu erkennen und indem man die Familienmuster identifiziert, die sie hervorrufen, lernt man allmählich, sich von diesem starken, destruktiven Motiv zu befreien.

Kapitel 5

# Verlassen und Illoyalität

## Das eingebildete Verbrechen der Loslösung

*Trennungsschuld ... heißt die Überzeugung des Kindes, die es aus seiner Erfahrung gewinnt, die Eltern zu verletzen, wenn es unabhängiger wird.*

Joseph Weiss

Die aufregende Zeit des Heranwachsens und des Selbständigwerdens wird unvermeidlich auch von Reue und Trauer begleitet, weil man sich von den Eltern entfernt. Die Kontrollbeherrschungs-Theorie nennt dieses Gefühl *Trennungsschuld.*[1]

Für kleine Kinder sind die Eltern der Mittelpunkt des Lebens. Mutter und Vater sind die klügsten, stärksten und mächtigsten Menschen der Welt. Beim Älterwerden werden diese überragenden Gestalten des Kinderuniversums allmählich weniger zentral, weniger mächtig, weniger allwissend. Im Laufe der Zeit merkt man sogar, daß man sie in bestimmten Bereichen übertrifft. Mit Erreichen des Erwachsenenalters und der Vervielfältigung von Chancen entdecken manche Menschen, daß die Kräfte der Eltern schwinden und deren Möglichkeiten allmählich geringer werden.

Erwachsenwerden und die Lösung von den Eltern birgt ein unvermeidliches Dilemma. Man muß König und Königin der Kindheit psychologisch vom Thron stürzen, um eine eigene, authentische Identität zu gewinnen. Um ein Selbst zu entwickeln, muß man die Überzeugung und Werte infrage stellen, die sie uns mitgaben, behalten, was einem paßt und verwerfen, was nicht paßt.

Dieser natürliche Prozeß an sich ruft keine Schuldgefühle hervor. Wenn die Eltern das Kind auf dem Weg zum Erwachsenen unterstützen und seine zunehmende Unabhängigkeit begrüßen, kann man diesen wichtigen Übergang ohne Schuldgefühle bewältigen. Nur wenn die Eltern durch die zunehmende Reife und Autonomie verletzt und verraten wirken, stellen sich Schuldgefühle ein.

Wenn die Eltern ihr eigenes Selbstwertgefühl vom Kind abhängig machen, und ohne es zutiefst unglücklich wären, fühlt es sich unbewußt des eingebildeten Verbrechens des Verlassens schuldig. Wenn die Eltern die Tatsache nicht akzeptieren können, daß das Kind andere Meinungen, Vorlieben, religiöse Anschauungen oder politische Einstellungen hat, fühlt es sich des eingebildeten Verbrechens der Illoyalität schuldig.

## Separation – Individuation
## Einer der großen Schritte im Leben

Einer der großen Entwicklungsschritte im Leben ist die Trennung und Ablösung von den Eltern. Psychotherapeuten nennen diesen Prozeß Separation und Individuation. Er beginnt im ersten Lebensjahr und setzt sich für den Rest des Lebens fort.

Mit zwei Jahren untersucht ein Kind nur kurz seine Umwelt, um zur sicheren Vater- oder Mutterfigur zurückzukehren. Es spielt vielleicht ein paar Minuten mit einem anderen Kind, geht aber dann zur Mutter zurück, um sich ihrer zu versichern.[2]

Beim Älterwerden meldet es sich immer seltener zurück. Dieser Prozeß setzt sich fort, bis es sich auch bei stundenlanger Trennung von den Eltern wohlfühlt. Es gewinnt immer mehr Urteilsvermögen und Erfahrung und braucht die ständige elterliche Überwachung nicht mehr. Von einem bestimmten Alter an wird es elterliche Anweisungen als Einmischung betrachten.

Eltern, die sensibel auf die Bedürfnisse des Kindes eingehen, vermischen ständig Freiheit mit Grenzsetzung. Sie verhindern, daß ihre Kinder Dinge unternehmen, die über ihre Kräfte gehen, fordern sie aber auf, Herausforderungen anzunehmen, die vielleicht aus Angst oder Schüchternheit vermieden werden. Sie erlauben etwa dem Zehnjährigen, den langen Schulweg allein zu meistern, während er mit neun noch getrödelt oder sich verlaufen hätte. Sie bestehen auf Begleitung und festen Ausgehzeiten, wenn Drogen zur Schulszene der Tochter gehören. Sie widerrufen bestimmte Privilegien, wenn ein Kind sich verantwortungslos verhält. Die Festsetzung des richtigen Gleichgewichts zwischen Freiheit und Kontrolle kann eine der schwierigsten Aufgaben der Eltern sein.

## Das Problem der Kontrolle

Wenn Eltern nicht genügend Kontrolle ausüben, fühlt sich das Kind vielleicht vernachlässigt und hat später Schwierigkeiten, sich selbst zu kontrollieren. Es verhält sich impulsiv und verursacht seinen Eltern durch unverantwortliches Benehmen so viele Probleme, daß es schließlich Schuldgefühle wegen der großen Belastung für die Eltern und wegen seiner grundsätzlichen Schlechtigkeit entwickelt.

Wenn ein Elternteil hingegen stark dominierend oder überfürsorglich ist, spürt das Kind, daß ein starkes Bedürfnis nach Kontrolle und Fürsorge besteht. Manche Eltern, vorwiegend Mütter, scheinen ihre gesamte Identität aus der Elternrolle zu begründen. Ohne diese Rolle fühlen sie sich verloren und gefährdet. Manche unsicheren Eltern, vorwiegend Väter, müssen immer ihre Autorität betonen, auch wenn die Kinder ihre Anweisungen und Führung nicht brauchen. In solchen Situationen kann das Bedürfnis des Kindes, sich um sich selbst zu kümmern und sich selbst zu leiten, das unbewußte Schuldgefühl wegen Verlassens und Illoyalität auslösen.

## Schwache Eltern

Nur sehr kleine Kinder glauben, daß die Eltern immer stark und unverletzlich seien. Beim Älterwerden entwickeln sie ein viel komplexeres Bild von ihnen. Sie merken, daß Mutter manchmal ängstlich oder hilflos ist, Vater inkonsequent, verwirrt oder deprimiert.

Das muß nicht notwendigerweise ein Problem sein. Es ist gesund und natürlich, wenn Kinder lernen, daß ihre Eltern Schwächen wie Stärken haben. Auch wenn die Kinder, ob zu Recht oder Unrecht, den Eindruck bekommen, daß ihre Eltern beständig schwach, angreifbar, wütend, hilflos oder traurig sind, so wird das Schwierigkeiten bereiten.

Man glaubt kaum, daß Kinder ihre Eltern als immer verletzlich, schwach oder unbeherrscht empfinden. Doch das tun sie häufig. Auch wenn Eltern dominierend, kritisch oder gewalttätig sind, so daß die Kinder vor ihnen Angst haben, können sie ihnen gleichzeitig als angreifbar, gestört oder jämmerlich erscheinen.[3]

Wenn Kinder die Eltern als inkompetent, bedrückt oder schwach wahrnehmen, meinen sie vielleicht, sie müßten zu Hause bleiben, um sich um Mutter und Vater zu kümmern. Statt die normale Rolle des Kindes zu spielen – versorgt und ernährt zu werden – meint das Kind unbewußt, es müsse eine Elternrolle übernehmen. Wenn ein Elternteil zu verletzlich wirkt, wird der natürliche Loslösungsprozeß vielleicht als Verlassen betrachtet, und die Schuldgefühle stellen sich ein.

Lonnie kochte mit sieben Jahren bereits das Essen für sich und die jüngeren Schwestern – weil die Mutter immer schon betrunken war, wenn die Kinder aus der Schule kamen. Schon sehr früh nahm Lonnie die Mutter als eine zerbrechliche, inkompetente, eingeschränkte Persönlichkeit wahr.

George wuchs in den Bergen bei seinem heftigen, paranoiden Vater auf, der ihm nur wenig Kontakt mit anderen Menschen erlaubte. Sein Vater ging jagen und fischen und schaffte es gut, die beiden zu versorgen. George respektierte und fürchtete ihn, doch er war sich auch bewußt, daß sein Vater verrückt und einsam war und furchtbare Angst vor anderen Menschen hatte.

Jims schwer gestörter Vater erlitt oft schreckliche Tobsuchtsanfälle. Jim ging ihm dann vorsichtig aus dem Weg, doch grundsätzlich betrachtete er den Vater als lächerliche und klägliche Gestalt.

Kinder derart gestörter Eltern verstehen oft unbewußt, daß die gewalttätige, kritische und dominierende Haltung nicht die Folge von Stärke ist, sondern von Schwäche, Unsicherheit und einem Gefühl von Hilflosigkeit angesichts der Verantwortungen und Herausforderungen des Lebens. Sie fürchten und meiden die Eltern deshalb zwar, aber sie fühlen sich unbewußt schuldig, weil sie erwachsen werden und derart unsichere und unbeherrschte Menschen sich selbst überlassen.

## Auch normale Eltern können Trennungsschuld auslösen

Es ist klar, daß in Extremfällen – bei Lonnie, George und Jim – die Kinder ihre Eltern als schwach, gestört und krank wahrnehmen. Doch viele Menschen wuchsen in einem relativ intakten Elternhaus auf. Kann man auch dann an Trennungsschuld leiden?

Das ist in der Tat möglich. Trennungsschuld kann auch in Familien, in denen kein Partner ernsthaft gestört ist, ein zentrales Problem sein. Wichtig ist ja, was das Kind glaubt. Wenn ein Kind überzeugt ist, es würde die Eltern verletzen, wenn es unabhängig wird, leidet es unter Trennungsschuld.

## Die heimliche Schwäche der Eltern

Auch wenn Eltern stark, erfolgreich und auf Außenstehende selbstbewußt wirken, kann das Kind die Dinge ganz anders beurteilen. Kinder sehen häufig Aspekte bei den Eltern, die der Außenwelt verborgen bleiben.

Ein Vater, der in seinem gesellschaftlichen und beruflichen Leben stark und unabhängig ist, kann trotzdem dem Sohn den Eindruck vermitteln, er sei schwach, hilfsbedürftig und unglücklich. Eine Mutter, die in vielen Lebensbereichen verantwortungsbewußt und kompetent ist, kann vielleicht den Gedanken nicht aushalten, daß die Tochter ein eigenständiges Individuum mit eigenen Gedanken und Eigenleben ist. Auch Eltern, die einigermaßen glücklich und einsichtig sind, können bei den Kindern Schuldgefühle auslösen, wenn diese zu autonomen Erwachsenen werden.

Martys Mutter, eine erfolgreiche Maklerin, erlaubte dem Sohn nicht, die Tür zu seinem Zimmer zu schließen, und meinte, es gäbe keinen Grund für Familienmitglieder, Geheimnisse voreinander zu haben. Sein Vater, Direktor der Bank am Ort, beschäftigte sich besessen mit Martys Fußballkarriere. Als ein Schiedsrichter einmal falsch pfiff, wurde Martys Vater so wütend, daß er aufs Spielfeld rannte und den verdutzten Mann angriff, was Marty natürlich ungeheuer peinlich war. Marty hatte keinen großen Spaß am Fußballspiel, doch er blieb in der Mannschaft, weil sein Vater sonst schrecklich enttäuscht gewesen wäre.

Marty war sich der Unsicherheiten seiner Eltern sehr wohl bewußt, doch er wuchs mit der Überzeugung auf, daß, wenn er eigene Gedanken hätte und eigene Entscheidungen träfe, seine Eltern unglücklich wären. Man betrachtete Martys Eltern im allgemeinen als glücklich und zufrieden. Das sind sie in vieler Hinsicht auch. Aber Marty ist immer noch ein Kandidat für ernsthafte psychologische Probleme, die aus der Schuld erwachsen, sich der Illoyalität und des Verlassens zu bezichtigen.

Lisas Mutter hat zu allem etwas zu sagen – vom Wettrüsten bis zu den Farben, die Lisa tragen soll. Sie wird wütend und verletzt, wann immer ihre Meinungen angezweifelt werden. Mehrere Male hat sie Lisa sogar einen Klaps gegeben, weil sie es wagte, ihr zu widersprechen.

Lisa wuchs mit der Überzeugung auf, ihre Mutter zöge lebenswichtige Befriedigung aus der Kontrolle über sie. Daher fühlte sich Lisa schuldig, als sie erwachsen wurde und ihre dominierende, aber unsichere Mutter zurückließ. Diese intensive, wenngleich unbewußte Schuld über das Verbrechen des Verlassens manifestiert sich als Mangel an Selbstvertrauen und Selbstachtung.

Alle diese Eltern gelten als angesehene Mitglieder ihrer Gesellschaft. Keiner leidet unter schweren psychologischen Problemen. Doch die leichten bis mittelmäßigen Probleme, die sie haben, reichen aus, um bei ihren Kindern starke Trennungsschuld auszulösen.

## Kinder haben keine Vergleichsmöglichkeiten

Kinder sehen ihre Eltern manchmal als zerbrechlicher und hilfsbedürftiger an als diese tatsächlich sind. Sie schließen vielleicht fälschlich, daß die Eltern durch ihre Unabhängigkeit verletzt würden.

Jesses Mutter verlor ihren jüngeren Sohn bei einem Autounfall. Sie schwor sich, Jesse niemals durch einen Moment der Unachtsamkeit in Gefahr zu bringen. Sie brachte ihn zur Schule und holte ihn wieder ab. Sie sorgte mit einem Vorwand dafür, daß er vom Sport befreit wurde, weil sie Angst hatte, er könne sich verletzen. Sie redete ihm Fußball und andere Spiele mit den Nachbarskindern aus.

Jesse wurde ein schüchterner, fleißiger Junge, der die meiste Zeit in seinem Zimmer saß und Bücher aus der Schulbibliothek las. Trotz seiner gesellschaftlichen Isolation hatte er gute Noten und gewann ein Stipendium für die Universität.

Nach sechs Wochen auf dem College litt Jesse stark unter Heimweh. Er rief seine Mutter an und sagte ihr, er habe beschlossen, das Studium aufzugeben und nach Hause zurückzukehren. Nach einer Unterredung mit dem Vater rief die Mutter zurück und sagte ihm, er müsse mindestens bis zum Ende des Semesters durchhalten. Wenn er dann immer noch unglücklich sei, könne man über einen Studienplatzwechsel reden.

Nach dieser Diskussion fühlte sich Jesse seltsam erleichtert. Er hatte die Fürsorglichkeit seiner Mutter so gedeutet, als sei die Welt ein sehr gefährlicher Ort. Dieser Teil seiner Deutung war korrekt. Aber er hatte auch geschlossen, seine Mutter würde sich ohne ihn äußerst unbehaglich fühlen. Und das war falsch. Sie war zwar eine ängstliche und überfürsorgliche Frau, doch sie wollte wirklich, daß Jesse erwachsen, unabhängig und erfolgreich wurde.

Die Weigerung seiner Mutter, auf seine Bitte einzugehen, wirkte auf Jesse unbewußt beruhigend. Er meinte nun, sie könne gut ohne ihn zurechtkommen. Seine Schuldgefühle wegen des eingebildeten Verbrechens, sie verlassen zu haben, wurden gemildert, und er konnte sein eigenes Leben mit neuem Schwung angehen. Am Semesterende hatte Jesse Freunde gewonnen, schrieb gute Noten und hatte seine Idee, nach Hause zurückzukehren, lange vergessen.

## Warum sich Kinder um die Eltern sorgen

Kinder sind gegenüber dem emotionalen Zustand der Eltern und ihren »wunden Punkten« äußerst sensibel. Sie brauchen diesen psychologischen Scharfsinn, um die Liebe und Zuwendung zu bekommen, die sie brauchen. Die meisten Eltern sind sich darüber klar, daß Kinder genau diese Sensibilität auch mit großem Geschick und mit Intelligenz anwenden können, um Vorteile zu erhalten.

Als Folge dieser Sensibilität können sich Kinder aber auch große Sorgen machen, wenn es den Eltern nicht gut geht. In der in Kapitel 1 erwähnten Studie fand man heraus, daß Kinder zwischen sechs Monaten und zwei Jahren häufig Sorge ausdrückten und versuchten, die Mütter zu trösten, wenn diese traurig oder verletzt wirkten. Hier die Beschreibung der Mutter von Bob, einem achtzehn Monate alten Baby: »Mir wurde beim Staubsaugen ein wenig schwindlig und übel. Ich schaltete das Gerät ab und ging keuchend und hustend ins Bad. Bob folgte mir bis zur Tür und fragte: ›Okay, Mammi? Okay, Mammi?‹ Als ich schließlich wieder heraus kam und ihn auf den Arm nahm, sah er mich sehr besorgt an. Ich sagte ›Mammi okay.‹ Er legte den Kopf auf meine Schulter und drückte sich an mich.«[4]

Bobbys instinktive Sorge und sein helfendes Verhalten können eine gute Grundlage für Hilfsbereitschaft und Fürsorglichkeit im Erwachsenenleben bilden. Doch wenn ein Elternteil *ständig* verletzt, bedrückt oder verwirrt wirkt, kann die intensive Sorge des Kindes zur dauernden unbewußten Last werden. Diese Art von Sorge steht hinter dem eingebildeten Verbrechen des Verlassens.

Ein extremes Beispiel für den Versuch, diesem Problem aus dem Weg zu gehen ist jemand, der sich als Jugendlicher nur halbherzig mit dem anderen Geschlecht abgibt, niemals heiratet und niemals zu Hause auszieht. So ein Mensch fühlt sich von den Verwicklungen früher Liebesbeziehungen verwirrt und eingeschüchtert. Doch in den meisten Fällen bleibt er im elterlichen Nest, weil er sich unbewußt Sorgen macht, die Eltern seien ohne ihn hilflos. Manche Patienten haben mir anvertraut, daß ihre Eltern keinen Grund mehr zum Leben hätten, wenn sie das Zuhause verließen.

## Können »böse« Kinder unter Trennungsschuld leiden?

Es ist leicht einzusehen, wie sich »gute« Kinder, denen viel an der Meinung der Eltern liegt, Schuldgefühle wegen Verlassen und Illoyalität haben können. Aber was ist mit den rebellischen und frechen Kindern, die wirken, als seien ihnen die elterlichen Gefühle völlig egal?

Viele Kinder, die zu Hause oder in der Schule Probleme haben oder mit dem Gesetz in Konflikt geraten, werden heutzutage an Familientherapeuten überwiesen. Im Gegensatz zu Therapeuten, die den Klienten allein beraten, bestehen Familientherapeuten gewöhnlich darauf, die ganze Familie zu sehen. Sie fanden heraus, daß »böse« Kinder sich oft viel schneller bessern, wenn der Therapeut die Verbindung zwischen dem Verhalten des Kindes und den ehelichen oder seelischen Problemen der Eltern aufzeigt.

Familientherapeuten glauben, daß viele Probleme ihrer jungen Patienten aus dem unbewußten Versuch herrühren, von den elterlichen Problemen abzulenken.[5] Nicht selten entdeckt der Familientherapeut, daß die Eltern eines straffällig gewordenen Kindes schwere Eheprobleme haben oder ein Elternteil ernsthaft depressiv ist. Das auffällige Benehmen des Kindes soll unbewußt die Aufmerksamkeit von den elterlichen Schwierigkeiten ablenken und Zentrum für dessen Aufmerksamkeit und Feindseligkeit werden. Das Kind versucht, einen besorgten oder depressiven Elternteil aufzuheitern. Was als Illoyalität, Rebellion und verletzendes Verhalten erscheint, ist dann in Wirklichkeit der unbewußte Versuch des Kindes, Leid und Unglück der Eltern zu mindern, indem es sich selbst zum Sündenbock macht.[6]

## Ist Sorge in Wirklichkeit versteckte Feindseligkeit?

Viele Therapeuten neigen zu der Überzeugung, daß Patienten, die sich um die Eltern extrem starke Sorgen machen, in Wirklichkeit nur feindselige Gefühle überdecken. Unbewußt wünschen sie, daß die Eltern leiden oder sterben.

Unsere Studie hat jedoch zu einem anderen Ergebnis geführt. Die meisten Klienten, die sich um Mutter und Vater sorgen, hatten Eltern, die traurig, empfindlich, anklammernd, depressiv oder selbstmordgefährdet waren. Jeder hegt einige Bedenken gegenüber dem Verhalten der Eltern, doch das bedeutet nicht, daß man sich darüber hinaus große Sorgen um sie macht. Die Sorge beruht auf der Überzeugung, daß die Eltern leiden oder in Gefahr stehen, verletzt zu werden, oder sich selbst Schaden zufügen.

## *Fallbeschreibung: Ann*

Ann, eine attraktive chinesisch-amerikanische Laborassistentin, ist 28 Jahre alt. Sie leidet unter geringer Selbstachtung, sorgt sich um ihre Arbeit, ihre Ehe und ihre Eltern. Sie fürchtet sich, nachts mit dem Auto zu fahren oder fremde Stadtteile aufzusuchen. Man hält im Ärztezentrum der Universität, wo sie arbeitet, große Stücke auf sie, aber sie sorgt sich, daß ihre Arbeit nicht gut genug sei. Sie fürchtet zudem, nicht weiterleben zu können, wenn ihre Eltern sterben.

Ann und ihr Mann essen zweimal die Woche bei den Eltern, wenngleich sie beide keinen großen Spaß daran haben. Ihre Eltern bestehen darauf, dem Paar in jeder Lebenssituation Rat zu erteilen, wo sie ein Haus kaufen sollen (gleich nebenan) und wann sie ein Baby planen sollten (sofort). Ann ruft ihre Mutter mindestens einmal am Tag an, um mit ihr zu reden. Ihr Mann hingegen kritisiert sie wegen dieser Abhängigkeit von den Eltern, und weil sie ständig deren Anerkennung sucht.

Die Mutter wurde während Anns gesamter Kindheit von dem dominierenden Vater so eingeschüchtert, daß sie nun bitter und vorwurfsvoll schweigt. Früher machte sie sich zwanghaft um alles Sorgen. Sie hatte Angst, in Gruppen das Wort zu ergreifen, Angst vor einem Verkehrsunfall oder daß den Kindern etwas zustoßen könnte. Sie sorgte sich so sehr, daß sie dadurch fast handlungsunfähig wurde. Sie war eine intelligente, begabte Frau, die einen Beruf ausüben wollte, doch nachdem die Kinder aus dem Haus waren, war sie zu ängstlich und mutlos, um sich eine Stelle zu suchen. Daher ist sie die meiste Zeit depressiv und gelangweilt. Sie hat nie Autofahren gelernt und ist davon abhängig, daß ihr Mann sie herumfährt, die Rechnungen bezahlt, die Kinder erzieht und alle größeren Entscheidungen trifft.

Anns Vater, ein Apotheker, liebte seine Tochter sehr. Ann genoß seinen Optimismus und seine starke Energie. Sie stand zwar beiden Eltern sehr nahe, doch die Begeisterungsfähigkeit des Vaters stand in willkommenem Gegensatz zu den endlosen Sorgen der Mutter. Doch auf einem Gebiet bestätigte sie der Vater nicht, und das waren Verabredungen. Ihr Vater war zu jedem jungen Mann, den sie mit nach Hause brachte, so unfreundlich und kritisch, daß er die meisten potentiellen Freunde seiner Tochter abschreckte.

Ann litt unter Schuldgefühlen, weil sie ihre Eltern verlassen zu haben glaubte. Ihr war klar, wie abhängig sie von ihnen war. Doch unbewußt glaubte sie, die Eltern bräuchten sie. Diese waren miteinander so unglücklich, daß Ann meinte, sie hätten nur Spaß am Leben, wenn sie bei ihnen war. Sie betrachtete sich als ihre einzige Quelle von Freude und als verantwortlich dafür, innerhalb der Familie den Vermittler zu spielen und Frieden zu stiften. Alle schienen damit zu rechnen, daß sie die Spannungen unter Kontrolle hielt.

Ann kam mit der Klage in Therapie, sie fühle sich ständig ängstlich und depressiv. Ihr war klar geworden, daß die Beziehung zu ihren Eltern zu intensiv war. In der Therapie fand sie heraus, daß ihr starkes Bedürfnis nach Kontakt zu ihnen aus dem Gefühl resultierte, sie bräuchten den Kontakt zu ihr. Dies überraschte sie, weil sie stets sich selbst, und nicht die Eltern, immer als hilfsbedürftig und abhängig betrachtet hatte.

Mit zunehmender Einsicht in ihre Probleme begann Ann ihre Ablösung zu forcieren. Sie besuchte die Eltern seltener und beriet sich nicht vor jeder Entscheidung mit ihnen. Daraufhin fühlte sie sich besser, während sie paradoxerweise gleichzeitig unter allen möglichen Ängsten litt. Sie hatte etwa kurze Phasen intensiver Angst, ihre Stelle oder den Mann zu verlieren oder an Krebs zu erkranken. Diese Sorgen waren besonders seltsam, weil sie viel besser arbeitete, ihr Mann und sie viel glücklicher miteinander waren, und sie gesund war. Es stellte sich heraus, daß sie sich so schuldig fühlte, die unglücklichen Eltern zu verlassen, daß sie sich, obwohl sie bereit war, sich von ihnen zu lösen, mit diesen grausamen Vorstellungen strafen mußte.[7] Ann begriff allmählich die tieferen Gründe für ihre irrationalen Sorgen, und sie ließen nach. Sie konnte nun mehr Freude an der Arbeit und ihrer Ehe haben, ohne von schlimmen Visionen belagert zu werden.

Außer für die Schuld wegen Verlassen strafte sich Ann zudem, weil sie glaubte, ihre Eltern verdrängt zu haben, indem sie eine intime und wechselseitig respektvolle Beziehung zu ihrem Mann hatte. Sie übertrumpfte zudem ihre Mutter, weil sie einen Beruf ausübte.

## Der wahre Grund für zu starke Abhängigkeit

Warum sind manche Menschen immer abhängig, klammern sich an, sind unentschlossen und unfähig, sich durchzusetzen? Oft glauben sie, willenlos, faul oder dumm zu sein, aber das ist fast nie der Fall. In der Klinik habe ich die Erfahrung gemacht, daß die meisten übermäßig abhängigen Menschen wie Ann sind, und an unbewußten Schuldgefühlen leiden. Die Erkenntnis, daß die Neigung zu starker Abhängigkeit eine Folge solcher Schuldgefühle ist, kann extrem befreiend wirken.

Man verbringt vielleicht sein ganzes Leben damit, sich zu zwingen, stärker, mutiger, zäher und unabhängiger zu sein. Doch aller Zwang der Welt nutzt nichts, wenn das wahre Problem darin besteht, daß man sich nicht erlauben kann, stark und unabhängig zu sein, weil man glaubt, damit die Eltern einem Leben des Leids und des Unglücks zu überlassen. Wenn man sich aus dieser Falle allein durch Willenskraft zu befreien versucht, verdammt man sich zu einem endlosen Kreislauf: Man versucht, stärker und unabhängiger zu werden und hat eine Weile damit Erfolg. Doch dann fällt man wieder in Hoffnungslosigkeit zurück und versucht erneut, stärker zu sein.

Die meisten Menschen, die an durch Trennungsschuld verursachten Problemen leiden, merken nicht, daß sie sich unbewußt schuldig fühlen, während sie gleichzeitig doch stark und unabhängig sind. Sie fühlen sich schwach und ängstlich und fürchten sich, den Herausforderungen des Lebens ohne die Hilfe eines Elternteils oder einer Elternfigur gegenüber zu treten. Wir wollen solchen Menschen an dieser Stelle Hoffnung geben: Wir wollen ihnen sagen, daß die Aufgabe, vor der sie stehen, nicht die scheinbar unmögliche ist, stark zu sein, wenn sie grundsätzlich schwach sind. Sie müssen sich stattdessen von der irrationalen Schuldzuweisung für eingebildete Verbrechen befreien, denn diese läßt sie ihre Unabhängigkeit und ihre Fähigkeiten verbergen und unterdrücken.

Dies ist fast immer möglich, wenn auch nicht leicht. Der erste Schritt bedeutet, die Tatsache zu akzeptieren, daß man unter der destruktiven, unbewußten Überzeugung leidet, seinen Eltern wehzutun, wenn man unabhängig, autonom und verantwortlich wird.

## *Fallbeschreibung: Allan*

»Du bist egoistisch und undankbar! So bist du immer gewesen. Wir haben uns für dich aufgeopfert, und so wird es einem gedankt. Allan, wie kannst du uns das antun!«

So reagierte Allans Mutter auf seine Mitteilung, er würde nicht nach Hause zurückkehren, um die elterliche Firma zu übernehmen. Die Botschaft war klar und eindeutig: Wenn er seine eigenen beruflichen Pläne verfolgte und in einer anderen Stadt lebte, war er egoistisch und undankbar. Allans Eltern meinten, er habe kein Recht, eine eigenständige Entscheidung zu treffen.

Wie bei allen eingebildeten Verbrechen werden die Schuldgefühle schlimmer, wenn sie durch solche verletzenden, kritischen Bemerkungen verstärkt werden. Man fühlt sich schuldig genug, die Eltern verlassen zu haben, wenn sie unglücklich und von einem abhängig scheinen. Aber noch schlechter fühlt man sich, wenn man gesagt bekommt, man sei selbstsüchtig und grausam, weil man sein eigenes Leben leben will.

Nicht alle Eltern sind so deutlich wie Allans. Viele vermitteln ihre Enttäuschung durch Handlungen und Körpersprache. Der Humorist Dan Greenburg gibt witzige Anweisungen, wie man Trennungsschuld auslösen kann. Er rät seinen Lesern, ihren Kindern mit leicht belegter Stimme die folgenden Ratschläge zu erteilen, wenn sie zu einer Verabredung gehen: »Geh nur und amüsier dich – aber sei vorsichtig.« »Mach dir um mich nur keine Sorgen.« »Ich habe nichts dagegen, allein zu Hause zu sein.«[8] Diese Beispiele zeigen, daß Eltern so tun können, als förderten sie Unabhängigkeit, während sie zugleich unterschwellig Trennungsschuld auslösen. Die vordergründige Botschaft lautet: »Entspann dich. Viel Vergnügen. Mach dir um mich keine Sorgen, mir geht es gut.«

Dahinter aber steht: »Sei nicht entspannt. Dir kann etwas passieren. Mach dir um mich Sorgen, denn ich bin unglücklich und allein und sorge mich um dich.«

Intensives Besitzenwollen der Eltern kann ebenfalls Trennungsschuld auslösen. Allans Eltern waren zu allen seinen Freundinnen unhöflich. Jedesmal, wenn er sich für eine neue junge Frau interessierte, machten sie herabsetzende Bemerkungen über ihre Familie, ihr Aussehen und ihre Manieren. Allan wuchs mit dem Gefühl heran, daß er seine Eltern verletzen würde, falls er jemals eine wichtige Beziehung außerhalb der Familie einging. Das trug zu den Schuldgefühlen bei, die er ohnehin schon empfand, weil er seine Eltern verlassen hatte.

## *Fallbeschreibung: Michelle*

Die Angst vor einer Loslösung von der Familie kann uns manchmal dazu treiben, Beziehungen zu sabotieren. Michelle war eine erfolgreiche Theateragentin, 44 Jahre alt. Sie war mit Ian verheiratet, einem stillen, liebevollen Mann, der sie sehr liebte. Ab und zu hatte sie jedoch Phasen, in denen sie ihren Vater stark vermißte. Dann kritisierte sie Ian, weil er zu still und zu wenig aufmerksam war. Manchmal sagte sie sogar: »Warum bist du nicht eher wie mein Vater?« Ian war nicht ungewöhnlich still oder besonders unaufmerksam, aber weniger redefreudig und offenkundig in seinen Liebesbezeugungen als Michelles herzlicher, aber sehr unglücklicher Vater.

Michelle war früh von zu Hause ausgezogen, doch ihre Schuldgefühle, die sie deswegen gegenüber dem Vater empfand, bewirkten bei ihr ein Verhalten, das ihr selbst und ihrem Mann viel Leid brachte.

Es gibt viele Menschen, die wie Michelle niemals einen Partner finden können, der so wunderbar ist wie ihre Eltern. Das Problem besteht nicht darin, daß Michelles Vater ein solches Musterexemplar war. Niemand leidet daran, wenn die Eltern zu perfekt sind. Das Problem besteht darin, daß Kinder wie Michelle zu der Überzeugung gelangten, ihre Eltern bräuchten die Nähe, Liebe und Bewunderung ihrer Kinder. Natürlich wünscht sich jeder das alles von seinen Kindern, aber das Verhalten von Michelles Vater führte sie zu der Überzeugung, er wäre zutiefst verletzt, wenn sie ihn nicht immer mehr als alle anderen Männer lieben würde. Als Michelle alt genug war, eine Beziehung mit einem Partner einzugehen, glaubte sie ihn zu verlassen. Unbewußt versuchte sie die Situation zu bewältigen, indem sie ihren Mann heftig kritisierte.

## Wie Schuldgefühle uns dazu bringen, die Eltern zu meiden

Manche Menschen klammern sich wegen ihrer Schuldgefühle an die Eltern, doch manche meiden die Eltern aus dem gleichen Grund so stark wie möglich.

Julie, eine fünfundvierzigjährige Supermarktkassiererin wurde immer extrem depressiv, wenn sie ihre Mutter besuchte. Julie war die jüngste der Familie gewesen. Als sie zu Hause auszog, war ihre ohnehin unglückliche Mutter sehr traurig. Nach dem Tod des Vaters zog sie sich noch stärker zurück.

Julie machten besonders ihre große Wut und die Depressionen zu schaffen, die ihre seltenen Besuche zu Hause begleiteten. Sie verglich sich zu ihren Ungunsten mit den älteren Schwestern und ihrem Bruder, die die subtilen Vorwürfe der Mutter einfach so hinzunehmen schienen. Was immer Julie auch versuchte – wenn ihre Mutter darüber zu reden begann, wie einsam und vernachlässigt sie sich fühlte, wurde sie wütend. Bei jedem Besuch wurde sie irgendwann so aufgebracht, daß sie sich weigerte, noch irgend etwas mit ihr zu tun haben zu wollen. Ihre Schuldgefühle, weil sie glaubte, die Mutter verlassen zu haben, waren so stark, daß sie meinte die einzige Möglichkeit bestünde darin, die Mutter überhaupt zu meiden.

In der Therapie gelangte Julie zu der Einsicht, daß sie sich fälschlicherweise für das Unglück der Mutter verantwortlich fühlte. Dies erlaubte ihr, mitfühlender mit dem Kummer der Mutter umzugehen und sich deren Vorwürfe gelassener anzuhören. Sie fand die Besuche bei ihr immer noch schwierig, aber sie waren nun möglich, ohne daß sie wütend und aufgebracht wurde.

## Trennungsschuld kann uns zu falschen Entscheidungen verleiten

Manche Menschen bewältigen Trennungsschuld, indem sie die alten Problemsituationen in neuen Beziehungen reproduzieren. Paul, ein ehrgeizloser Verkäufer in einer Computerfirma, lebte mit seiner kritischen, dominierenden Mutter, bis diese an Krebs starb. Er war damals einunddreißig. Zwei Jahre später heiratete er eine kritische, dominierende Frau, die ihn fast genauso behandelte wie seine Mutter. Pauls unbewußtes Bedürfnis, seiner Mutter gegenüber loyal zu sein, war so ausgeprägt, daß er die Möglichkeit einer glücklichen, erfüllten Ehe opferte, um sich unbewußt vorzustellen, er lebe noch bei seiner Mutter.

Viele Menschen, die unter Trennungsschuld leiden, wirken so schwach und abhängig wie Paul, doch andere eher unabhängig und stark wie Michelle und Julie. Diese Beispiele zeigen, daß das Umgehen der Schuldgefühle oder die Selbstbestrafung dafür zu einer großen Vielfalt von Schwierigkeiten führen können.

## Man muß nicht perfekt sein

Glücklicherweise ist es für Eltern nicht notwendig, sich immer perfekt zu verhalten, um die Kinder nicht mit Schuldgefühlen über vermeintliche Verbrechen zu belasten. Dabei helfen uns ein paar einfache Ratschläge:

- Opfern Sie nicht zu viel. Sorgen Sie dafür, einen guten Teil Ihrer Zeit für sich und eigene Vergnügen zu verwenden. Tun Sie Dinge, die Ihnen guttun. Tun Sie Dinge, die Sie lieben. Für manche bedeutet dies zu lesen, zu joggen, ein Instrument zu spielen, Musik zu hören oder lange Spaziergänge zu unternehmen. Für andere bedeutet es vielleicht Gesellschaften, Reisen in ferne Länder oder Golf mit Freunden. Wenn Sie Ihr ganzes Leben den Kindern opfern, kommen diese leicht zu dem Schluß, sie wiederum müßten ihr ganzes Leben Ihnen widmen.[9]
- Pflegen Sie andere Freundschaften und benutzen sie ihre Kinder nicht als Vertraute. Manche Klienten haben mir berichtet,

daß ihre Eltern ihnen alles erzählten – auch ihre geheimsten Ängste und Phantasien und ihre sexuellen Probleme. Dieses Ausmaß an Intimität kann den Kindern aus mehreren Gründen schaden. Kleine Kinder haben vermutlich Probleme, mit erwachsener Sexualität umzugehen. Diese unangemessenen Vertraulichkeiten können ihnen zudem das Gefühl geben, die Eltern hätten keine engen Freunde. Sie werden sich dann schuldig fühlen, wenn sie ihre Zeit und Aufmerksamkeit eigenen Freunden widmen wollen.

- Erlauben Sie Ihren Kindern ein vernünftiges Maß an Ungestörtheit. Es ist für Kinder zwar schrecklich, wenn sie das Gefühl haben, ihre Eltern seien nicht an ihnen interessiert, doch genauso schrecklich ist es, ihnen das Gefühl zu geben, kein Recht auf ein Privatleben zu haben. Das bedeutet für sie, kein Recht auf eigene Gedanken, einen anderen Geschmack, eigene Freunde zu haben. Das kann zu einem Gefühl der Illoyalität führen, wenn sie als Erwachsene wünschen, ein eigenständiges Leben zu führen.
- Vermitteln Sie Ihrem Kind keine Schuldgefühle, weil es größer wird. Vermeiden Sie Bemerkungen, daß ihre Kinder undankbar oder lieblos seien, weil sie eigene Interessen und Freundschaften pflegen wollen. Sie scheinen vielleicht ihre Worte zu ignorieren, aber sie können sich solche Bemerkungen sehr zu Herzen nehmen.
- Seien Sie vor allem glücklich. Das beste Erbe, das Sie Ihren Kindern hinterlassen können, ist die Überzeugung, Sie seien ein glücklicher Mensch. Ein Kind, das Ihnen glaubt, Sie seien mit oder ohne es glücklich, fühlt sich frei, sich auf Sie zu verlassen, so viel oder weniger es dies in jeder Entwicklungsphase braucht. Mit sich selbst und seinem Leben zufrieden zu sein ist der beste Schutz, den Sie Ihrem Kind gegen unbewußte Schuldgefühle geben können.

Dieser letzte Rat ist vermutlich am schwersten zu befolgen. Dazu muß man nämlich seine eigenen Schuldgefühle, die man wegen eingebildeter Verbrechen angesammelt hat, überwinden. Viele Menschen genießen aus dem Grund ihre Elternschaft nicht, weil sie damit die eigenen Eltern verletzen würden. Ihre Eltern wirkten, als sie selbst klein waren, unglücklich oder überlastet, und daher fühlen sie sich unbewußt schuldig, wenn sie an Ihrer Elternrolle Freude haben.

Jene Menschen, die sich schuldig fühlen, wenn sie glücklich und erfüllt sind, sollten sich daran erinnern, daß sie dies nicht um ihrer selbst willen sind. Man ist es auch um seiner Kinder willen.

## Nicht alle Probleme bei der Loslösung von den Eltern entstammen Schuldgefühlen

Bei dem eingebildeten Verbrechen des Verlassens handelt es sich um die irrationale Überzeugung des Kindes, es habe einen oder beide Eltern im Stich gelassen. Doch wie steht es um die Menschen, die als Kind von den Eltern körperlich oder emotional verlassen wurden?[10] Für welche Verbrechen fühlen sie sich schuldig? Welche Probleme haben sie?

Lydias Eltern waren kalt, brutal und unglücklich. Sie stritten sich ständig, schrien sich an und schlugen sich. Manchmal ignorierten sie Lydia tagelang. Dann wieder versuchte einer von ihnen Lydia in dem endlosen Konflikt mit dem Partner auf seine Seite zu ziehen.

Lydia verließ mit fünfzehn das Elternhaus und schlug sich als Kellnerin durch. Sie war recht attraktiv, doch sie kleidete sich schlicht und unauffällig und verhielt sich so sarkastisch und kühl, daß sich mögliche Freunde und Bewerber abgewiesen fühlten. Sie schneiderte sich ihre Kleider selbst, reparierte ihr Auto selbst und gab praktisch keinen Pfennig für sich aus. Von dem Verdienst als Kellnerin sparte sie sich ihren ersten Computer zusammen, einen Baukastensatz von einem Versandhaus.

Mit neunzehn ging Lydia aufs College und schaffte bald ihren Magister in Computerwissenschaften. Das Studium finanzierte sie sich mit einer Reihe von Jobs. Sie war sehr sparsam und hatte keine Mühe, die teuren Lehrgelder zu zahlen.

Lydia war als Kind zu dem Schluß gelangt, alle Menschen seien unzuverlässig und irrational. Sie schwor sich, sich nie wieder den Verletzungen, der Angst und den Manipulationen auszusetzen, die sie durch ihre Eltern erlebt hatte. Unbewußt beschloß sie, sich nie wieder zu erlauben, einem anderen Menschen nahezustehen, um sich nie wieder so schrecklich zurückgewiesen und verlassen zu fühlen. Sie strebte die völlige Unabhängigkeit von anderen Menschen an.

Lydia mißtraute den Absichten von jedem, dem sie begegnete. Es war für sie extrem wichtig, ein dickes Polster auf dem Konto zu haben, weil sie sich jederzeit frei fühlen wollte, zu kündigen. Wie andere, die als Kinder vernachlässigt wurden, glaubte Lydia, Menschen seien gefährlich und unzuverlässig und müßten auf Abstand gehalten werden.

Menschen wie Lydia suchen nur selten Hilfe bei Freunden, da sie Freundschaften vermeiden, und auch nicht bei Experten. Sie haben große Schwierigkeiten, denen zu vertrauen. Wenn sie sich entscheiden, Hilfe zu suchen, müssen sie oft jahrelang arbeiten, um die Traumata der frühen Jahre zu bewältigen.

Worin besteht also Lydias eingebildetes Verbrechen? Im Gegensatz zu anderen in diesem Kapitel beschriebenen Fällen ist Lydias Hauptschwierigkeit nicht, einen hilfsbedürftigen Elternteil verlassen zu haben. Sie begriff durchaus, daß *sie* diejenige war, die im Stich gelassen wurde. Doch wie wir im ersten Kapitel erklärten, glaubt das Kind immer, daß alles was geschieht, seine Schuld sei.

Lydia glaubte unbewußt, sie sei verlassen, mißhandelt und wie ein Pfand in dem Krieg zwischen ihren Eltern behandelt worden, weil sie eine solche Behandlung *verdiente*. Im kindlichen Weltverständnis bedeutet es, daß man ein schlechter Mensch ist, wenn man eine schlechte Behandlung erfährt. Daher fühlte sich Lydia unbewußt des Verbrechens grundsätzlicher Schlechtigkeit schuldig. Tief drinnen hielt sie sich für eine wertlose, nicht liebenswerte Person. Ihre frühen Erfahrungen waren so schmerzlich, daß sie beschlossen hatte, Intimität sei keinen Preis wert.[11]

In nächsten Kapitel werden wir Lydias Art der Schuldgefühle näher untersuchen.

Kapitel 6

# Grundsätzliche Schlechtigkeit

## Eingebildete Verbrechen, die negativen Botschaften entstammen

*»Lassen Sie Ihr Kind nur jeden Tag Ihre Seufzer hören. Wenn Sie nicht wissen, was es getan hat, damit Sie so leiden, das Kind weiß es bestimmt«.*

Dan Greenburg

Manche Menschen sind aus einem Gefühl grundsätzlicher Schlechtigkeit heraus eingebildete Verbrecher. Sie glauben, von Geburt an wenig intelligent, moralisch, attraktiv oder liebenswürdig oder ein Feigling, häßlich, mittelmäßig oder einfach unwichtig zu sein. Dieses tiefsitzende Gefühl, unwiderruflich fehlerhaft oder unbedeutsam zu sein, beruht auf negativen Botschaften der Eltern. Diese haben vielleicht zu ihren Kindern gesagt, sei seien dumm, abstoßend oder eine Schande. Sie wurden vielleicht behandelt, als seien sie unwichtig, als spielten ihre Gefühle und Gedanken keine Rolle. Sie wurden vielleicht ohne Liebe oder Sorge behandelt, als Objekt für Vergnügen oder Bequemlichkeit der Eltern. Oder sie wurden verbal, körperlich oder sexuell mißhandelt. Als Folge dessen gelangen sie zu dem tiefverwurzelten, oft unbewußten Schluß, unzulänglich zu sein.

Im Gegensatz zu dem eingebildeten Verbrechen bei dem man glaubt, man habe andere Menschen verletzt, ist grundsätzliche Schlechtigkeit ein Verbrechen ohne Opfer. Man fühlt sich schlecht, weil man sich für schändlich, ekelhaft, unwichtig, enttäuschend, unattraktiv, unliebenswert oder wertlos hält. Der Grund ist nicht etwas, was man tat oder unterließ, sondern etwas, das man ist.[1]

## *Fallbeschreibung: Joyce*

Joyce war eine hochgewachsene, magere Frau von Anfang Vierzig mit offenem Wesen und einem ansteckenden Lachen. Sie kam mit der Klage in die Therapie, sie fühle sich immer von Männern angezogen, die sie schlecht behandelten. Immer wieder verliebte sie sich in Männer, die sie kritisierten, herabsetzten und ausnutzten. Joyce fand es schwer, sich zu behaupten, und sie fand es fast unmöglich, sich aus diesen unbefriedigenden Beziehungen zu befreien. Sie verbrachte Monate oder Jahre mit Männern, die sie eigentlich nach der ersten Verabredung schon aus ihrem Adressbuch hätte streichen sollen.

Joyce beschloß, es mit einer Therapie zu versuchen, nachdem sie ihr destruktives Verhaltensmuster genauestens in Robin Norwoods Buch »Wenn Frauen zu sehr lieben« beschrieben gefunden hatte. »Es war unheimlich«, erklärte sie, »ich erkannte da, daß ich in meinem Leben immer alles auf die Männer geschoben habe. Das Buch überzeugte mich endlich, meine Probleme seien Folge dessen, was *ich* tat.«

Ihre Vergangenheit warf ein wenig Licht auf ihr Problem. Joyces Vater hatte vor ihrer Geburt das Medizinstudium abgebrochen. Er war Vertreter für eine große Pharmafirma geworden und stand nun in der demütigenden Position, diejenigen Männer und Frauen geschäftlich aufsuchen zu müssen, die seine Kollegen gewesen wären, wenn er sein Studium beendet hätte.

Joyces Mutter, die sich darauf gefreut hatte, die Frau eines Arztes zu sein, war von ihrem Mann bitter enttäuscht. Er reagierte darauf, indem er viel trank und ständig mit ihr stritt. Er kritisierte und neckte die Kinder. Joyce nannte er das Nebelhorn (weil sie angeblich zu laut sprach), Knochensack (weil sie so mager war) und Heulsuse (weil seine Neckereien sie häufig zu Tränen reizten).

Ihre Mutter, eine bittere, mutlose Frau, schützte Joyce nie vor dem Vater, stimmte ihm zu und schien sich über seine

Spöttereien sogar zu freuen. Auch sie kritisierte Joyce gnadenlos als egoistisch, eigensinnig und zu anspruchsvoll.

Joyces Vater warnte seine Tochter oft, sie würde nie einen anständigen Mann finden – sie sei zu groß, zu laut und zu aufbrausend. Im Verlauf der Therapie merkte Joyce, daß sie zwar bei jedem Schritt ihres Lebens den Vater bekämpft hatte, doch hatte er seine düsteren Prophezeiungen so oft wiederholt, daß sie sie nun glaubte. Wann immer sie sich mit einem ihrer Freunde stritt, kam sie zu dem Schluß, es müsse an ihr liegen.

Diese gnadenlosen Selbstbezichtigungen trieben Joyce zu Handlungen, die sie grundsätzlich als abstoßend empfand. Als einer ihrer Männer darauf bestand, sie solle mit seinem Freund schlafen, um ihr Sexualleben aufregender zu gestalten, tat sie es. Und obwohl sie das Ganze abstoßend fand, stimmte sie schließlich ihrem Mann zu, daß sie die Abscheu nur deshalb empfinde, weil sie sexuell so verklemmt sei.

Joyce fühlte sich nicht imstande, sich zu behaupten. Ebensowenig konnte sie die Initiative ergreifen, eine Beziehung zu beenden, gleich, wie unbefriedigend sie war. Ohne einen Mann würde es unmöglich sein, einen anderen zu finden. Joyce glaubte unbewußt, unattraktiv, unliebenswert und wertlos zu sein und würde daher niemals eine gute Beziehung mit einem Mann haben. Ihre Überzeugung, so geboren zu sein und nichts dagegen tun zu können, war direkte Folge der lieblosen und kritischen Behandlung durch die Eltern.

## Warum Eltern negative Botschaften vermitteln

Alle Eltern geben ihren Kindern ab und zu negative Botschaften. Doch diese werden nur selten mit böser Absicht erteilt. In den meisten Fällen wiederholen die Eltern nur die gleichen kritischen und demütigenden Sätze, die sie selbst von den Eltern gehört haben. Auch Joyces Vater, der seiner Tochter eine Vielzahl herabsetzender Botschaften mitteilte, hegte dabei keine bösen Absichten. Er reagierte meistens nur auf seine eigenen Demütigungen und Frustrationen, indem er die ungesunden Verhaltensweisen seines Vaters wiederholte. Aufgrund seiner eigenen seelischen Probleme fühlte er sich häufig mit der Verantwortung für ein Kind überfordert.

Wenn wir von negativen Botschaften sprechen, meinen wir nicht Dinge, die ein oder zwei Mal passieren. Eltern brauchen sich keine Sorgen zu machen, wenn sie sich gelegentlich dabei ertappen, wütend zu einem Kind etwas zu sagen, das man als kritisch, herabsetzend oder demütigend deuten könnte. Wenn dies selten geschieht, und wenn die Eltern sich dafür entschuldigen können, verursachen solche Kommentare vermutlich keine bleibenden Schäden. Die Botschaften, die schädliche, unbewußte Überzeugungen bilden, sind diejenigen, die häufig durch die gesamte Kindheit hindurch wiederholt werden.

Die meisten negativen Botschaften stammen von den Eltern, aber wir können sie auch von anderen Menschen erhalten, von Geschwistern oder Elternfiguren wie Verwandten, Lehrern, Trainern oder religiösen Leitfiguren. Gleich aus welcher Quelle sie stammen, diese Botschaften können bewirken, daß man sich einbildet, durch und durch schlecht zu sein. Und wenn diese negativen Überzeugungen sich erst im Unbewußten eingenistet haben, kann man sie nur sehr schwer wieder außer Kraft setzen.

## Direkte und indirekte Botschaften

Manche negativen Botschaften sind unmißverständlich direkt. Es handelt sich um offene Herabsetzungen:

»Du bist dumm.«
»Du bist verrückt.«
»Du bist blöd.«
»Du bist keinen Pfifferling wert.«
»Kannst du eigentlich nichts richtig machen?«
»Warum bist du nicht so wie dein Bruder?«
»Halt die Klappe, sonst gibt's was hintendrauf.«

Aber diese unsensiblen Beschimpfungen, so schmerzlich und verletzend sie auch sind, stehen zumindest frei im Raum. Mit ihnen kann man meist leichter umgehen als mit weniger direkten Botschaften.

Andere destruktive Botschaften werden nie direkt ausgedrückt, nur angedeutet. Und da das Kind seine negativen Schlüsse über sich selbst zieht, ohne die Quelle dafür zu entdecken, sind sie manchmal schwieriger zu entkräften.

- Wenn ein Kind ignoriert wird und seine Wünsche oder Vorlieben nicht berücksichtigt werden, zieht es vermutlich den Schluß, es sei unwichtig und seine Gedanken und Gefühle seien ohne Bedeutung.
- Wenn die Eltern in seiner Gegenwart nervös wirken, schließt das Kind, es sei in irgendeiner Weise gefährlich oder böse.
- Wenn man ein Kind herausputzt, vorführt und mit ihm angibt, ohne seine Wünsche zu berücksichtigen, fühlt es sich vermutlich wie eine Puppe, deren einziger Wert im Aussehen liegt.
- Wenn ein Kind sexuell mißbraucht oder ausgebeutet wird, entwickelt es das Gefühl, schmutzig und abstoßend zu sein, und schließt, es habe kein Recht, sich zu behaupten und gegen unerwünschte Aufmerksamkeit zu wehren.
- Wenn ein Kind wegen seiner natürlichen Wünsche und Verhaltensweisen verachtet wird, entwickelt es starke Schamgefühle gegen sich.
- Wenn man einem Jungen sagt, sein Vater sei ein Versager und er sei genau wie dieser, einem Mädchen, seine Mutter sei eine Hure und es sei genauso, fühlen sich die Kinder vermutlich unzulänglich, verdammt und beschämt.
- Wenn man an einem Kind ständig herumkritisiert und herumnörgelt, neigt es später zu dem Gefühl, nichts richtig machen zu können und wird schließlich trotz aller Anstrengungen immer nur scheitern.
- Wenn man ein Kind wie eine Prinzessin behandelt, von der erwartet wird, in allem hervorzustechen, entwickelt es das Gefühl, nie die überzogenen Erwartungen der Eltern erfüllen zu können. Trotz beträchtlicher Erfolge fühlt es sich innerlich immer wie ein Versager.

### Schulderzeugende Botschaften

Diese Botschaften sind nur schwer zu identifizieren, denn sie klingen oft wie die Klagen überlasteter Eltern, die große Opfer für ihre Kinder bringen. Eine Mutter glaubt vielleicht, sie habe ihr

Studium oder eine Karriere aufgegeben, um sich um das Kind zu kümmern. Ein Vater vertraut ihm vielleicht an, er bleibe bei seiner grausamen, lieblosen Frau, weil er glaubt, es sei im Interesse des Kindes. Ein Elternteil kann solche schulderzeugenden Botschaften vermitteln, indem er normales Kindverhalten – Toben, Mangel an Kooperation oder den Wunsch nach Unabhängigkeit und Ungestörtheit – als ein schweres Verbrechen bezeichnet. Oder Eltern zeigen nonverbal, durch Seufzer und erschöpfte Mienen, daß ihnen die Kinder eine schreckliche Last sind.

Die meisten Eltern würden abstreiten, daß sie ständig diese schulderzeugenden Techniken benutzen, um die Kinder zu kontrollieren und einzugrenzen. In den meisten Fällen wiederholen sie lediglich die Erziehungspraktiken, die sie von den eigenen Eltern lernten.

## Wenn Eltern süchtig sind

Eltern, die von Alkohol oder anderen Substanzen abhängig sind, vermitteln dem Kind eine ganze Reihe negativer Botschaften. Janets Mutter hatte zwei verschiedene Persönlichkeiten – eine, wenn sie nüchtern war, und eine, wenn sie betrunken war. War sie nüchtern, so handelte sie verantwortlich, entschuldigte sich häufig und war leicht depressiv. Betrunken schimpfte und mißhandelte sie. Dann beschuldigte sie Janet, belastend, egoistisch und undankbar zu sein. Das Kind habe ihr die Chance auf eine berufliche Karriere verdorben, sagte sie. Janet wuchs mit dem Gefühl auf, die Ursache für das Leid ihrer Mutter zu sein. Ihre Mutter wußte, daß ihre Wutausbrüche der Tochter schadeten, konnte aber nicht mit dem Trinken aufhören und schämte sich zu sehr, um Hilfe zu suchen.

Janet wurde später eine erfolgreiche Anwältin, die sich auf Scheidungen und Vormundschaftsfälle spezialisierte. Sie war kompetent und attraktiv, aber chronisch depressiv. Sie nahm Drogen und trank viel Alkohol und litt unter ihrer extrem geringen Selbstachtung. Ihre Ehe war im Großen und Ganzen gut, aber von bitteren Kämpfen gekennzeichnet, denen gewöhnlich ein Drogen- oder Alkoholmißbrauch Janets vorausging. Schließlich bestand ihr Mann auf einer Ehetherapie. In der Diskussion mit dem Therapeuten erkannte Janet, daß sie extrem ängstlich wurde, wenn zu Hause alles glatt verlief. Sie erinnerte sich, daß, wenn in ihrer Kindheit alles ruhig lief, es nur eine Frage der Zeit war, bis ihre Mutter sich wieder betrank und in Wut ausbrach.

Janet hatte die unausgesprochene Botschaft erhalten, es sei gefährlich, sich zu entspannen und gute Behandlung zu erwarten. Als Erwachsene hatte sie diese schmerzlichen Erfahrungen verarbeitet, indem sie selbst Streit anfing und so die Konfrontation abfing, die sie als Kind immer so gefürchtet hatte. Auf diese Weise bestätigte sie die Meinung ihrer Mutter, daß sie egoistisch und undankbar sei.

Von den negativen Botschaften, die wir von einem süchtigen Elternteil erhalten haben, kann man sich besonders schwer wieder freimachen. Im Kapitel 10 werden weitere negative Botschaften beschrieben und erläutert, wie man mit ihnen umgeht.

## Von einer Generation zur anderen

Viele negative Botschaften werden von einer Generation an die nächste weitergegeben. Karens Vater war Priester in einer kleinen evangelikalen ländlichen Gemeinde. Seiner Frau und ihm war beigebracht worden, Kinder seien von Natur aus faul und sündig, und man solle ihnen nur wenig oder gar keine Zeit zum Spielen und Entspannen lassen, weil man sie sonst verwöhne. Karen wurde gesagt, sie müsse sich immer beschäftigen (»faule Hände sind des Teufels«), und man verbot ihr, zu tanzen oder zu singen. Tanzen sei zu sexuell, und das Singen war auf Kirchenlieder beschränkt. Man warnte sie ständig vor frivolen Gedanken. Karens Mutter verhielt sich, als sei die Fürsorge für Karen mehr, als sie ertragen könne.

Karen kam in die Therapie, weil sie sich ständig fürchtete und sich nie entspannen konnte. Ihr war klar, daß sie ihrem Mann und ihren Kindern das Leben schwer machte und sie enttäuschte: Sex mit ihrem Mann hatte ihr nie Spaß gemacht, und jedes Mal, wenn die Familie einen Urlaub plante, wurde Karen krank.

In der Therapie erkannte sie, wie machtvoll die elterlichen Botschaften auf sie gewirkt hatte. Sie hatten sie überzeugt, sie sei in irgendeiner Weise sündhaft und verdiene es nicht, ein erfülltes

Leben zu haben. Sie hatte sich selbst zu grundsätzlicher Schlechtigkeit verdammt.

## Schlechte Behandlung als negative Botschaft

Besonders destruktive elterliche Botschaften sind Vernachlässigung, Lieblosigkeit und Mißhandlungen. Ein Kind, das ausgenutzt und brutal oder lieblos behandelt wird, entwickelt unweigerlich das Gefühl, es sei nicht liebenswert und verdiene keine gute Behandlung.

Jay, ein Mittvierziger, Schreiner von Beruf, groß und zweihundert Pfund schwer, hatte immer geglaubt, ein schlechtes Kind gewesen zu sein, weil sein Vater ihn häufig schlug. Als Erwachsener wurde er selbst zuweilen ungeheuer wütend und tobte durchs Haus. Seinem Sohn und seiner Frau jagte er dann große Angst ein. Er begab sich in Psychotherapie, nachdem seine Frau ihn nach achtzehnjähriger Ehe verlassen hatte und mit der Scheidung drohte.

In der Therapie erkannte Jay, daß sein Vater ein bitterer, frustrierter Mann war, der noch als erwachsener Mann von seinem Vater, der nebenan wohnte, kritisiert und beschimpft wurde. Wenn Jay sich an die Kindheitsvorfälle erinnerte, die die Wut seines Vaters auslösten, stellten sie sich immer als die ganz normalen Vergehen von Kindern heraus: Er hatte Pfennige aus dem Schrank der Eltern genommen oder sich auf dem Heimweg von der Schule die Kleider beschmutzt. Jay begann zu merken, daß er überhaupt kein böses Kind gewesen war. Es war vielmehr sein Vater, der Schwierigkeiten hatte, zu einem reifen, verantwortlichen Erwachsenen zu werden.[2]

Wie viele Kinder in solchen Umständen stellte Jay sich niemals der Tatsache, daß er als Kind mißhandelt worden war. Er verniedlichte die Taten seines Vaters und versuchte ständig, dessen Verhalten im bestmöglichen Licht darzustellen. Zu Beginn der Therapie sagte er einmal, sein Vater habe ihm »Vernunft eingebläut«, indem er ihn heftig verprügelte.

Im Verlauf der Therapie begann Jay einzusehen, daß die Schläge durch die Hand seines Vaters ihm nur Narben eingebracht hatten, keinen Nutzen. Er sah seinen Vater nun als einen gestörten Menschen, der unfähig war, mit seinem Sohn auf reife, erwachsene Weise umzugehen. Da er sich mit den Schäden, die er durch den Vater erlitten hatte, nie konfrontiert hatte, wiederholte Jay dieses Benehmen, indem er Frau und Kinder unentwegt kritisierte und anschrie.

Jay konnte erst Fortschritte erzielen, nachdem er die Tatsache akzeptiert hatte, daß sein Vater ein gestörter Mensch war. Erst dann konnte er sich wirklich an das erinnern, was ihm als Kind zugestoßen war, und die negativen Botschaften neu einschätzen. Bei diesem Prozeß merkte er, daß er weniger Wut auf seine Frau und seinen Sohn verspürte. Momentan arbeitet er daran, zu beiden eine bessere Beziehung aufzubauen.

Wie kommt es, daß ein intelligenter Mann von fünfundvierzig Jahren nicht erkennen konnte, daß er unnötig geschlagen worden war und daß nicht er, sondern sein Vater Probleme hatte? Jays Vater hatte seinem Sohn wiederholt gesagt, er schlüge ihn, weil er böse sei. Kinder wehren sich vielleicht bewußt gegen solche Verurteilungen, doch unbewußt nehmen sie jede Schuld auf sich, derer man sie bezichtigt. Der Gedanke, die Eltern könnten rachsüchtig, ungerecht oder seelisch gestört sein, ist für sie einfach zu erschreckend.

Jemand, der als Kind zu Unrecht kritisiert oder mißhandelt wird, leidet als Folge häufig an geringer Selbstachtung. Die Erfahrung, von einem Elternteil mißhandelt zu werden, ist so schmerzlich, daß die meisten Menschen »vergessen«, woher ihr negatives Selbstbild stammt. Ihnen bleibt lediglich ein tiefverwurzeltes Gefühl grundsätzlicher Schlechtigkeit, und sie geben sich vergeblich Mühe, ihr selbstzerstörerisches Verhalten zu begreifen.

### »Sind wir nicht wunderbar?« – Eine negative Botschaft

In manchen Familien halten es einer oder beide Eltern für sehr wichtig, daß sämtliche Mitglieder sich als Baustein einer perfekten Familie betrachten. Solche Familien wirken eigentlich ganz glücklich – zumindest nach außen. Die Kinder sind häufig sehr beliebt und gut in der Schule. Oft werden sie von Freunden beneidet, weil sie Eltern haben, »mit denen man reden kann«.

Viele derartige Familien sind ziemlich gesund und funktionieren. Doch in manchen Fällen belastet das Bedürfnis, immerzu perfekt zu erscheinen, jeden Angehörigen stark. Kennzeichen des perfekten Familiensyndroms ist, daß es den Eltern sehr schwer fällt, mit Kritik oder Konflikten in der Familie umzugehen und Mißbilligung von außen zu tolerieren. Ein unglückliches Kind ist nicht einfach ein Problem, mit dem man fertig werden muß, sondern Peinlichkeit und Urteil – lebendiger Beweis, daß nicht alles so perfekt ist, wie es scheint.

Das bekümmerte Kind in einer perfekten Familie entwickelt schließlich ein negatives Selbstbild. Seine normale Wut und Kritik rufen in der Familie soviel Ärger hervor, daß sich das Kind am Ende sehr schuldig fühlt. Darüber hinaus kann es sich undankbar oder gestört vorkommen, weil es kritische Gedanken gegenüber Eltern empfindet, die von allen Freunden bewundert und beneidet werden.

Manche perfekten Familien sind auch hinter der Fassade nicht gar so schlecht, doch das Erscheinungsbild verbirgt oft ein schwerwiegendes Problem – Alkoholismus, sexuelle oder körperliche Mißhandlungen, kriminelle Aktivitäten, leichte oder schwerere Fälle von Geisteskrankheiten oder eine schmerzlich leere Ehe. In diesen Fällen kann das Gefühl des Kindes, schlecht zu sein, besonders intensiv werden. Solche Kinder stehen unter einem großen Risiko, als Erwachsene schwere seelische Probleme zu entwickeln.

## *Fallbeschreibung: Luke*

Luke kam in Behandlung, weil er über lang andauernde Depressionen, Isolation klagte und zu starken Drogen gegriffen hatte. Zu diesem Zeitpunkt war er sich der Verbindungen zwischen seinem gegenwärtigen Zustand und seinen Kindheitserfahrungen noch nicht bewußt. Er beschrieb seine Eltern als hilfsbereit und liebevoll und gab sich selbst die Schuld an seinen Problemen.

Im Laufe einer mehrjährigen Therapie entfaltete sich jedoch ein ganz anderes Bild. Lukes Eltern hatten sich immer heftig gestritten. Seine Mutter war extrem fürsorglich gewesen, hatte jedoch Luke immer dem jüngeren Bruder vorgezogen. Beide Eltern hatten seine Freundinnen immer heftig kritisiert.

Eines Tages, in einer Therapiesitzung, richtete sich Luke in seinem Sessel auf und sagte: »Wissen Sie, Lewis, meine Eltern waren eigentlich gar nicht so gut. Sie haben mir nur immer wieder gesagt, sie seien perfekt, und ich solle froh sein, ihr Sohn zu sein.«

## Ganz gewöhnliche Leute

Judith Guests Roman *Ordinary People* (»Ganz gewöhnliche Leute«), den wir in Kapitel 4 als Beispiel für Überlebendenschuld zitierten, gibt uns auch ein deutliches, eindrucksvolles Portrait einer perfekten Familie. Conrads Selbstmordversuch und sein anschließender Krankenhausaufenthalt sprengen das Bild, das seine Mutter Beth immer bestrebt war, aufrecht zu erhalten. Als Conrad seiner Mutter von der Wut, Verletztheit und den Schuldgefühlen erzählen will, die ihn quälen, weigert sie sich, ihm zuzuhören. Sie kann es nicht ertragen, ihre Familie als nicht perfekt zu sehen und macht sich über das, was andere Leute sagen, mehr Gedanken als über die Gefühle des eigenen Sohnes.

Conrads Mutter weist seine Versuche, ihr seine Gefühle mitzuteilen, zurück, weil ihr überhaupt sehr unbehaglich wird, wenn sie von irgendwelchen menschlichen Gefühlen hört. Conrad hat das abweisende Verhalten seiner Mutter immer so gedeutet, als sei er ein schlechter Mensch und ihrer Liebe nicht würdig. Diese Zurückweisung – verbunden mit der offensichtlichen Überzeugung, er habe den Selbstmordversuch nur unternommen, um sie in Verlegenheit zu bringen – verstärken Conrads negative Selbstgefühle.

Der Verlust eines Kindes ist für jede Familie ein schwerer Schlag. In dieser empfindlichen perfekten Familie, in der offener Ausdruck von Gefühlen nicht erlaubt ist, führt er zum totalen Zusammenbruch. Als Conrads Eltern sich trennen, sind Freunde und Nachbarn schockiert. Jeder hatte sie immer für eine perfekte Familie gehalten.

## Negative Botschaften der Gesellschaft

Hier geraten wir an ein komplexes Thema, dem wir an dieser Stelle natürlich kaum gerecht werden können. Doch wir müssen betonen, daß vielen Menschen durch Medien und Gesellschaft negative Botschaften vermittelt werden. Weit verbreitete negative Klischees über Frauen, ältere Menschen, Übergewichtige, Mitbürger anderer Abstammung und Minderheiten überhaupt können stark belastend wirken, und manche derart deklassierte Menschen fühlen sich deshalb dumm, wertlos und zum Scheitern verurteilt. Manchmal können positive Botschaften der Familie die einschränkenden Vorurteile der Gesellschaft überwinden, doch nur allzuoft ist die gesamte Familie von den gleichen negativen Botschaften beeinflußt.

In vielen Familien werden zum Beispiel Mädchen als weniger wertvoll betrachtet als Jungen (dies war in der Vergangenheit noch stärker ausgeprägt). Man erwartet von ihnen nicht, daß sie eine Berufsausbildung anfangen. Sie werden zu Hausfrauen und zukünftigen Müttern erzogen, und werden vielleicht als Sekretärin, Krankenschwester oder Lehrerin arbeiten, bis sie Kinder haben. Die Jungen in der Familie bekommen sämtliche Aufmerksamkeit, und ihnen wird schon früh klar gemacht, daß man von ihnen erwartet, daß sie Arzt, Rechtsanwalt oder Manager werden.

Lu-Jean, eine sechsundvierzigjährige Sekretärin, erinnert sich lebhaft, wie ihre Eltern kämpften, um ihren weniger begabten, weniger ehrgeizigen Bruder auf eine gute Universität zu bekommen. Ihr wurde derweil nicht einmal bei der Finanzierung des örtlichen Colleges geholfen, obwohl sie immer nur gute Noten geschrieben, mehrere Diskussionswettbewerbe in der Schule gewonnen und Empfehlungen von den Lehrern bekommen hatte. Sie schaffte das College wegen mangelnder Unterstützung nicht, während ihr Bruder, bestenfalls ein mittelmäßiger Student, ein erfolgreicher Arzt wurde.

## *Fallbeschreibung: Dwight*

Dwights Vater, ein Farbiger, war ein ehrgeiziger Mann aus dem Süden der Vereinigten Staaten, der nach dem Zweiten Weltkrieg nach Detroit gezogen war. Mit harter Arbeit und überdurchschnittlicher Intelligenz stieg er vom Verkäufer zum Leiter eines kleinen Warenhauses auf. Als man das Geschäft verkaufte, sagte ihm der neue Besitzer, er wolle »keine Nigger« als Leiter. Er bot ihm einen Job als Hausmeister an. Trotz seiner Fähigkeiten und seiner Erfahrung konnte Dwights Vater keine neue angemessene Stelle finden. Kein anderes Warenhaus wollte einen Farbigen als Führungskraft einstellen. Er war gezwungen, eine Reihe untergeordneter Jobs anzunehmen.

Ein paar Monate später erlitt die Mutter, die Magengeschwüre hatte, Blutungen. Man wies sie in einem privaten Krankenhaus in einer weißen Gegend ab, und sie starb in der Notaufnahme des überfüllten Landeskrankenhauses. Dwights Vater wurde zum zynischen, bitteren Menschen. Er warnte seinen Sohn, nicht zu viel vom Leben zu erwarten. Vermutlich hoffte er so, seinen Sohn vor so vernichtenden Enttäuschungen zu bewahren, wie er sie erlebt hatte. Statt dessen belastete er Dwight mit negativen Botschaften, die sich als beträchtliches Hindernis herausstellten.

Dwight arbeitete als Telefoneinrichter. Doch das langweilte ihn, denn er war sicher, eine viel anspruchsvollere Tätigkeit ausfüllen zu können. Doch als er sich auf den Test für die Beförderung vorbereitete, schlief er entweder ein, wurde krank oder abgelenkt. Dwight wurde von einem Personalleiter zur Therapie geschickt, der meinte, der junge Mann sei trotz seines Scheiterns bei dem Test vielversprechend.

In den Therapiesitzungen erinnerte sich Dwight an die entmutigenden Botschaften seines Vaters. Er merkte, daß sein Vater ihn nur hatte schützen wollen, während seine wiederholten düsteren Prophezeiungen jedoch Dwight das Gefühl vermittelt hatten, er könne nichts Gutes im Leben erwarten. Er hatte sich von seiner grundsätzlichen Schlechtigkeit überzeugt und glaubte, eine Beförderung nicht zu verdienen.

## Wie man seine negativen Botschaften entschlüsselt

Es ist verständlicherweise sehr schwer, sich an die negativen Botschaften der Eltern zu erinnern, denn der Gedanke, daß die Menschen, die wir am meisten in der Welt lieben, uns mit solchen Problemen belastet haben, ist sehr unangenehm. Dies trifft besonders zu, wenn man seine Eltern idealisiert hat. Leider dienen die goldenen Erinnerungen an die Kindheit allzuoft nur als Tarnung für eine Reihe demütigender und schmerzlicher Kindheitserfahrungen.

Man kann auf zwei Weisen herausfinden, ob man in der Kindheit negative Botschaften erhalten hat. Die eine besteht einfach darin, sich zu erinnern. Wurde man häufig herabgesetzt oder anderswie durch einen Elternteil oder eine Elternfigur mißhandelt? Bekam man wiederholt eindeutig negative Botschaften vermittelt, wie sie auf den folgenden Seiten dargestellt sind? Wenn man bei sich selbstschädigende Verhaltensmuster feststellt, auch wenn man sich an keine bestimmten negativen Botschaften erinnern kann, sollte man sich fragen: »Aufgrund welcher Botschaft muß ich mich so verhalten?« Wenn Sie zum Beispiel nervös werden, obwohl alles gut läuft, haben Sie vielleicht eine Botschaft erhalten, die besagte: »Aus dir wird nie etwas werden«, oder: »Gute Zeiten währen nicht lange.« Vielleicht haben Sie indirekte Botschaften erhalten, daß Sie wertlos seien und es nicht verdienten, ein gutes Leben zu haben.

## Wie man den Bann bricht

Für jene von Ihnen, die Eltern sind, ist das Thema der negativen Botschaften von besonderer Bedeutung. Niemand will seinen eigenen Kindern ein solches Erbe mitgeben. Doch wenn wir uns nicht der negativen Botschaften bewußt werden, die wir selbst von den Eltern erhalten haben, handeln wir vielleicht genau falsch.

Die Auflösung dieser negativen Muster ist nicht einfach, denn man stößt dabei vielleicht auf starken Widerstand. Wenn wir aber die negativen Botschaften unserer Eltern nicht an die eigenen Kinder weitergeben, werden wir zu besseren Eltern. Doch dann fühlen wir uns vielleicht schuldig, weil wir unsere Eltern verdrängt haben. Vielleicht hilft es, sich daran zu erinnern, daß es im Großen und Ganzen unglückliche Eltern sind, die ihren Kindern negative Botschaften geben. Das beste, was wir für unseren Nachwuchs tun können, ist so glücklich, sinnvoll und erfüllt wie möglich zu leben.

Bei negativen Botschaften und der Lossprechung von eingebildeten Verbrechen sind die eigenen Interessen mit denen der Kinder identisch. Denn nur, wenn man so glücklich, zufrieden und erfüllt wie möglich lebt, kann man seinen Kindern die beste Botschaft geben: »Ich weiß, daß du ein zufriedenes, erfülltes und schönes Leben haben wirst. Sieh doch nur, wie ich mich am Leben freue.«

## Verbreitete negative Botschaften

Im folgenden führen wir einige negative Botschaften auf, die Sie als Kind vielleicht erhalten haben. Wenn Ihnen eine oder mehrere Aussagen vertraut sind oder den Gedanken auslösen: »Das ist keine negative Botschaft, das ist das Leben!«, dann haben Sie in Ihrer Kindheit vermutlich mit diesen negativen Botschaften Bekanntschaft gemacht:

»DU BIST ES NICHT WERT, GELIEBT ZU WERDEN«
- »Ich hasse dich«
- »Ich wünschte, du wärest tot.«
- »Verschwinde aus meinem Leben.«
- »Eine Schande, daß du geboren wurdest.«
- »Du taugst nichts.«
- »Du bist genau wie deine Mutter, eine herzlose, treulose Hure.«
- »Du bist genau wie dein Vater, ein gemeiner, verantwortungsloser Bastard.«

*Damit einhergehende Handlungsweise:* Grausam, unsensibel, vernachlässigend.

»TRAU KEINEM ANDEREN«
- »Die meisten Menschen nehmen die ganze Hand, wenn du ihnen nur den kleinen Finger reichst.«
- »Wenn du willst, daß etwas klappt, tu es selbst.«

*Damit einhergehende Handlungsweise:* Eltern versprechen wiederholt, zu einem Ereignis – Fußballspiel, Schulaufführung etc. – zu kommen, halten das Versprechen aber nicht.

SEXISTISCHE BOTSCHAFTEN

- »Medizin zu studieren ist zu schwer für ein Mädchen. Werde doch Krankenschwester.«
- »Beruf und Mutterschaft lassen sich nicht miteinander vereinbaren.«
- »Du findest nie einen Mann, wenn du zu unabhängig, offen oder gescheit bist.«
- »Dein Bruder muß eines Tages eine Familie ernähren, daher schicken wir ihn auf die Universität.«
- »Jungen weinen nicht.«

*Damit einhergehende Handlungsweise:* Der Vater ermutigt den Sohn, aber nicht die Tochter, eine berufliche Karriere zu planen. Die Mutter ermutigt die Tochter, aber nicht den Sohn, Gefühle und Verletzlichkeiten zu zeigen.

»DU BIST UNFÄHIG«

- »Warum kannst du nie irgendetwas richtig machen?«
- »Du bist so faul und undiszipliniert, aus dir wird nie etwas werden.«
- »Du bist furchtbar ungeschickt.«
- »Du findest aber auch immer eine Möglichkeit, etwas zu verderben.«

*Damit einhergehende Handlungsweise:* Ständige Kritik

»DU BIST VERRÜCKT«

- »Du bist genau wie Onkel Hans (ein Alkoholiker oder Psychiatriepatient).«
- »Du bist verrückt. Das warst du immer schon und wirst es immer bleiben.«
- »Dein Vater ist in Ordnung. Er fühlt sich nur nicht wohl. Aber sprich ja nicht darüber, sonst verliert er seine Stelle, und wir werden alle verhungern.« (Wenn ein Elternteil trinkt).

*Damit einhergehende Handlungsweise:* Ein Elternteil verleugnet Inzest, Gewalt oder verbale Mißhandlungen, anstatt das Kind davor zu schützen.

»DU KANNST DEM ANDEREN GESCHLECHT NICHT TRAUEN«

- »Männer wollen nur das eine – Sex. Und wenn sie den bekommen haben, lassen sie dich fallen.«
- »Frauen wollen nur eins – Versorgung. Ausgehalten werden. Wenn sie dich erst am Wickel haben, halten sie dich fest und nutzen dich aus.«
- »Bei Männern kannst du nicht so direkt sein. Du mußt sie einwickeln.«
- »Du darfst eine Frau nie wissen lassen, wieviel dir an ihr liegt. Sonst manipuliert und kontrolliert sie dich.«
- »Männer sind Schweinehunde, aber man braucht sie nun einmal.«

*Damit einhergehende Handlungsweise:* Ein Elternteil beklagt sich beständig bei dem Kind über den Partner.

»ERFOLG BEDEUTET SCHEITERN«

- »Der einzige Weg an die Spitze führt über Leichen.«
- »Geld ist die Wurzel allen Übels.«
- »Es ist leichter, daß ein Kamel durch ein Nadelöhr geht, als daß ein Reicher ins Himmelreich kommt.«

*Damit einhergehende Handlungsweise:* Kritik an allen, die reich, erfolgreich und berühmt sind.

»KRITIK IST GEFÄHRLICH«

- »Wenn du nichts Gutes sagen kannst, halte den Mund.«
- »Du machst deine Mutter fertig, wenn du nur andeutest, sie hätte ein Alkoholproblem.«
- »Sag nichts über das Benehmen deines Vaters. Ignoriere ihn einfach.«

*Damit einhergehende Handlungsweise:* Eine gestörte Mutter weint stundenlang in ihrem Zimmer, wenn die Tochter sie kritisiert.

»BLEIB DOCH KIND«

- »Ihr Kinder seid das einzige, das meinem Leben einen Sinn gibt.«
- »Es gibt nur eine richtige Methode, und das ist meine.«
- »Du wirst immer Mammis (Papas) kleines Mädchen bleiben.«

– »Wenn du das versuchst (ein hochgestecktes Ziel), wirst du nur enttäuscht.«

*Damit einhergehende Handlungsweise:* Die Eltern lassen das Kind nicht lernen, seine eigenen Probleme selbst zu lösen. Die Versuche eines Teenagers, sich zu verabreden, werden mißbilligt oder es wird die Erlaubnis dazu nicht gegeben.

»VERGNÜGEN IST GEFÄHRLICH«

– »Untätige Hände sind des Teufels«
– »Masturbation treibt einen in den Wahnsinn.«
– »Sex ist unanständig.«
– »Sex bringt dich ins Höllenfeuer.«
– »Sex ist nur für Männer angenehm. Frauen müssen es aushalten.«

*Damit einhergehende Handlungsweise:* Angst zeigen, wenn alle anderen Spaß haben.

»DU DARFST DICH NIE ENTSPANNEN«

– »Wenn alles gut läuft, wartet die nächste Katastrophe nur«
– »Klopf' auf Holz.«
– »Sei nicht so frech und selbstsicher.«
– »Wenn du deine Schulaufgaben für heute schon fertig hast, kannst du ja die für morgen schon anfangen.«

*Damit einhergehende Handlungsweise:* Das Kind darf sich, ebenso wie die Eltern, niemals ausruhen.

»ACHTE NICHT AUF DICH«

– »Sorge dafür, daß alle anderen etwas haben, ehe du dir selbst nimmst.«
– »Sei nicht so egoistisch und gierig.«
– »Von Ärzten hältst du dich am besten fern, wenn es dir nicht gut geht. Man ignoriert am besten alle Krankheitssymptome und arbeitet weiter.«

*Damit einhergehende Handlungsweise:* Die Eltern weigern sich, das Kind zu Hause zu behalten, wenn es krank ist, oder weigern sich auch ihm die notwendige ärztliche und zahnärztliche Versorgung zukommen zu lassen.

MÄRTYRERBOTSCHAFTEN

– »Es war eine sehr schwere Geburt, und ich bin fast dabei gestorben.«
– »Ich habe eine vielversprechende Karriere (auf der Bühne, im Geschäftsleben, als Künstlerin etc.) aufgegeben, um dich zu haben.«
– »Du bist mein Kreuz. Das warst du immer schon.«
– »Ich bin um deinetwillen jahrelang bei diesem Ungeheuer geblieben.«
– »Warum tust du mir so etwas an.«
– »Warum denkst du immer nur an dich?«

*Damit einhergehende Handlungsweise:* Die Eltern kümmern sich nie um sich selbst, seufzen, sehen traurig aus.

Kapitel 7

# DIE STRAFE DES GEWISSENS

## Strafende Gedanken

*Jemand, der unter... Schuldgefühlen leidet, kann in seinen Symptomen oder seiner Lebensweise immer Möglichkeiten finden, gemartert zu werden.*

JOSEPH WEISS

In den vorigen Kapiteln haben wir einige der Dinge beschrieben, die Menschen unternehmen, um sich für ihre vermeintlichen Verbrechen zu strafen: Einige vertaten ihre Chancen auf Beförderung, andere verharrten in schwierigen Beziehungen, wieder andere zerstörten Partnerschaften, die eigentlich gut gewesen wären, und manche Menschen blieben bis zur Lebensmitte im Elternhaus. Andere griffen nach Alkohol oder anderen Drogen, manche Menschen gerieten in finanzielle Katastrophen. Doch wir strafen uns nicht allein durch Handlungen, sondern auch mit Gedanken.

Jean hatte seit den Schultagen in einer Kleinstadt immer davon geträumt, für eine der großen Werbeagenturen zu arbeiten und in einer glitzernden Großstadt zu leben. Mit siebenundzwanzig hatte sie ihr Ziel erreicht: Sie war eine hochbezahlte, respektierte Finanzmanagerin bei einer größeren Werbeagentur in New York.

Jean hatte immer schon zuweilen unter leichten Angstanfällen und Depressionen gelitten. Sie beschloß, sich in Therapie zu begeben, als diese plötzlich so stark zunahmen, daß sie einen Nervenzusammenbruch befürchtete. Diese Gefühle machten ihr so zu schaffen, daß sie gezwungen war, sich krankschreiben zu lassen.

Trotz ihrer Erfolge fühlte Jean sich insgeheim inkompetent und fürchtete, ihr Chef und die Kollegen würden das bald herausfinden. Obwohl sie von allen als ausgezeichnet geschätzt wurde und rasch aufgestiegen war, sorgte sie sich, daß ihr gekündigt würde und sie nie wieder eine Stelle fände. Am Ende würde sie New York verlassen und wieder in die Kleinstadt zurückziehen müssen, um bei den Eltern zu wohnen.

Jean hatte eine Reihe romantischer, aber leidvoller Beziehungen hinter sich und war seit zwei Jahren mit einem erfolgreichen Grafiker zusammen, der liebevoll und herzlich war und sie sehr liebte. Doch sie sorgte sich, daß er sie nicht heiraten und sie nie die Familie haben würde, nach der sie sich so sehnte. Immer wieder suchten sie schmerzliche Erinnerungen an Phasen heim, in denen sie andere verletzt oder enttäuscht hatte. Das reichte bis in die Zeit, als sie in der dritten Klasse ein Mädchen abwies, das mit ihr befreundet sein wollte.

Jeans prüde Mutter und ihr unberechenbarer trinksüchtiger Vater waren immer unglücklich miteinander gewesen, aber sie hatten zumindest ein schönes Zuhause und einen Kreis enger Freunde. In den letzten Monaten vor Jeans Therapie hatten sie sich unter bitteren, unangenehmen Bedingungen scheiden lassen. Da beide sehr rachsüchtig waren, zahlten sie immense Anwaltskosten. Nach der Scheidung waren sie nicht nur verarmt, sondern auch isoliert. Sie mußten viele geliebte Besitztümer verkaufen, darunter auch ihr Haus. Zu allem Überfluß hatte man dem Vater vor kurzem gekündigt, und seine Aussichten waren, im Alter von einundsechzig, ausgesprochen trübe. Er wohnte allein in einem kleinen Apartment und trank. Beide Eltern riefen Jean häufig an, um sich über den Partner und ihr unglückliches Leben zu beklagen.

In der Therapie gelangte Jean zu der Einsicht, daß sie sich unbewußt der eingebildeten Verbrechen bezichtigte, die Eltern verdrängt und verlassen zu haben. Sie hatte eine liebevolle, respektvolle Beziehung, die die Eltern nie gehabt hatten. Ihre Eltern waren zwar nicht finanziell am Ende, aber doch zumindest stark eingeschränkt – und Jean verdiente mehr Geld, als sie es je erträumt hatte. Vater wie Mutter waren arbeitslos – und sie liebte ihren Beruf und galt in ihrer Firma als sehr vielversprechend. Ihre Eltern waren alt, angegriffen, und hatten keine guten Aussichten für die Zukunft und Jean war jung, attraktiv und begabt. Ihre Zukunft sah rosig aus.

Die Scheidung der Eltern hatte bei Jean starke Schuldgefühle ausgelöst. Da es den Eltern nun so sehr viel schlechter ging, schien es ihr im Vergleich dazu erheblich besser zu gehen. Auch ihre Schuldgefühle, weil sie die Eltern verlassen hatte, verstärkten sich. Ihre strafenden Gedanken – die Vorstellung von Kündigung und Rückkehr in die Kleinstadt – hingen mit ihrer unbewußten Überzeugung zusammen, daß das einzige, was das Leben ihrer Eltern erleichtern würde, ihre Heimkehr sein würde.

Glücklicherweise war Jean nicht bereit, dieses Opfer auf sich zu nehmen. Doch als Folge ihrer Schuldgefühle suchten sie irrationale Gedanken heim. Das war ihre Weise, sich wegen ihrer eingebildeten Verbrechen zu bestrafen.

## Strafende Gedanken: Eine Definition

Die Kontrollbeherrschungs-Theorie meint, daß derart irrationale Sorgen einen Weg darstellen, sich für vermeintliche Verbrechen zu strafen.

Jeder Mensch wird von Zeit zu Zeit von ähnlich bizarren, deprimierenden Gedanken belastet. Warum tauchen diese zu bestimmten Zeiten im Leben auf, während man ansonsten frei davon ist? In den meisten Fällen entstehen solche Gedanken, wenn alles äußerst zufriedenstellend verläuft – tatsächlich ist dies ein Zeichen, daß solche Sorgen eine Art Strafe darstellen. Da man sich vermeintlicher Verbrechen für schuldig hält, glaubt man, Erfolg oder Glück nicht zu verdienen. Wann immer alles gut läuft, reagiert das Unterbewußtsein mit strafenden Gedanken.

Ein strafender Gedanke ist eine deprimierende oder angsteinjagende Idee oder Phantasie, deren unbewußter Zweck ist, daß man sich unwohl fühlt. Wenn man sich schlecht fühlt, kann man den unbewußten Schuldgefühlen entkommen, die man erfahren würde, wenn man sich tatsächlich erlaubte, das Leben zu genießen, während enge Angehörige leiden. Die beiden Ereignisse, die am häufigsten strafende Gedanken auslösen, sind die sprichwörtlichen guten und schlechten Nachrichten.

– *Gute Nachrichten für einen selbst* – Erfolg bei der Arbeit, in der Beziehung, Glück, ein beträchtliches Erbe, eine Beförderung, Aufstieg oder andere bedeutsame Dinge. Strafende Gedanken stellen sich ein, wenn alles gut läuft und man sich unbewußt schuldig fühlt, weil man Angehörige, denen es nicht so gut geht, unachtsam oder illoyal behandelt.

- *Schlechte Nachrichten einen geliebten Menschen betreffend* – daran erinnert zu werden, daß es einem Angehörigen nicht gut geht oder er oder sie unglücklich, erfolglos, einsam, unheilbar krank, arbeitslos, wieder süchtig ist, in Scheidung lebt, im Gefängnis sitzt oder anderweitig Schwierigkeiten hat. Strafende Gedanken stellen sich ein, wenn es den anderen schlecht geht und ihre Unzulänglichkeit oder ihr Pech den Abstand zum eigenen Lebensglück vergrößern.

## *Fallbeschreibung: Jack*

Selbstbestrafende Gedanken können auch bei den offenbar erfolgreichsten Menschen Leid und Schmerzen verursachen. Jack wurde mit fünfundzwanzig zum Leiter seiner Computerfirma befördert. Er und seine Freundin kamen sehr gut miteinander aus. Er war gerade zu Hause ausgezogen und hatte eine eigene Wohnung. Bei Jack klappte alles. Doch seine optimistische Stimmung hielt nicht lange an.

Er begann über die Möglichkeit eines Atomkrieges zu grübeln und kam zu dem Schluß, daß seine Arbeitsstätte zum Hauptziel eines Angriffs werden würde. Bilder nuklearer Zerstörung suchten ihn heim. Nach einer Weile schwand Jacks Angst vor einem Krieg, doch er sorgte sich nun, gekündigt oder gerügt zu werden. Er verglich sich mit dem Genie im Büro, einem der berühmtesten und respektiertesten Programmierer der Welt, und war überzeugt, selbst ein überflüssiger Mitarbeiter zu sein. Dies verfolgte ihn beharrlich, obwohl seine Vorgesetzten ihn als gut einschätzten und ihm eine hohe Gehaltszulage gaben.

Jack stieg in seiner Firma weiterhin auf, und seine Sorgen um den Arbeitsplatz verschwanden. Als nächstes hatte er Angst vor der Möglichkeit, daß er oder seine Freundin Aids bekommen könnten. Er begann, Zeitungsartikel zu sammeln und Bücher über dieses Thema zu lesen. Die Tatsache, daß weder er noch seine Freundin auch nur einen einzigen Risikofaktor für die Krankheit aufwiesen, konnte seine Sorgen kaum mildern. Als seine Freundin ihn endlich dazu brachte, ihr seine Ängste mitzuteilen, kümmerte sie sich darum, daß beide untersucht wurden. Beide Tests waren natürlich negativ.

Die Dinge, die Jack Sorgen bereiteten, lagen alle im Bereich der Möglichkeit. Manche waren unwahrscheinlich, wie die Chance, Aids zu bekommen. Aber zwei Dinge kennzeichnen Jacks Sorgen als strafende Gedanken – er erlebte sie erst, als es gut für ihn stand, und war nicht bereit, konstruktiv etwas dagegen zu unternehmen. Jack besprach seine Ängste nicht mit seinem Vorgesetzten. Trotz seiner Angst vor einem Atomkrieg tat er nichts, was dem Weltfrieden hätte nützen können. Und trotz seiner Grübelei um Aids weigerte er sich, einen Test vornehmen zu lassen, bis seine Freundin ihn dazu überredete. Wenn grausame Gedanken kurz nach einem erfreulichen Ereignis auftreten, man sich aber dennoch weigert, konstruktiv etwas dagegen zu tun, ist es sehr wahrscheinlich, daß man sich mit den Gedanken bestrafen will.

Warum aber wollte Jack sich so gnadenlos bestrafen? Um diese Frage zu beantworten, müssen wir mehr über seine Familiengeschichte erfahren.

Jack, ein Einzelkind, war der einzige Lichtblick im ansonsten trübsinnigen Leben seiner Eltern. Sein Vater war Teppichvertreter und zutiefst verbittert darüber, daß er es nie zum Verkaufsdirektor gebracht hatte. Seine Mutter beschäftigte sich vornehmlich und sehr gründlich mit der Wohnung und mit Jack. Jacks Eltern stritten sich nur selten, aber sie schienen auch nicht viel Spaß am Leben zu haben. Der Vater las oder sah fern, wenn er zu Hause war, die Mutter löste Kreuzworträtsel oder unterhielt sich ununterbrochen mit Jack.

Jacks erstes eingebildetes Verbrechen war, seine Eltern zu verlassen. Er lebte, bis er fünfundzwanzig war, bei seinen Eltern – viel länger als seine Freunde. Er sagte sich, er tue dies, um Geld zu sparen, aber der wahre Grund war, daß er unbewußt glaubte, seine Eltern würden ohne ihn noch unglücklicher sein. Als Jack schließlich auszog, fühlte er sich egoistisch und grausam, weil er seine Eltern verließ. Als er eine enge, sehr befriedigende Beziehung zu seiner Freundin entwickelte, löste er sich noch stärker von seiner Familie.

Jacks zweites eingebildetes Verbrechen war, seine Eltern verdrängt zu haben. Weil er so erfolgreich im Beruf war, meinte er unbewußt, er demütige seinen Vater, der sich als beruflich erfolglos und wenig anerkannt empfand. Er fühlte sich doppelt schuldig, weil sein Leben so glücklich und aufregend war, während seine Eltern sich allmählich in ihre traurige, freudlose Routine fügten. Wann immer er optimistisch und froh war, fühlte er sich daher zugleich extrem schuldig. Er linderte diese Schuldgefühle indem er sich mit strafenden Gedanken »vom Himmel holte«.

Indem Jack sich mit der Vorstellung eines Atomkrieges, einer Kündigung und einer Erkrankung an Aids strafte, konnte er sich unbewußt das Gefühl verschaffen, es ginge ihm doch nicht so viel besser als seinen Eltern. So konnte er für die eingebildeten Verbrechen büßen, die er bereits begangen hatte, und neue vermeiden.

## Selbstkritische Gedanken

Ein sehr verbreiteter Typ von bestrafenden Gedanken ist irrationale Selbstkritik. Man kann sich auf erstaunlich viele Weisen herabsetzen. Manche Menschen bombardieren sich fast ständig mit Selbstbeschuldigungen: Sie bezeichnen sich als faul, häßlich, dumm, oberflächlich, verletzend, schwach, feige, überabhängig, gesellschaftlich unmöglich, zu dick, zu dünn, zu häßlich, zu schüchtern bei intimen Situationen. Manche beschuldigen sich gleich mehrerer dieser deprimierenden Eigenschaften. Die gnadenlosesten Selbstbestrafer können sich sogar aller negativen Dinge bezichtigen. Die folgende Liste schildert die verbreiteten Herabsetzungen, die man als strafende Gedanken erlebt:

### FAUL

Weit verbreitet sind Selbstbeschuldigungen, die sagen, man sei faul, und undiszipliniert und habe einen schwachen Charakter. Man sagt sich: »Du kannst einfach nicht bei der Sache bleiben. Du bist ein fauler Hund, aus dir wird nie etwas.« Bei solchen Gedanken wird man mutlos und von sich selbst angeekelt. Man fühlt sich klein und schwach. Wenn man sich selbst aufmerksam zuhört, vernimmt man manchmal ein Echo der kritischen, negativen Botschaften, die Eltern oder andere wichtige Bezugspersonen einem vermittelt haben.

### HÄSSLICH

Eine weitere verbreitete Selbstkritik ist die Vorstellung, körperlich unattraktiv zu sein. »Meine Brüste sind zu groß. Ich sehe wie eine Kuh aus.« »Meine Brüste sind zu klein, ich wirke wie ein Junge.« »Ich bin zu dick«. »Ich bin weder schön noch reich, kein Mädchen wird mich jemals nehmen.« »Niemand nimmt kleine Männer ernst.«

### DUMM

Die Idee dumm oder zumindest nicht sonderlich intelligent zu sein, ist ebenfalls als Selbstkritik sehr beliebt. Grundgedanke ist hier, daß man, weil man nicht sehr intelligent sei, niemals einen Partner finden wird. Man wird immer nur peinlich wirken und nie erfolgreich sein. Wie bei der Attraktivität ist der Bereich der Intelligenz ein weites Feld für negative Vergleiche. »Jeder weiß, wie dumm ich bin.« »Ich konnte noch nie etwas Gescheites sagen.« »Alle scheinen so viel klüger und können sich besser ausdrücken.« »Warum sollte sich eine Frau für jemanden interessieren, der sie nicht gut unterhalten kann.«

### EGOISTISCH

Man beschuldigt sich des Egoismus, wenn man etwas für sich selbst tun will, statt für andere – wenn man einem langweiligen Bekannten nicht mehr zuhören will, wenn man sich nicht auf den Besuch von Onkel Martin freut, wenn man sich einmal von einer Verpflichtung befreien will. Diese Selbstbeschuldigungen sind fast immer ein Echo von Klagen der Eltern. Man kann sich zwar auch für dumm halten, wenn man nie so bezeichnet worden ist, und man kann sich für häßlich halten, ohne jemals als unattraktiv bezeichnet worden zu sein, doch der Gedanke, man sei faul oder egoistisch, stammt fast immer von Eltern oder Autoritätsfiguren. »Du denkst wohl immer nur an dich selbst, oder?« »Ich bin ein schrecklicher Mensch und kann es verstehen, wenn niemand mich mag.« »Ich glaube, ich kann nicht richtig lieben.«

Nicht immer ist die Vorstellung, egoistisch zu sein, bestrafend. Manche Überlegungen können von konstruktiver Kritik sein. Doch wenn sich solche Gedanken mit schmerzlicher Regelmäßigkeit einstellen, wenn man gerade ein wenig Glück hatte, handelt es sich fast immer um bestrafende Gedanken.

## Wenn man sich immer im schlechten Licht sieht

Jeder hat seine eigenen Charakterzüge. Der eine ist vielleicht eher vorsichtig statt mutig, eher erregbar als gelassen. Wenn man sich bestrafen will, neigt man dazu, seine eigentlich positiven Eigenschaften in besonders schlechtem Licht zu sehen. Ein ordentlicher und gründlicher Mensch beschreibt sich etwa als obsessiv-zwanghaft, ein emotionaler sich als hysterisch, ein vertrauensvoller Mensch fühlt sich ausgenutzt, usw. Wenn Sie häufig die negativen Versionen Ihrer Eigenschaften herausstreichen, ist es sehr wahrscheinlich, daß Sie sich mit ihren Gedanken bestrafen wollen.

Da der unbewußte Zweck bestrafender Gedanken darin besteht, daß man sich schlecht fühlt, stellt sich dies bei fast jeder Art von Kritik ein – wie irrational sie auch immer ist. In einer akuten Phase von Selbstbestrafung kann man sich z. B. vorwerfen, von Sex besessen oder asexuell zu sein, zu lässig oder zu ordentlich zu sein, zu unabhängig oder zu stark von anderen beeinflußt zu sein.

Im folgenden finden Sie eine wunderbare Liste von achtundzwanzig selbstkritischen Gedanken, die man oft benutzt, um sich selbst anzugreifen. Sie stammt mit freundlicher Erlaubnis aus dem Buch von Daniel Wile: *After the Honeymoon: How Conflict Can Improve Your Relationship* (»Nach der Hochzeitsreise: wie Konflikte Ihre Beziehung verbessern können«):

1. Du sollst nicht abhängig sein.
2. Du sollst nicht egoistisch sein.
3. Du sollst nicht eifersüchtig sein.
4. Du sollst nicht angeben.
5. Du sollst dich nicht zurück- oder entziehen.
6. Du sollst keine Angst vor Nähe haben.
7. Du sollst nicht depressiv sein.
8. Du sollst nicht übersensibel sein.
9. Du sollst dich nicht um Dinge sorgen, die du ohnehin nicht ändern kannst.
10. Du sollst nicht in Selbstmitleid zerfließen.
11. Du sollst nicht vor deinen Problemen fortrennen.
12. Du sollst keine Risiken scheuen.
13. Du sollst nicht nörgeln.
14. Du sollst nicht feige sein.

15. Du sollst nicht herrschsüchtig sein.
16. Du sollst nicht trotzig sein.
17. Du sollst dich nie von deinem Partner weggestoßen fühlen.
18. Du sollst keine unrealistischen Erwartungen haben.
19. Du sollst immer für deine Handlungen Verantwortung übernehmen.
20. Du sollst keine negativen Einstellungen haben.
21. Du sollst nicht frigide sein.
22. Du sollst nicht promiskuitiv sein.
23. Du sollst keine schmutzigen Gedanken haben.
24. Du sollst immer freudig zum Sex bereit sein.
25. Du sollst immer danach streben, deine Fähigkeiten auszunutzen.
26. Du sollst kein Workaholic sein.
27. Du sollst keine Wut unterdrücken.
28. Du sollst niemals Wut ausdrücken oder überhaupt wütend sein.

Es fällt Ihnen sicher auf, daß viele dieser selbstkritischen Gedanken einander widersprechen, so daß man für nahezu jeden Charakterzug eine negative Seite finden kann.

Wie diese Auflistung verdeutlicht, sind manche bestrafenden Gedanken kaum mehr als bloße Selbstbeschimpfung. Doch es gibt noch umfassendere Methoden, sich selbst zu bestrafen.

## Negative Vergleiche

Eine weit verbreitete Strategie der Selbstbeschuldigung besteht darin, sich selbst mit anderen zu vergleichen. Man benutzt negative Vergleiche, um sich faul, dumm, ungeliebt, unattraktiv oder erfolglos zu fühlen oder um sich auf andere Weise herabzusetzen.

Diese Selbstbestrafungsstrategie kann angewendet werden, egal ob man in Wirklichkeit diszipliniert, kreativ, attraktiv oder vorzüglich ist. Der zweite Stürmer in der Nationalmannschaft kann sich mit Nummer Eins vergleichen, und Nummer Eins vergleicht sich mit früheren Größen oder beschuldigt sich, niemals vollen Einsatz gezeigt zu haben.

Hier einige Beispiele für negative Vergleiche:

»Er ist genau so alt wie ich und leitet schon eine erfolgreiche Firma, während ich noch auf der mittleren Ebene bin.«

»In meinem Alter hatte Mozart schon zwanzig Symphonien geschrieben.«

»Jeff joggt sechzig Kilometer in der Woche. Ich schaffe gerade eben fünfzehn.«

## Sarkastische Bemerkungen

Manche Menschen machen immer sarkastische Bemerkungen über ihre Leistungen. Wenn sie etwas schludrig erledigen, sagen sie bei sich: »Wirklich ausgezeichnet!« Wenn sie etwas gut machen, heißt es ebenfalls sarkastisch: »Du denkst wohl, du bist der Größte!«

## Das Betrügersyndrom

Hierbei handelt es sich um einen Zustand, bei dem ein fähiger, erfolgreicher Mensch, wie Jean, die Managerin in einer Werbeagentur, das Gefühl hat, ständig in Gefahr zu schweben, als Betrügerin entlarvt zu werden. Solche Gefühle empfindet man oft am Arbeitsplatz, doch manchmal dehnen sie sich auch auf die Familie und das gesellschaftliche Leben aus. Dieses Phänomen ist besonders bei erfolgreichen Menschen sehr verbreitet. Ein Buch über dieses Phänomen: *Ich habe Erfolg – Ich fühle mich schlecht* von Joan Harvey und Cynthia Katz, gelangte in die Bestsellerlisten, weil so viele erfolgreiche Menschen erleichtert feststellten, daß ihre geheimsten Ängste, ein Schwindler zu sein, so verbreitet waren.[1]

Der Gedanke, ein Betrüger zu sein und jeden Moment entdeckt werden zu können, ist belastend und unangenehm. Auch als Vorstandsvorsitzender, berühmter Schauspieler oder bekannter Herzchirurg kann man sich ständig angespannt, ängstlich und gefährdet fühlen, von Freunden oder Kollegen »entlarvt« oder abgelehnt zu werden. Wenn man unter solchen Ängsten leidet, kann man sich weder richtig entspannen, noch sich über die eigenen Leistungen freuen.

Wie alle bestrafenden Gedanken ist die Vorstellung, man sei ein

Betrüger, die Strafe für ein eingebildetes Verbrechen. In diesem Fall war man zu erfolgreich. Doch der Grund, warum dies ein Verbrechen sein sollte, ist bei jedem Menschen ein anderer. Es hat oft damit zu tun, daß man meint, Eltern oder Geschwister zu übertrumpfen. Bei vielen Menschen mit diesem Syndrom stellt sich heraus, daß sie erfolglose Eltern oder Geschwister hatten, die sie als gedemütigt oder vom eigenen Erfolg überflügelt ansahen.

Obwohl der »Betrüger« sich stark vom chronischen Versager unterscheidet, haben beide viel gemeinsam, denn beide halten Erfolg für ein Verbrechen. Beide vermeiden unbewußt das befriedigende – und schulderzeugende – Gefühl, Erfolg zu haben. Der chronische Versager vermeidet es, indem er seinen Erfolg sabotiert. Der Betrüger mildert seine Schuldgefühle, indem er sich vorstellt, er verdiene seinen Erfolg nicht und werde jeden Moment von seinem Arbeitsplatz verschwinden.[2]

## Der nicht eingeschlagene Weg

Eine andere Selbstbestrafungsstrategie besteht darin, intensiv an die Stelle zu denken, die man nicht annahm, die Karriere, die man nicht verfolgte, den Mann, den man nicht heiratete, den Abschluß, den man nicht tätigte, das Grundstück, das man nicht kaufte, usw. Da immer die Möglichkeit besteht, daß sich alles besser entwickelt hätte, wenn man sich anders entschieden hätte, kann die Strategie also auch eingesetzt werden, wenn alles gut läuft. Und wenn wirklich einmal alles schief geht, können einem die Gedanken an Entscheidungen, die man nicht traf, alles noch schwerer machen.

Nicht alle Überlegungen dieser Art sind jedoch bestrafende Gedanken. Jemand, der Reue empfindet, wenn er sein Kind geschlagen hat, entschließt sich vielleicht, andere Methoden zu entwickeln, um mit dessen aufsässigem Verhalten fertig zu werden. Eine Frau, die in finanzielle Schwierigkeiten geriet, weil sie zu viele Dinge mit ihren Kreditkarten kaufte, beschließt vielleicht, diese Karten zu zerschneiden, nur noch in bar zu zahlen und sich ein monatliches Budget zu setzen. Um die Selbstbestrafungen von produktiven Ideen zu unterscheiden, muß man versuchen, sich über die Folgen im klaren zu werden.

- Geben Ihnen solche Gedanken einfach nur negative Gefühle ohne irgendeinen Sinn?
- Betreffen die Selbstvorwürfe unwichtige Dinge, oder wirklich wichtige?
- Schieben Sie sich die Schuld für Dinge zu, die Sie nicht in der Hand haben, z. B. einen völlig verregneten Urlaub?
- Scheinen diese Gedanken Ihnen etwas zu verderben, das sie ansonsten genießen würden?

Wenn Sie eine dieser Fragen mit ja beantworten, so laufen Sie Gefahr, sich mit Gedanken selbst bestrafen zu wollen.

### Sich an negative Erlebnisse erinnern

Die Vergangenheit ist eine Goldgrube für bestrafende Gedanken. Manche Menschen werden, wenn sie erst fest im Griff solcher Gedanken sind, unbewußt getrieben, stundenlang die Vergangenheit zu durchkämmen, um unangenehme Erinnerungen noch einmal zu erleben.

- Jane, eine attraktive, junge Frau, Angestellte in einem Reisebüro, denkt oft über ihr Leben nach und erinnert sich an eine Reihe von Zurückweisungen und Enttäuschungen. Diese Gedanken deprimieren und entmutigen sie und überzeugen sie davon, daß sie nie geliebt wurde und es niemals sein wird.
- Markus, ein erfolgreicher Junggeselle mittleren Alters, erinnert sich unaufhörlich an die Frauen, die er enttäuscht hat, und macht sich so glauben, daß er keine vernünftige Beziehung verdient.
- Jim, Besitzer eines Eisenwarenladens, war von dem Gedanken an Grundstücke besessen, die er nicht gekauft hatte – und deren Wert sich später vervierfachte.

Es ist sehr nützlich, wenn man aus den Fehlern der Vergangenheit lernt. Doch es ist etwas völlig anderes, wenn man alte Fehler unentwegt wieder durchlebt. Die Heraufbeschwörung alter Mißgeschicke bereitet den Boden für neues Versagen. Diese schmerzliche, nutzlose Besessenheit unterscheidet bestrafende Gedanken von nützlicher Selbsterfahrung. Das gleiche gilt für Kränkungen, die man anderen zugefügt hat. Wenn solche Gedanken einen dazu führen, Wiedergutmachung zu leisten oder sich zu ändern, sind sie wertvoll. Wenn sie einfach nur die gleiche Botschaft der Selbstkasteiung wiederholen, handelt es sich um Gedanken der Selbstbestrafung.

## Wenn man immer mit dem Schlimmsten rechnet

Manche Menschen werden von dem Gedanken heimgesucht, daß die nächste Katastrophe schon auf sie wartet und die Zukunft unweigerlich düster aussieht. Diese Gedanken nennen wir *Mit dem Schlimmsten rechnen* und teilen sie ein in *allgemeine Katastrophenangst* (wenn man mit dem Schlimmsten für alle rechnet) und *persönliche Katastrophenangst* (wenn man mit dem Schlimmsten für sich selbst und nahestehende Menschen rechnet).

Allgemeine Katastrophenangst kann die Angst vor einem Atomkrieg, Wasser- und Luftverschmutzung, Börsenkrach, Überbevölkerung, Treibhauseffekt, Kriminalität und allen möglichen Gefahren sein. Diese Probleme sind alle realistisch begründbar und alle Menschen, die nachdenken, werden sich um einige von ihnen Sorgen machen. Doch wie wir bereits in Jacks Fall sahen, können diese sehr realen Probleme unbewußt in den Dienst der Selbstbestrafung geraten.

Manche Menschen sorgen sich auch um schreckliche Dinge, die ihnen selbst oder geliebten Menschen zustoßen könnten. Die verbreitetsten Formen persönlicher Katastrophenangst sind:

- Die Vorstellung, man selbst oder ein nahestehender Mensch würde von Aids, Krebs oder einer anderen lebensbedrohenden Krankheit oder Verletzung befallen.
- Die Vorstellung, einem selbst oder einem nahestehenden Menschen drohe Kündigung, Bankrott oder anderer finanzieller Ruin.

Eine tatsächliche Grundlage haben diese Sorgen bei der persönlichen Katastrophenangst natürlich nicht. Wenn Sie hingegen als sexuell aktiver Homosexueller in New York leben und sich nicht angemessen schützen, ist es sinnvoll, vor Aids Angst zu haben. Wenn Ihr Arzt einen Knoten in Ihrer Brust entdeckt, ist es völlig natürlich, sich um Krebs Sorgen zu machen – zumindest, bis man das Testergebnis erhält.

### Besessen vom Leiden anderer

Manche Menschen bestrafen sich mit schuldbewußten Gedanken an andere, denen es weniger gut geht. Phil, ein fünfundzwanzigjähriger Jurastudent, schien in allem Glück zu haben. Er hatte ein Stipendium von einer Stiftung bekommen. Seine stolzen Eltern freuten sich, daß sie ihm dazu reichlich Taschengeld geben konnten. Er gab die Zeitung des Semesters heraus und galt als bester seines Jahrgangs.

Doch im Verlauf seiner akademischen Karriere fühlte sich Phil immer schuldiger, weil sein Kommilitone Sonny nachts als Kellner arbeiten mußte und immer mehr absackte. Phil dachte ständig darüber nach, wie ungerecht es sei, daß er so viel Zeit, wie er wollte, zum Studieren und für Vergnügen hatte, während Sonny Hamburger und Colas durch die Gegend tragen mußte. Doch wie sehr sich Phil auch darüber aufregte, er schien sich nie zu überlegen, wie er Sonny helfen könnte. Echte Sorge um die Probleme anderer aber führt normalerweise zu Hilfsangeboten.

Wie viele Menschen, die sich mit Gedanken an das Leid anderer plagen, strafte Phil sich wegen eines Verbrechens, das er an seiner Familie begangen zu haben meinte. Phil wurde von den Eltern der Schwester vorgezogen, die als Kind immer unbeliebt war und nun gegen Kokainsucht ankämpfte. Er fühlte sich unbewußt schuldig, ihr die Liebe der Eltern entzogen zu haben, weil er die Zuwendung bekam, die seine Schwester seiner Meinung nach brauchte. Außerdem glaubte er, seine unglückliche Mutter vernachlässigt zu haben. Indem er sich stark mit den Schwierigkeiten seines Kommilitonen beschäftigte, konnte Phil seine unbewußten Schuldgefühle für Mutter und Schwester mildern.

Wir wollen hier nicht sagen, daß es unangemessen wäre, sich mit dem Leid von Mitmenschen zu befassen. Das Mitleid für die Probleme anderer ist vielmehr das Kennzeichen eines gesunden, mitfühlenden Menschen. Wiederum ist der Schlüssel, um echte

Sorge von strafenden Gedanken zu unterscheiden, der Zeitpunkt, zu dem diese Gedanke auftreten. Wenn man sich mit der Hungersnot in der Dritten Welt nur befaßt, wenn es einem gerade besonders gut geht, kann es sich hierbei sehr wohl um selbstbestrafende Gedanken handeln. Wenn man dann keine konkreten Schritte unternimmt, um Menschen in der Dritten Welt zu helfen, sollte man in Erwägung ziehen, daß die Sorge vielleicht eigentlich eine Bestrafung für eingebildete Verbrechen darstellt.

## Wie erkennt man bestrafende Gedanken?

Die folgenden Fragen helfen, zwischen einem strafenden Gedanken und echter Sorge zu unterscheiden. Wenn man auf eine oder mehrere der folgenden Fragen mit ja antwortet, sollte man in Betracht ziehen, daß die deprimierenden oder ängstigenden Gedanken in Wirklichkeit strafend sind.

- Ist gerade etwas Gutes geschehen? Wurden Sie befördert, haben Sie besondere Anerkennung gewonnen, eine neue Beziehung angefangen oder sind Sie irgendwie anders erfolgreich gewesen?
- Denken Sie an etwas oder träumen Sie von etwas, das Sie noch nie zuvor getan haben?
- Haben Sie gerade erst herausgefunden, daß ein Angehöriger, enger Freund oder Bekannter Pech hatte, während es Ihnen gut geht? Bedrücken und lähmen Sie schmerzliche Gedanken – statt Sie anzuregen, zu helfen?

## Wie das Erkennen strafender Gedanken helfen kann

Es wäre schön, wenn man einen Gedanken verscheuchen könnte, indem man ihn einfach als strafend identifiziert. Leider reicht aber bloßes Erkennen nicht aus. Manche strafenden Gedanken verschwinden zwar einfach nach gewisser Zeit, doch andere bleiben hartnäckig bei Ihnen. Aber ihre Intensität kann stark vermindert werden. Sehen wir uns ein Beispiel dafür an, was passieren kann, wenn jemand merkt, daß bestimmte, quälende Gedanken in Wirklichkeit strafende Gedanken sind.

## *Fallbeschreibung: Deirdre*

Deirdre war eine aufsteigende Finanzanalytikerin in einer sich rasch entwickelnden Firma. Sie war begabt, verantwortungsbewußt und ehrgeizig, und ihre Arbeit wurde nur selten bemängelt. Eines Tages kritisierte ein Kollege bei einer Personalsitzung einen Bericht Deirdres. Andere stimmten zu – in dem Bericht fehlten offenbar einige wichtige Informationen.

Nach der Konferenz spürte Deirdre nagende Zweifel an ihrer Kompetenz.

»Ich habe in der Konferenz gesessen wie ein Idiot. Kein Mensch wird mich jemals wieder ernst nehmen.«

»Sei nicht albern. Das war doch keine große Sache.«

»Jetzt sind sie hinter mir her. Meine Tage in diesem Job sind gezählt.«

»Nein, sind sie nicht. Du hast gerade ein ausgezeichnetes Zwischenzeugnis bekommen. Du hast einen Fehler gemacht, das ist alles. Niemand ist perfekt. Du brauchst dir überhaupt keine Sorgen zu machen.«

Dieser unangenehme innere Dialog ging weiter, bis Deirdre in ihre wöchentliche Therapiesitzung kam. Ihr Therapeut war in der Lage, ihre Angst als strafende Gedanken zu erkennen, und gemeinsam identifizierten sie als Ursprung dafür Deirdres Schuldgefühle, ihre Mutter übertrumpft zu haben.

Deirdre war sehr erleichtert. Anstatt sich um ihre Leistung zu ängstigen, konnte sie nun ihre wahren Gefühle ausleben – Trauer um das eingeschränkte unglückliche Leben der Mutter. Deirdres Fall beleuchtet auch, daß strafende Gedanken zuweilen so funktionieren, daß sie echte, aber kleine Probleme übergroß werden lassen.

Dies war nicht das letzte Mal, daß Deirdre strafende Gedanken erlebte. Doch im Laufe der Zeit wurde sie immer geübter darin, ihre hartnäckigen inneren Dialoge abzubrechen und stattdessen produktiv an das vermeintliche Verbrechen zu denken, für das sie sich strafte.

## Über positives Denken hinaus

Viele Psychologen haben erkannt, daß negative, entmutigende Gedanken verhindern können, Erfolg oder Erfüllung zu erlangen. Es ist klar, daß unsere persönlichen Erwartungen viel damit zu tun haben, ob wir unser Ziel im Beruf erreichen, ob wir gesund bleiben und wichtige Beziehungen eingehen und aufrecht erhalten.

Eine zunehmende Anzahl von Selbsthilfebüchern, Tonbändern und Rednern fordern auf, »positiv zu denken«, und »negatives Denken abzustellen«. Sie können dazu beitragen, dem Menschen zu helfen, selbstzerstörerische Gedanken zu erkennen. Doch viele dieser Programme greifen lediglich die Symptome an und ignorieren die vorhergegangenen Prozesse, die sie auslösten. Da unbewußte Schuldgefühle einen veranlassen, sich selbst zu bestrafen, wird man weiterhin von strafenden Gedanken heimgesucht, bis man den Ursprung dieser Schuldgefühle begreift.

Warum straft man sich auf so viele verschiedene Weisen? Und warum sucht man sich eine besondere Methode und einen bestimmten Stil der Bestrafung aus? Als Antwort auf diese Fragen werden wir im nächsten Kapitel zwei wichtige Bereiche der Persönlichkeitserforschung untersuchen: das Konzept der Identifikation und des Gehorsams.

Kapitel 8

# Identifikation und Gehorsam

## Wie man die Strafe dem Verbrechen anpaßt

*»Ich wurde mit dem Aussehen meines Vaters geboren, entwickelte seine Sprechweise, hatte seine Haltung, seinen Gang und seine Meinungen – und die Verachtung meiner Mutter für meinen Vater.«*

Jules Pfeiffer

Jill ist glücklich verheiratet, leidet aber in ihrem Beruf unausgesetzt. Kevin führt eine schreckliche Ehe, ist aber außerordentlich erfolgreich im Beruf. Linda ist in beiden Bereichen unglücklich. Jack kommt gut in seinem Beruf voran und hat eine gute Beziehung, doch er gerät immer wieder finanziell in die Klemme. Alice hat ihren Beruf, die Beziehung und die Finanzen unter Kontrolle, kann sich aber nicht entspannen und das Leben genießen.

Man kann sich seine »Strafe« unter einer unglaublichen Vielfalt von Möglichkeiten aussuchen. Man straft sich mit Gedanken oder sucht sich eine der vielen selbstschädigenden Verhaltensweisen. Aber wie kommt es, daß jeder ein einzigartiges Urteil für seine eingebildeten Verbrechen fällt? Wie kommt es, daß jeder die ihm eigene Art der Bestrafung auswählt?

Jeder straft sich auf eine Weise, die in engem Zusammenhang mit dem eingebildeten Verbrechen steht und mit dem korrespondiert, wie das negative Verhalten zuerst erlernt wurde. Die Kontrollbeherrschungs-Theorie geht von zwei Hauptmustern von Selbstbestrafung aus: Man identifiziert sich mit dem unglücklichen Elternteil, oder man fügt sich der negativen Botschaft der Eltern.

## Identifikation mit den unglücklichen Eltern

Wenn man mit dem Gefühl von Verantwortung für das Leid eines unglücklichen Elternteils heranwächst, straft man sich, indem man sich mit ihm identifiziert:

- Man nimmt seine schlimmsten Eigenschaften an.
- Man imitiert genau die Muster, die sein oder ihr Leben so unglücklich machten.
- Man glaubt vielleicht, man erlebe das gleiche Schicksal, ob dies zutrifft oder nicht.

Die Identifikation mit den Eltern ist eine unbewußte Strategie, mit der man vermeidet, die eingebildeten Verbrechen des Verdrängens und der Illoyalität gegenüber den Eltern zu begehen. Denn, wenn man genau so selbstschädigend ist wie sie, übertrifft man sie nicht. Manche Kinder meinen vielleicht unbewußt, das Verhalten der Eltern sei unzureichend oder lächerlich. Doch wenn man einem Elternteil kritisch oder verächtlich gegenübersteht, verhält man sich illoyal. Daher fühlt man sich unbewußt gezwungen, das gleiche absurde Verhalten anzunehmen, um die verächtlichen und kritischen Gefühle zu überdecken und spielt so den Esel, der den anderen Langohr nennt. Ein kritisches Verhalten gegenüber den Eltern ist somit natürlich unmöglich gemacht.

## Den elterlichen Botschaften gehorchen

Wenn ein psychologisches Problem nicht auf Identifikation mit den Eltern zurückzuführen ist, ist oft die Übernahme der negativen elterlichen Botschaften die Ursache und zwar aus verschiedensten Gründen: Das macht es möglich, die Bindung an die Eltern aufrecht zu erhalten und zu glauben, was die Eltern sagten, weil ja die Eltern eine Hauptquelle für Informationen über die Welt sind.

Aber man fügt sich auch den elterlichen Botschaften, um nicht illoyal zu wirken. Man wünscht sich zwar bewußt, die negativen Botschaften der Eltern als falsch zu widerlegen, doch gleichzeitig sabotiert man sein eigenes Leben, um sie richtig sein zu lassen.

- Wenn die elterlichen Botschaften einem das Gefühl gaben, enttäuschend zu sein, wird man sich so verhalten, daß die Eltern tatsächlich enttäuscht sind.
- Wenn die Eltern einen beschuldigen, egoistisch zu sein, benimmt man sich selbstsüchtig.
- Wenn sie einen beschuldigen, faul zu sein, wird man es auch.
- Wenn sie einen als unverantwortlich, egozentrisch und verrückt bezeichneten, wird man genau so.
- Wenn sie einen als unattraktiv bezeichneten, wird man sein Aussehen vernachlässigen.
- Wenn sie einen so behandelten, als verdiente man nur wenig Zuwendung oder Belohnung, verweigert man sich solche Dinge als Erwachsener.

### Der Beginn einer Therapie

Wenn ein Kontrollbeherrschungs-Therapeut einen Klienten zum ersten Mal sieht, lautet eine der ersten Frage, die er sich selbst stellt: »Leidet dieser Mensch unter elterlicher Identifikation oder Gehorsam – oder an beidem?« Probleme von Klienten, auch die geheimnisvollsten oder bizarrsten, werden dann oft viel verständlicher. Diese Frage ist ungeheuer wichtig bei allen psychologischen Problemen – eigenen oder denen anderer Menschen. Nicht jede unbewußte Überzeugung beruht auf Identifikation oder Gehorsam. Doch da das auf die Mehrheit zutrifft, macht diese Frage vieles einfacher.

## *Fallbeispiel: Booker*

William Grier und Price Cobbs schildern in ihrem einflußreichen Buch *Black Rage* einen schwarzen Studenten, Booker, der an einer Dissertation über Sprache arbeitet und sich mit drei Problemen in Therapie begibt: seine Ehe ist aufgrund seiner zahlreichen Affären zerrüttet, er hat fast sein ganzes Geld verspielt, und trotz seiner beeindruckenden Intelligenz und Fähigkeit ist seine Sprache die eines ungebildeten Schwarzen vom Lande aus dem Süden Amerikas geblieben.[1]

Sein Therapeut ist höchst erstaunt, daß Booker trotz jahrelanger Schul- und Hochschulbildung es immer noch fast unmöglich findet, sich in der Hochsprache zu unterhalten – wie man es ja von dem Graduierten einer Universität erwartet. Der Therapeut ist zudem verblüfft, daß ein Mann mit einer klugen, attraktiven und liebevollen Frau sich immer wieder in außereheliche Beziehungen stürzt und sein Geld beim Glücksspiel verschwendet – beides Aktivitäten, die die Ehe sehr gefährden.

Im Verlauf der Behandlung erfährt der Therapeut, daß Bookers Vater seinen Sohn und dessen Mutter im Stich ließ, um sich als professioneller Glücksspieler durchzuschlagen – was bedeutete, schnelle Autos zu fahren, Frauengeschichten zu haben und andere Menschen um ihr Geld zu bringen. Trotz vieler Jahre in einer Großstadt behielt der Vater seinen ungebildeten Slang bei. Im Verlauf der Therapie gelangt Booker zu der Einsicht, daß sein Sprachproblem und einige seiner Schwierigkeiten in der Ehe tatsächlich bedeuteten, daß er immer noch der Sohn seines Vaters sein wollte. Um sich nicht von seinem Vater zu unterscheiden oder ihn zu übertreffen, opferte er seine eigene Karriere, seine Ehe und seinen Seelenfrieden.

## *Fallbeispiel: Sarah*

Sarah, eine zweiunddreißigjährige Anwältin, ging in die Therapie, weil sie in ihrem Beruf nicht weiter kam. Sie war zwar extrem intelligent und ehrgeizig, doch sie trödelte häufig, beging Fehler und kam unvorbereitet in den Gerichtssaal. Darüber hinaus hatte sie großes Lampenfieber und fürchtete die Auftritte vor Gericht immer mehr. Sarah hatte gehofft, daß man sie in einigen Jahren in ihrer Kanzlei zur Partnerin machen würde. Doch statt dessen lief sie nun Gefahr, ihre Stelle zu verlieren.

Auch ihre Ehe war in Schwierigkeiten. Ihr Mann, ein Rechtsanwalt im öffentlichen Dienst, mußte öfter für mehrere Wochen in die Hauptstadt. Sarah gefielen diese Trennungen nicht, und sie nörgelte ständig an ihm herum, weil er so viel unterwegs war. Sie wurde so wütend, daß ihr Eheleben für beide völlig unbefriedigend wurde. Sarah hatte zwar nie irgendwelche Anzeichen dafür, daß ihr Mann untreu wäre, doch sie stellte sich vor, daß er mit anderen Frauen schlafen würde, wann immer er fort war.

Sarahs Mutter hatte eine vielversprechende Anwaltskarriere aufgegeben, um die Frau eines erfolgreichen Politikers zu werden. Sie wußte zwar, daß ausgedehnte Reisen zu diesem Beruf gehörten, doch sie wurde bald verbittert über die häufige Abwesenheit ihres Mannes und beklagte sich bei Sarah, seine Karriere sei ihm wichtiger als seine Familie.

Im Verlauf der Therapie gelangte Sarah zu der Einsicht, daß die intensive Identifikation mit der Mutter die Wurzel ihrer Probleme bildete. Sie hatte einen Mann gewählt, der ihrem Vater stark ähnelte und spielte das Muster der unglücklichen Ehe ihrer Eltern nach. Sie sabotierte ihren beruflichen Erfolg, weil sie sich unbewußt schuldig fühlte, einer erfolgreichen Anwaltskarriere nachzugehen, während ihre Mutter die ihre aufgesteckt hatte. Ihre starke unbewußte Identifikation mit der Mutter zerstörte praktisch ihr Leben.

Als Sarah diese Aspekte in der Therapie durcharbeitete, löste sie ihre beruflichen Probleme und wurde schließlich aufgefordert, Partnerin der Kanzlei zu werden. Das Problem mit dem Ehemann war nicht so leicht zu lösen. Als Sarah aufhörte, ihn anzugreifen und ihn der Untreue zu bezichtigen, wurde deutlich, daß ihm die große Nähe zu Sarah Unbehagen verursachte. Die Kommunikation zwischen den beiden hat sich zwar deutlich verbessert, aber Sarah ist immer noch nicht zufrieden mit ihrer Ehe. Ihr Mann hat sich wiederholt geweigert, gemeinsam mit ihr eine Ehetherapie zu beginnen. Im Moment erwägt Sarah, sich scheiden zu lassen.

## *Fallbeispiel: Melvin*

Melvin war Börsenmakler, ein aufgeweckter Mann, der schwer arbeitete, aber wenig erfolgreich war. Er kam in die Therapie, weil er ständige Konflikte mit seiner Frau, mit Kunden, Kollegen und Vorgesetzten hatte. Beim Streit mit seiner Frau ging es immer um seine Angewohnheit, Versprechen nicht einzuhalten und um seine ständigen Nörgeleien. Auch bei Geschäftsfreunden brach er Versprechen, bediente sich zwielichtiger Praktiken und zahlte Schulden nur zögernd zurück.

Eines Tages, als sein Therapeut fragte, warum Melvin seine Therapierechnungen immer zu spät bezahlte, zog er seine dicke Brieftasche heraus und beglich die ausstehende Summe. Auf die Frage, warum er so viel Bargeld bei sich trüge, antwortete er, sein Vater habe das auch immer getan. Melvins Vater hatte eine kleine Bar, die in Wirklichkeit nur Tarnung für ein Wettbüro im Hinterzimmer war. Er hatte Frau und Kinder immer viel kritisiert und spielte sich gern auf. Melvin erinnerte sich, als Kind ungeheuer verlegen gewesen zu sein, wenn sein Vater ihn mit in Bars nahm, mit dem Geld um sich warf und mit seinen Leistungen prahlte. Die Erkenntnis, daß er genau das gleiche Verhalten an den Tag legte, das er bei seinem Vater am meisten verachtete, erschütterte ihn.

Dies war der Wendepunkt in Melvins Therapie. Es war zwar zu spät, seine Ehe zu retten, aber Melvin wurde zuverlässiger und genauer in seinen geschäftlichen Angelegenheiten und daher auch finanziell erfolgreicher.

Booker, Sarah und Melvin gelangten alle zu der Erkenntnis, daß ihre Probleme eine Folge der Identifikation mit dem unklugen Verhalten der Eltern waren. Zuvor hatten sie ihr negatives Verhalten bloß als verwirrend empfunden oder andere, falsche Erklärungen für ihr selbstzerstörerisches Verhalten gesucht. Booker war seine Unfähigkeit, normales Englisch zu sprechen, ein völliges Rätsel. Sarah hatte geglaubt, ihr Problem beruhe auf Faulheit und Eifersucht. Melvin beschuldigte seine Frau und Geschäftspartner, überkritisch und unversöhnlich zu sein. Für jeden war die Erkenntnis, daß Identifikation mit unglücklichen oder erfolglosen Eltern Wurzel ihrer Probleme war, ungeheuer nützlich.

## *Fallbeispiel: Rachel*

Rachel war eine beliebte Lehrerin, die es schwer fand, eine intime Beziehung zu Männern einzugehen. Ihr Vater hatte ihr wiederholt gesagt, sie solle Männern niemals vertrauen, weil sie nur hinter Sex her seien und wenn sie das hätten, würden sie sich aus dem Staub machen. Sobald sie eine sexuelle Beziehung mit einem Mann anfing, wurde Rachel so eifersüchtig und anklammernd, daß sich die Männer immer wieder zurückzogen und Rachels Überzeugung bestätigten, wenn sie erst mit einem Mann schlief, sei die Beziehung zum Scheitern verurteilt.

## *Fallbeispiel: Lance*

Lance war der geborene Unternehmer. Er hatte sein Hobby, funkgesteuerte Modellautos und Flugzeuge, zu einem sehr profitablen Versandgeschäft ausgebaut. Er war erst Anfang vierzig, doch er arbeitete vierzehn Stunden täglich, rauchte zu viel und hatte dreißig Pfund Übergewicht. Er sorgte sich, sein Geschäft würde bald Bankrott machen, obwohl alles dagegen sprach. Lance war angespannt und unglücklich und suchte schließlich eine Therapie auf.

Sein Vater war Leiter eines Warenhauses. Er arbeitete schwer und war ein nervöser Mensch. Seine Mutter war Lehrerin, haßte aber ihren Beruf. Beide Eltern hatten dem Sohn wiederholt gesagt, ohne Universitätsausbildung würde nie etwa aus ihm werden. Seine Eltern schienen niemals Spaß zu haben und nahmen jahrelang keinen Urlaub. »Erst die Arbeit, dann das Spiel«, lautete einer ihrer Leitsätze. Doch die lange erwarteten Belohnungen stellten sich bei ihnen nie ein.

Lance glaubte, dem harten Leben der Eltern zu entkommen, indem er seinen Beruf mit etwas verband, an dem er Spaß hatte. Doch da er ihre negative Haltung übernommen hatte, konnte auch er das Leben nicht genießen, das er sich aufgebaut hatte. Er fügte sich ihrer Botschaft, indem er schwer arbeitete und viele Sorgen machte.

Lance und Rachel sind Beispiele für Menschen, die unbewußt getrieben wurden, die düsteren Prophezeiungen ihrer Eltern zu erfüllen. Schuldgefühle trieben sie dazu, genau die Dinge zu beweisen, die sie am liebsten entkräftet hätten.

Rachel wollte bewußt beweisen, daß Männer vertrauenswürdig sind und Beziehungen dauerhaft und befriedigend sein können, doch unbewußt war sie gezwungen, zu beweisen, daß Männer treulose Ungeheuer sind und Beziehungen hoffnungslos. Lance wollte das Leben genießen, das sein Talent und schwere Arbeit ihm boten, doch am Ende schuftete er so gern, daß er weder an der Arbeit noch in der Freizeit Spaß haben konnte.

In der Therapie erkannten Rachel und Lance bald, daß manche ihrer Handlungen, die wie zufällige Fehler wirkten, tatsächlich Manifestationen negativer elterlicher Botschaften waren. Als sie dies erkannt hatten, konnten sie Schritte unternehmen, um diesen Bann zu brechen. Rachel konnte ihr eifersüchtiges, anklammerndes Verhalten ändern und sich auf eine langfristige Beziehung einlassen. Lance konnte seine Arbeitszeit vernünftig regeln und mehr Spaß an Wochenenden und Urlauben haben.

## Der erfolglose Rebell

Einige Kinder verstehen schon sehr früh, daß die Eltern die eigenen seelischen Probleme auf sie übertragen. Da sie diesen Botschaften als Kinder nicht trauten, können sie sich als Erwachsene erfolgreich dagegen auflehnen. Arthur zum Beispiel, Besitzer einer gutgehenden Maschinenfabrik, wurde von seinem Vater gesagt: »Aus dir wird nie etwas.« Er erinnert sich, wie er schon als Kind erwidert hatte: »Doch«! Er wurde sehr erfolgreich. Leider stellen viele Menschen, die zwar ihr Bestes versuchen, um die negativen Botschaften der Eltern zu negieren, fest, daß sie immer noch stark von deren Verhalten beeinflußt werden.

Robert ist siebenunddreißig und Regisseur. Er wuchs in einer Mittelklassefamilie auf, in der sich beide Eltern ständig Sorgen um Geld machten. Obwohl sie einigermaßen gut verdienten, lebten sie unglaublich kärglich und verweigerten sich selbst und den Kindern die kleinsten Freuden. Robert erhielt folgende Botschaft von seinen Eltern: »Wenn du nicht wie ein Mönch lebst, wie ein Pferd arbeitest und dir ständig um Geld Sorgen machst, stehst du unweigerlich vor dem finanziellen Ruin.« Mit anderen Worten: »Es ist in Ordnung, Erfolg zu haben und Geld zu verdienen, doch es ist gefährlich, sich daran zu erfreuen.«

Schon als Kind erkannte Robert die Unvernunft dieser Einstellung zum Geld. Er schwor sich, wenn er erwachsen wäre, würde er niemals ein so spartanisches Leben führen. Nach zehn Jahren harter Arbeit drehte Robert mehrere recht erfolgreiche Lehr-Filme. Vor einigen Jahren gelangte er zu dem Punkt, an dem er ein gutes Einkommen hatte, doch seine finanziellen Angelegenheiten waren stets chaotisch. Die unbezahlten Rechnungen stapelten sich, seine Konten waren überzogen und er schuldete mehreren engen Freunden größere Summen Geldes.

Dann stellte sich einer von Roberts Filmen als viel erfolgreicher heraus, als er zu hoffen gewagt hatte. Triumphierend berichtete er seiner Frau und den Kindern, sie könnten sich nun endlich das Haus leisten, das sie sich immer gewünscht hatten. Die ganze Familie machte sich auf die Suche nach einem Heim. Sie fanden ihr Traumhaus und gingen zur Bank, um die Finanzierung zu besprechen. Zur Enttäuschung aller wurde ihr Kreditantrag abgelehnt, weil Robert einen so schlechten Ruf in Finanzdingen hatte. Die ganze Familie war überaus enttäuscht.

Als Robert über sein Pech nachdachte, schwor er sich, er würde seine finanziellen Probleme, die ihn sein ganzes Erwachsenenleben lang verfolgt hatten, nun lösen. Seine Frau war zu wütend, um ihn dabei zu unterstützen, daher bat er einen Freund, Finanzberater einer kleinen Firma, ihm zu helfen, ein Budget aufzustellen. Robert hielt sich einen Monat an diesen Plan, doch dann verfiel er wieder in seine unverantwortliche Großzügigkeit. Nun beschloß er, eine Therapie anzufangen, um seine Finanzprobleme endlich in den Griff zu bekommen. Es wurde bald klar, daß Robert versuchte, sich gegen die negativen Botschaften seiner Eltern aufzulehnen, doch dies wurde von dem unbewußten Trieb untergraben, ihren negativen Einstellungen recht zu geben.

Roberts Fall ist typisch für viele andere erfolglose Rebellen. Sie weigern sich, dem Pfad zu folgen, den die Eltern ihnen vorgezeichnet haben – doch nichts scheint sich ihren Wünschen gemäß zu entwickeln. Unbewußt sabotieren sie ihre eigene Rebellion und erfüllen schließlich die negative Vorhersage ihrer Eltern.

### Identifikation und Gehorsam: Eine nützliche Methode, psychologische Probleme anzugehen

Wie wir gesehen haben, entstammen viele psychologische Probleme dem Zwang, die Eltern zu imitieren. Wenn man sich also eines Problems bewußt wird, sollte man sich fragen:

- Ähnelt mein Problem einem, an dem schon meine Eltern litten?
- Bringt es mich in eine ähnliche unangenehme Lage wie sie?
- Lebe ich einfach nur das entmutigende Bild nach, das sie mir ausgemalt haben?

Wenn man entdeckt, daß eine selbstschädigende Haltung oder ein bestimmtes Verhaltensmuster dem eines Elternteils ähnlich ist, kann schon diese Entdeckung eine große Hilfe darstellen, es zu ändern. Sehr oft ist dies aber nur der erste Schritt in einem längeren Befreiungsprozeß. Wenn man versucht, selbstzerstörerisches Verhalten aufzugeben, stellen sich zwei Hauptschwierigkeiten ein:

- Man stellt immer erst hinterher fest, daß man sich selbstzerstörerisch verhalten hat.
- Man weiß, daß man es wieder tun wird, vermag es aber nicht zu ändern.

Eldon wurde im Verlauf seiner Therapie klar, daß er seine Frau ebenso unentwegt kritisierte, wie sein Vater seine Mutter. Schon als Kind war er sich bewußt, daß die ständigen Angriffe und Herabsetzungen durch seinen Vater die Ehe der Eltern stark belasteten. Er erkannte zwar dieses negative Muster deutlich, konnte aber sein Verhalten nicht ändern. Manchmal fiel es ihm überhaupt nicht auf, daß er überkritisch war. Dann wieder wußte er genau, was er tat, konnte sich aber nicht davon abhalten.

Eldon benutzte zwei Strategien, um sich zu verändern.

- Er benutzte seine Therapiesitzungen, um Vorfälle in seiner Kindheit sowie die destruktiven Überzeugungen, die er daraus abgeleitet hatte, zu erforschen. Er erinnerte sich, daß sein Vater auch ihn ständig kritisiert hatte und er unbewußt zu der Überzeugung gelangt war, daß man jemanden, den man liebt, kritisieren müsse, damit dieser nicht faul und verantwortungslos würde. Eldon merkte, daß er seine ständige Kritik als Methode benutzte, Frau und Kindern zu zeigen, daß er sie liebte.
- Er entwickelte ein Spiel, um sich dabei zu ertappen, wenn er überkritisch war. Er hatte ein kleines Notizbuch in der Hemdtasche und schrieb jeden derartigen Vorfall auf. Am Anfang konnte er die Angriffe immer erst hinterher erkennen. Im Laufe der Zeit lernte er, sie früher zu bemerken. Nach mehreren Wochen stellte er fest, daß er sich häufig auf frischer Tat ertappen, die Vorfälle voraussehen und schließlich sogar verhindern konnte.

Seine Frau und seine Kinder hatten sich schon seit Jahren über seine Nörgelei beschwert, doch Eldon hatte sie nie ernst genommen. Als er jedoch merkte, daß er die Menschen, die ihm am liebsten waren, durch seine Nörgelei dem gleichen Druck aussetzte, den er als Kind von seinem Vater aushalten mußte, war er entschlossen, dem ein Ende zu setzen. Eldons Entschluß, sein Verhalten zu ändern, setzte einen Prozeß in Gang, der die Beziehung zu seiner Frau und seinen Kindern erheblich verbesserte.

## Die Wiederholung elterlicher Fehler

Viele Menschen leiden unter Eltern, die sie vernachlässigten und bedrohten, die egoistisch oder alkoholsüchtig waren oder unter mehr oder minder seelischen Problemen litten. Man schwört sich, daß man, wenn man groß ist, niemals dieses elterliche Verhalten wiederholen wird, das einen so demütigte oder verletzte. Doch immer wieder stellt man fest, daß man sich genau so verhält, wie man es bei den Eltern so verachtete. Die bewußte Anstrengung, zu vermeiden, so wie die Eltern zu sein, steht der unbewußten Überzeugung gegenüber, daß man sie verletzt und demütigt, wenn man sie überflügelt oder ihnen nicht gehorcht.

## Andere seelische Probleme

Eine Hauptthese dieses Buches lautet, daß viele verbreiteten seelischen Probleme in Wirklichkeit Selbstbestrafungen sind, die man als Folge der Imitierung der Eltern oder des Glaubens an deren negative Botschaften entwickelt. Doch es gibt eine wichtige Gruppe seelischer Probleme, die nichts mit Selbstbestrafung zu tun haben. Diese entstehen aufgrund irrationaler Versuche, sich vor Verletzungen zu schützen, die einem in der Vergangenheit zugefügt wurden.

Olivia, eine erfolgreiche Rechtsanwältin, kam in die Therapie, weil sie sich in allen Beziehungen, die nicht völlig oberflächlich waren, unbehaglich fühlte. Sie kleidete sich schlicht und war in ihrem beruflichen Umgang höflich, aber distanziert. Olivia verbrachte ihre Freizeit mit Lesen, Schneidern und Spaziergängen. Sie war eine attraktive Frau, doch ihre Art sich zu kleiden und ihr überhebliches Auftreten hielten die meisten Männer ab. Ihre Einsamkeit wurde immer größer, so daß sie schließlich depressiv und selbstmordgefährdet wurde.

Olivias Vater war Vertreter, ein kalter, egoistischer Mann, der für eine Reihe von dubiosen Maklerfirmen arbeitete. Manchmal nahm er seine Tochter mit auf Geschäftsreisen und ließ sie stundenlang allein im Auto, während er mit seinen Kollegen Trinken ging. Olivias Mutter war Alkoholikerin. Im betrunkenen Zustand schwankte sie zwischen übertriebener Zuwendung und körperlicher Mißhandlung. Sie schlug Olivia oft mit Kleiderbügeln auf die Beine, während die anderen Kinder entsetzt zuschauten.

Olivias hauptsächliche Probleme entstammten der Überzeugung, es sei nicht sicher, irgend jemandem zu vertrauen oder jemandem nahe zu sein. Olivias Kernproblem war nicht, daß sie unbewußt glaubte, jemanden zu verletzen. Sie wähnte sich selbst in Gefahr, verletzt zu werden, wie das früher geschehen war.

Im Verlauf der Therapie, die mehrere Jahre dauerte, begriff Olivia allmählich, daß nicht alle Menschen sie so schlecht behandeln würden, wie die Eltern das getan hatten. Indem sie ihren Therapeuten als vertrauenswürdig und fürsorglich erfuhr, konnte sie lernen, daß es wirklich Menschen gab, auf die sie sich verlassen konnte. Sie schloß sich bald einer Gruppe von Computerfans an und gewann ein paar Freundinnen. Schließlich, mit sechsunddreißig, ging sie auch mit Männern aus.

Wie Olivia leiden viele Menschen an einer Kombination von zwei Arten destruktiver, unbewußter Überzeugungen:

- Die Angst, andere zu verletzen, indem man eingebildete Verbrechen begeht.
- Die Angst, von anderen verletzt, abgewiesen, beschämt, ausgenutzt, gedemütigt oder mißhandelt zu werden.

Wenn Eltern ein Kind zurückweisen, demütigen, ausnutzen oder mißhandeln, ist es nicht überraschend, wenn es fürchtet, andere würden sich ebenso verhalten. Therapeuten und Laien haben schon lange herausgefunden, daß diese Angst die Wurzel der meisten schwerwiegenden psychologischen Probleme ist. Ein wichtiger Beitrag der Kontrollbeherrschungs-Theorie ist, daß für viele die Angst, andere zu verletzen, viel schwerwiegender ist als die Angst, selbst verletzt zu werden.[2]

Im nächsten Kapitel werden wir sehen, wie diese intensive Sorge um andere jemanden dazu führen kann, sich von den Dingen abzuwenden, die man bewußt am sehnlichsten wünscht: Intimität, Vergnügen und sexuelle Erfüllung.

Kapitel 9

# Flucht vor dem Glück

## Warum man Intimität, Vergnügen und sexuelle Erfüllung vermeidet

*»Gelegentlich werden Menschen krank, weil ein tiefverwurzelter und lange herbeigesehnter Wunsch sich erfüllt hat. Es scheint, als könnten sie das Glück nicht aushalten.«*

Sigmund Freud

Die meisten Menschen erleben zumindest einmal, wie kurz auch immer, tiefe Liebe oder die Öffnung zu einem anderen Menschen. Man sucht eine intensive Beziehung, weil man sie als Weg dorthin betrachtet. Doch die Erlangung und Aufrechterhaltung großer Offenheit stellt eine ungeheure Herausforderung dar.

Fast die Hälfte aller Ehen endet mit der Scheidung. Eine Studie fand heraus, daß nur etwa 20 % aller Paare glaubten, eine enge Beziehung zu haben.[1] Die anderen achtzig Prozent wurden wie folgt unterteilt:

- Die Entfremdeten – Paare, die nicht mehr ineinander verliebt waren.
- Die Konfliktgewohnten – Paare, die ständig miteinander stritten.
- Die passiv-kongenialen – Paare, die nie erwartet hatten, ihre Ehe würde leidenschaftlich oder offen werden. Diese behandeln einander wie freundliche, aber distanzierte Wohngenossen oder Geschäftspartner.

Keine dieser Beziehungen war wirklich eng und keine erfüllte die Erwartungen der Partner.

Experten meinen, man solle nicht hoffen, das Gefühl von Intimität und Nähe im täglichen Einerlei aus Kindern, Arbeit, Krankheiten, Streits, Geldproblemen, sexuellen Schwierigkeiten usw. aufrecht erhalten zu können.[2] Doch der Wunsch nach Nähe ist im Menschen so verwurzelt und so beharrlich, daß die meisten sich danach sehnen, wenn sie es nicht erlangen.

Wenn man liebevolle Eltern hatte, lernte man vermutlich aufgrund von Beobachtung und Imitation, was zu einer glücklichen Beziehung gehört, und findet es leichter, dies in der eigenen Partnerschaft zu verwirklichen. Wenn die Eltern eine kalte, feindselige Beziehung hatten, muß man die Fähigkeiten selbst erlernen – allein, oder mit Hilfe von Büchern, Freunden oder einem Therapeuten oder Berater.

## Fähigkeiten allein reichen nicht aus

Die Fähigkeit zur Intimität zu erlangen, das ist schwierig, aber man kann sie wie jede andere Fertigkeit mit Fleiß und Geschicklichkeit erlernen. Es gibt eine Menge Bücher, die ausgezeichnete Ratschläge für alle Bereiche effektiver Kommunikation geben.[3]

Doch wenn das Problem nur in einem Mangel an Nähe bestehen würde, so könnten ja schon ein paar Erwachsenenbildungskurse in den örtlichen Schulen ausreichen, um die Scheidungsraten zu senken. Leider ist es nicht ganz so einfach. Neu erworbene Fähigkeiten stellen nur einen Teil der Lösung dar. Die eingebildeten Verbrechen, die destruktiven Überzeugungen und die unbewußten Schuldgefühle sind es, die verhindern, daß man die befriedigende, intime Beziehung erreicht, nach der man sich so sehnt. Für die meisten Menschen sind die Haupthindernisse auf dem Weg zur Intimität folgende:

- Überzeugungen, die man als Folge der Beobachtung der Eltern entwickelte.
- Überzeugungen, die man als Folge negativer Botschaften der Eltern entwickelte.
- Unbewußte Schuldgefühle.

Übungen in Kommunikation und offenem Verhalten sind zwar extrem nützlich, aber reichen oft nicht aus, um wirkliche Nähe in der Beziehung herzustellen. Das Erlernen dieser Partnerfertigkeiten hilft erst, das Ziel zu erreichen, wenn man gleichzeitig lernt, mit den eigenen Überzeugungen ins Reine zu kommen.

Maria, von der wir bereits in Kapitel 1 berichteten, fühlte sich nur von sie ausnutzenden, untreuen Männern angezogen. Unbewußter Sinn bei der Wahl derart unangemessener Partner war, daß sie vermied, die Mutter zu übertreffen, die sich auch stets mit unpassenden Männern eingelassen hatte.

Mike, der Chirurg, den wir in Kapitel 3 kennenlernten, war mit dem Gefühl aufgewachsen, für das Glück seiner Mutter verantwortlich zu sein. Er übertrug diese Verantwortung auf die Frauen, mit denen er befreundet war. Aufgrund seines übertriebenen Pflichtgefühls fühlte er sich in jeder intimen Beziehung bald eingeengt.

John, der Architekt, provozierte Probleme in seiner Ehe, indem er zuviel arbeitete und Affären mit anderen Frauen einging. Das tat er, weil er nicht glücklicher sein wollte, als sein ebenfalls immer untreuer Vater.

Michelle, die Theateragentin, die in Kapitel 5 vorgestellt wurde, kritisierte ihren Mann zu unrecht, weil er so anders war als ihr Vater. Michelle glaubte unbewußt, illoyal zu sein, da ihr Ehemann ihren Vater als wichtigsten Mann in ihrem Leben ersetzte.

Lydia, von der ebenfalls in Kapitel 5 berichtet wird, vermied jegliche Beziehung zu anderen Menschen. Lydias Erfahrungen mit den brutalen und unberechenbaren Eltern überzeugte Sie davon, daß auch andere Menschen gefährlich und nicht vertrauenswürdig seien.

Joyce, in Kapitel 6 vorgestellt, ging eine Reihe von Beziehungen ein, die nie sehr persönlich waren. Sie glaubte an die negativen Botschaften ihres Vaters, der ihr einredete, sie sei so unattraktiv, daß sie froh sein könne, überhaupt einen Mann zu bekommen.

Jay, der Schreiner, hatte die Beziehung zu seiner Frau und seinen Kindern durch seine unkontrollierte Wut zerstört. Jay hatte die Prügel seines Vaters so gedeutet, daß er ein schlechter Mensch sei, und daraufhin genau das Verhalten seines Vaters angenommen, das er in Wirklichkeit am meisten haßte.

Diese Fälle schildern die Bandbreite von Gründen, die jemanden unbewußt veranlassen können, eine enge Beziehung zu vermeiden oder zu zerstören. Schuldgefühle gegenüber den Eltern, Angst davor verletzt zu werden oder davor, den Partner zu verletzen, und der Glaube an eine Reihe negativer Botschaften können es sämtlich sehr schwer machen, eine glückliche Beziehung zu erlangen.

## Destruktive Ansichten über Beziehungen

Die tiefsten und grundsätzlichsten Überzeugungen über das Wesen von Beziehungen entstammen den frühesten Erfahrungen in der Ursprungsfamilie. In den meisten Fällen stellen die Interaktionen der Eltern – zum Guten oder Schlechten – das Grundmodell für das Wesen einer langfristigen Beziehung dar.

Man hofft vielleicht inbrünstig und schwört sich feierlich, niemals solch eine Beziehung zu führen wie die Eltern. Aber genau das tun die meisten Menschen früher oder später. Es ist schwer, sich von der Überzeugung zu befreien, daß das Muster der Eltern wahr sei und alles andere nur eine Filmphantasie.

Joyce, die von ihrem Vater so oft zu unrecht kritisiert wurde, war in ihrer Kindheit Zeuge von Streitereien, Sarkasmus und emotionaler Grausamkeit zwischen ihren Eltern. Als sie jedoch eine Beziehung mit einem liebevollen, mitfühlenden und sie unterstützenden Mann hätte aufbauen können, wurde sie mißtrauisch. Sie wartete von Anfang an auf die Kämpfe und die emotionalen Verletzungen.

## Die Beziehung zu den Eltern

Die Beziehung zu den beiden Eltern zeigt einem, wie es ist, einem Mann und einer Frau nahe zu sein. Auf unbewußter Ebene erwartet man, daß *alle* Beziehungen mit Männern so sind wie die zum Vater, und man erwartet, daß *alle* Beziehungen zu Frauen sind wie zur Mutter.

Wenn man den Eltern nahestand und sie eine liebevolle, intime und dauerhafte Beziehung hatten, wächst man mit der Überzeugung auf, liebenswert zu sein und von Männern und Frauen geschätzt zu werden. Man glaubt auch, daß eine Ehe offen, befriedigend und dauerhaft sein kann. Menschen mit einer derart glücklichen Vergangenheit finden es sehr leicht, selbst mit Freunden und Partnern Intimität zu erzielen. Leider wachsen die meisten Menschen in Familien auf, die kaum als ideal zu bezeichnen sind. Sie haben vielleicht Überzeugungen, die teilweise dabei helfen, eine intime Beziehung aufzubauen, und dies teilweise behindern.

## *Fallbeschreibung: Sherry*

Sherrys Eltern kamen gut miteinander aus. Sherry selbst hatte eine liebevolle, intime Beziehung zu ihrer Mutter, aber dem Vater fühlte sie sich nie sehr nahe. Sie hatte das Gefühl, daß er nie zu Hause war. Da er Vertreter war, war er entweder auf Geschäftsreisen oder auf einem Angelausflug, denn er liebte das Fischen. Wenn er sie wirklich einmal zu bemerken schien, verhielt er sich ungeduldig und kritisch.

Sherry hatte als Erwachsene keine Schwierigkeiten, enge Beziehungen zu Frauen zu entwickeln. Aber sie fühlte sich stark von Männern angezogen, die entweder kritisch oder unaufmerksam waren. Sobald sie einen Mann aufgegeben hatte, weil er sie entweder kritisierte oder nicht genügend beachtete, fing sie schon wieder mit einem anderen eine Beziehung an, in der sie genau so schlecht behandelt wurde.

Sherry glaubte unbewußt, sie müsse von jedem Mann kritisiert und zurückgewiesen werden – genau wie von ihrem Vater. Aber sie glaubte auch, daß die Partner in einer langfristigen Beziehung einander gut behandeln sollten, wie ihre Eltern das getan hatten. Mit Hilfe ihres Therapeuten lernte Sherry, ihre tiefverwurzelte Überzeugung, daß Männer sie immer nur herabsetzten, zu überwinden. Allmählich suchte sie sich tolerante, weniger kritische Partner aus. Schließlich konnte sie eine gute, intime Beziehung dauerhaft leben.

## Gleiche Familie – andere Muster

Wie Sherrys Fall verdeutlicht, haben die unbewußten Überzeugungen, die eine enge Beziehung erschweren, ebensoviel damit zu tun, wie die Eltern einen behandelten, als damit, wie diese zueinander standen. Dennoch wachsen Kinder aus der gleichen Ehe keinesfalls immer mit den gleichen Überzeugungen über das Verhältnis der Eltern zueinander auf.

Sherrys Bruder Paul hatte ebenfalls eine enge Beziehung zu seiner Mutter. Er nahm als Erwachsener an, er würde von Frauen geschätzt und erwartete, daß seine Beziehungen mit Frauen zufriedenstellend verliefen. Wie seine Schwester hatte er eine schwierige Beziehung zu seinem Vater. Das erschwerte es ihm zwar, mit Autoritätsfiguren in der Schule und im Beruf umzugehen, aber es verhinderte nicht, daß er eine befriedigende Beziehung mit einer Frau einging.

## Negative Botschaften über Beziehungen

Kinder ziehen im Hinblick auf intime Beziehungen nicht nur negative Schlüsse aus dem, was sie sehen, sondern können auch stark von dem beeinflußt werden, was man ihnen sagt.[4]

Joyce wurde von ihrem Vater ständig kritisiert und es wurde ihr gesagt, kein Mann würde sie jemals haben wollen. Als Folge davon erwartete sie nie, von einem Mann gut behandelt zu werden.

Jay wurde gesagt, er verdiene die Prügel von seinem Vater. Als Erwachsener zerstörte er seine Ehe und die Beziehung zu seinem Sohn, indem er tobte und brüllte wie sein Vater das getan hatte. Solche negativen Botschaften üben oft stark destruktive Wirkung auf die Fähigkeit aus, eine enge Beziehung einzugehen und aufrechtzuerhalten.

Leahs Vater war ein erfolgloser Versicherungsvertreter. Ihre Mutter war in jeder Hinsicht stark von ihrem Mann enttäuscht und kritisierte ihn ständig. Er reagierte darauf, indem er seine Freizeit in Kneipen und auf der Kegelbahn verbrachte, um der wütenden, streitbaren Frau zu entgehen. Er hatte schon kurz nach der Hochzeit aufgegeben, nett zu ihr zu sein.

Leahs Mutter beklagte sich zudem bitterlich über die sexuellen

Forderungen ihres Mannes und seine Grobheit und Unsensibilität. »Das Leben mit deinem Vater ist ein Albtraum«, sagte sie oft zu ihrer Tochter, »aber vermutlich ist es besser, als eine einsame alte Jungfer zu sein. Ich würde mich sofort von ihm scheiden lassen, wenn ich wüßte, es ginge mir dann besser. Aber die Männer sind alle gleich.«

Wie zu erwarten war, endeten Leahs Beziehungen sämtlich in einer Katastrophe. Sie litt unter einem doppelten Problem: Sie wußte, wie schwierig die Beziehung ihrer Eltern zueinander war. Doch ihre Mutter hatte ihr auch versichert, ohne einen Mann wäre es noch schlimmer. Jedes Mal, wenn Leah eine neue Beziehung angefangen hatte, ignorierte sie die positiven Eigenschaften ihres Freundes und beklagte sich über seine sexuellen Forderungen und seine Unsensibilität. Doch sobald die Beziehung zerfiel, versuchte sie verzweifelt, einen neuen Mann zu finden.

### Unbewußte Schuld kann eine Beziehung zerstören

Man weiß, daß Menschen oft enge Beziehungen vermeiden, weil sie Angst haben, verletzt zu werden. In einer Beziehung riskiert man, zurückgewiesen, verraten oder ausgenutzt zu werden. Das alles sind schmerzliche Erfahrungen. Menschen, die derart schlecht behandelt wurden, wagen sich nur vorsichtig in eine neue Beziehung. Vielleicht haben sie auch noch nicht gemerkt, daß ihre unbewußten Schuldgefühle sie daran hindern können, die Nähe zu erreichen, nach der sie sich so sehnen.

Unbewußte Schuldgefühle können bewirken, daß man Intimität vermeidet oder zerstört. Liebe und Nähe bedeuten für jeden einen wichtigen Bestandteil einer erfüllten Beziehung. Doch wenn man unbewußt glaubt, ein schweres Verbrechen begangen zu haben, glaubt man vielleicht, eine solche Erfüllung nicht zu verdienen.

Wenn man glaubt, die Eltern hatten keine enge, liebevolle Beziehung, so würde die Tatsache, daß man selbst eine solche Beziehung erlangt, bedeuten, daß man die Eltern übertrifft. Es ist dies eine Art Überlebendenschuld, die man empfindet, weil das Leben der Eltern so traurig ist, während man selbst Glück hat.

In vielen schwierigen Ehen knüpft einer der unglücklichen Eltern ein enges Band zu einem der Kinder. Dieses besondere Kind glaubt, diese Nähe und Zuneigung sei das einzige, das Mutter oder Vater davon abhält, in völliger Verzweiflung zu versinken. Ein Junge denkt, er sei »Mamas kleiner Mann«, das Mädchen, es sei »Papas kleiner Liebling« oder umgekehrt.

Als Erwachsener glaubt das Kind unbewußt weiterhin, solange der Elternteil erstes Liebesobjekt bleibt, sei alles in Ordnung. Wenn dieser jedoch vergessen oder durch jemand anderen ersetzt wird, geht diese Beziehung verloren. Das erwachsene Kind fühlt sich dann schuldig, weil es die Eltern verlassen hat, indem es eine Beziehung zu einem anderen Menschen einging.

## *Fallbeschreibung: Dorothea*

Dorotheas Vater war ein berühmter, erfolgreicher Strafverteidiger. Er verdiente sehr gut, doch er arbeitete immer bis spät in die Nacht und ebenfalls an den meisten Wochenenden. Seine Frau und seine Töchter interessierten ihn nur wenig. Wenn er wirklich einmal zu Hause war, kritisierte er Dorothea heftig, war aber niemals ein zufriedenstellender Ehemann oder Vater.

Dorotheas Mutter war der Mittelpunkt eines lebhaften Haushaltes mit vier Töchtern. Sie war zwar extrem unglücklich in ihrer Ehe, doch sie wahrte den Schein und erzählte niemanden außer Dorothea von ihrem Leid und ihrer Enttäuschung. Jeden Abend, wenn die anderen Kinder schon schliefen, schlüpfte die Mutter zu Dorothea ins Zimmer und schüttete ihr das Herz aus. »Du bist meine Älteste«, sagte sie. »Wenn es dich nicht gäbe, könnte ich kaum weitermachen.«

Nach der Oberschule ging Dorothea auf die örtliche Fachhochschule und schloß einen Kursus für Radio- und Fernsehtechnik ab. Noch immer unterhielt sie sich jeden Abend lange mit ihrer Mutter. Sie arbeitete als Volontärin bei einem Sender am Ort und heiratete den zweiten Direktor dieser Anstalt, einen begabten und erfolgreichen jungen Fernsehmann. Bald nach der Hochzeit begann Dorothea, jeden Abend ihre Mutter anzurufen. Stundenlang trösteten sie sich gegenseitig über ihre arbeitssüchtigen Männer.

Dies ging so, bis Dorotheas Mann seine Stelle verlor und am Ort keine neue fand. Ein paar Tage später wurde ihm ein viel besser bezahlter Posten weit entfernt angeboten. Nach einem sehr heftigen Streit beschloß Dorothea, sich lieber scheiden zu lassen, als mit ihm zu gehen, obwohl sich auch ihr eine sehr gute Stelle bot. Er nahm die Stelle jedoch an, und sie zog wieder zu den Eltern. Das war das Ende ihrer Beziehung. Dorothea gab ihre Ehe und ihre Unabhängigkeit auf, um die Schuldgefühle zu vermeiden, die sie hätte, wenn sie die Mutter verlassen würde.

### Wie man einer engen Beziehung aus dem Weg geht

Wenn man ständig Probleme mit seinen Beziehungen hat, kann es sehr nützlich sein, die unbewußte Strategie zu entdecken, mit deren Hilfe man Nähe meidet. Man geht engen Beziehungen meistens in einer dieser drei Weisen aus dem Weg:

- Man vermeidet, intime Beziehungen überhaupt einzugehen.
- Man sucht sich unpassende Partner aus.
- Man sucht sich einen angemessenen Partner, doch dann zerstört man die Beziehung, weil man glaubt, sie nicht zu verdienen.

Manche Menschen bedienen sich nur einer dieser Strategien. Andere benutzen zu verschiedenen Zeiten in ihrem Leben unterschiedliche Strategien. Auch Personen mit sehr ähnlicher Familiengeschichte benutzen unterschiedliche Strategien, um nahe Beziehungen zu vermeiden, die sie ihrer Meinung nach nicht verdienen.

Kevins Mutter machte dem Vater das Leben zur Hölle, weil sie ständig nörgelte und ihn kritisierte. Um das zu vermeiden, die Eltern zu übertreffen, entwickelte Kevin die unbewußte Überzeugung, er verdiene es nicht besser als sein Vater. Er heiratete eine äußerst kritische Frau. Kevin wurde dabei so wütend, daß all die anfängliche Zuneigung und Nähe zu seiner Frau völlig verloren gingen. Seine Frau war enttäuscht und wurde noch streitbarer. Kevin hatte sich unbewußt eine unangemessene Partnerin ausgesucht. So konnte er garantieren, nicht die Nähe zu bekommen, nach der er sich sehnte, die er aber nicht zu verdienen glaubte.

Stuarts Mutter kritisierte den Vater ständig. Aber Stuart heiratete eine tolerante und ihn unterstützende Frau. Leider hatte Stuart, wie Kevin, das unbewußte Gefühl entwickelt, er verdiene keine liebevolle, intime Beziehung. Nach der Hochzeit begann er, sich unverantwortlich zu verhalten – er kam seinen Verpflichtungen nicht nach, kam immer zu spät nach Hause und ließ ständig seine Kleider auf dem Boden herumliegen. Es dauerte nicht lange, bis seine zuvor gutmütige Frau ihn genauso anherrschte wie früher seine Mutter den Vater. Stuart zwang sich unbewußt, seine enge, angenehme Beziehung zu zerstören, um die Eltern nicht zu übertreffen.

Es ist ein wichtiger erster Schritt, wenn man die typische Strategie für die Vermeidung von Nähe entdeckt. Wenn man seine Beziehung durch verantwortungsloses Verhalten zerstört, kann man sich nun Mühe geben, dieses Verhalten zu vermeiden. Wenn man den Partner mit Kritik und Herabsetzungen quält, kann man daran arbeiten, diese Neigung zu unterdrücken.

Doch das ist nur ein Teilschritt zur Lösung. Man muß auch die Gründe erkennen, warum man überhaupt Nähe vermeiden will:

- Eingebildete Verbrechen, für die man sich bestraft
- Destruktive, unbewußte Überzeugungen, die einen antreiben
- Negative Verhaltensmuster, die man als Folge einer Identifikation mit einem unglücklichen Elternteil übernahm
- Negative elterliche Botschaften, die man verinnerlicht hat.

Wenn man nun erkennt, daß man sich immer unpassende Partner aussucht und sich entschließt, in der Zukunft bessere Entscheidungen zu treffen, so genügt es nicht einfach die Strategie zu wechseln. Man muß die Gründe dafür erkennen, warum man getrieben ist, Nähe zu vermeiden. Sonst wäre es möglich, daß man sich einen liebevollen Partner aussucht, doch diesen Menschen schließlich mit seinen Wutanfällen vertreibt. Wenn man aber zusätzlich die Erkenntnis gewinnt, daß man sich unbewußt gezwungen sieht, etwa den unkontrollierten Vater nicht zu übertreffen, könnte man erfolgreicher versuchen, seine Tobsuchtsanfälle zu vermeiden. Das Erkennen der Strategie und der Motive für die Vermeidung von Nähe bietet daher die beste Voraussetzung, dieses selbstschädigende Verhalten zu vermeiden.

## Warum man vor Freude davonrennt

Warum vermeidet man Freude und Vergnügen? Dies ist ein Paradoxon im menschlichen Wesen. Wir sind biologisch vorprogrammiert, Freude zu suchen und Schmerz und Unbehagen zu vermeiden. Doch viele Menschen verweigern sich selbst ihren Anteil an den Freuden und Befriedigungen des Lebens. Sie haben nur wenig Freude an den Kindern, dem Partner, an der Arbeit. Sie gönnen sich niemals die Gelegenheit, die Schönheit eines Sonnenuntergangs, eines Spaziergangs am Meer, eines perfekten Morgens, eines beeindruckenden Films oder eines bewegenden Streichquartetts zu genießen.

Das Vermeiden von Freuden ist nicht immer unrational. Die Kunst, eine ersehnte Aktivität aufzuschieben, bis eine wichtige Arbeit erledigt ist, bildet ein Kennzeichen eines disziplinierten, reifen Erwachsenen. Und potentiell gefährliche Vergnügen – wie Kokain oder außerehelichen Sex – zu vermeiden, ist ebenfalls vernünftig und wünschenswert. Doch manche Menschen vermeiden Vergnügen, um sich selbst zu strafen.

Der häufigste Grund für die Vermeidung von Freuden ist vermutlich, daß man die Eltern oder Geschwister nicht übertreffen will, die nur wenig Freude in ihrem Leben haben. Man denkt vielleicht unbewußt, daß es verletzend sei, wenn man sich freut, während geliebte Menschen dies nicht können. Man verhält sich, als gäbe es nur eine begrenzte Menge Freude im Leben, und wenn man davon zuviel für sich selbst in Anspruch nähme, würde man die engsten Angehörigen verletzen.

Man verweigert sich vielleicht auch Freude, wenn man als Kind schlecht behandelt wurde. Wenn ein Kind mißbraucht, ausgenutzt, vernachlässigt oder unaufhörlich kritisiert wurde, glaubt es vielleicht, grundsätzlich schlecht zu sein und verurteilt sich zu einem Leben ohne Glück.

## Wie man lernt, daß Freude gefährlich ist

Wenn man mitansah, wie die Eltern ängstlich, wütend oder unkontrolliert reagierten, wenn sie sich einmal erlaubt hatten, sich zu entspannen und das Leben zu genießen, lernt man, daß Freude sich schlecht auf den Menschen auswirkt. Simons Eltern beispielsweise sparten sich ihre Ehekräche für die Wochenenden und Urlaube auf, und Simon lernte so, Ferien oder Freizeit mit bitteren Kämpfen zu verbinden.

Ängstliche Eltern regen sich vielleicht über die natürliche Lebhaftigkeit und Lebensfreude ihrer Kinder auf. Jedes Mal, wenn Stephanie aufgeregt oder begeistert wurde, warnte ihre überempfindliche Mutter sie: »Tobe nicht so sehr herum, sonst tut sich noch jemand weh.« Bald lernte das Mädchen, seine natürliche Begeisterung selbst zu dämpfen.

Ein Kind kann lernen, Entspannung mit Alkoholmißbrauch und dessen Folgen in Verbindung zu bringen. Herberts alkoholsüchtiger Vater wurde nach zwei Gläsern immer sehr freundlich, liebevoll und nachsichtig. Doch nach fünf Gläsern verwandelte er sich unweigerlich in einen rasenden Tyrannen.

Valeries Mutter litt an einer manisch-depressiven Störung. In der manischen Phase war sie leicht erregbar und schmiedete wunderbare Pläne. Doch dann wurde sie depressiv und alles war vergessen. Valerie wuchs mit der Überzeugung auf, daß die Planung schöner Ereignisse nur zu Frustration und Desillusionierung führen kann.

Man lernt vielleicht auch, daß Freuden gefährlich sind, weil die Eltern einen ausdrücklich davor warnen. Yvonnes fanatisch religiöse Eltern predigten ihr wiederholt, daß Menschen, die sich irdischen Vergnügen hingeben, dafür anschließend leiden. Sie schimpften jedesmal mit Yvonne, wenn sie spielte oder sich entspannte. Als Erwachsene reagierte sie immer sehr ängstlich, wenn sie angenehme Gefühle hatte.

## Destruktive Vorstellungen von Vergnügen

Die meisten destruktiven Vorstellungen von Freude und Vergnügen sind unbewußt. Aber es gibt auch welche, an die man bewußt glaubt. Wenn man eine oder mehrere der folgenden Überzeugungen teilt, wird man vermutlich sehr nervös, wenn das Leben in angenehme Bahnen verläuft. Diese Ängstlichkeit ist ein Symptom für unbewußte Schuldgefühle. Wenn diese Gefühle sehr stark werden, vermeidet man die Situationen, die angenehme Gefühle auslösen.

- *Das ist zu gut, es kann nicht lange währen.* Nach außen hin hört sich die Überzeugung wie die einfache Erkenntnis an, daß das Leben ein Riesenrad sei; man kommt unweigerlich wieder nach unten, wenn man die Höhe erklommen hat. Doch statt einfach gute Zeiten genießen zu können, bis die schlechten sich wieder einstellen, wird man immer ängstlicher, je länger die Glückssträhne anhält. Diese Angst löst dann den starken Drang aus, alles zu verderben. Dem liegt die Annahme zugrunde, man habe nur auf eine begrenzte Menge guter Gefühle Anspruch, und wenn das Gute zu gut sei oder zu lange andauere, würde man bestraft.
- *Wenn ich zu zufrieden mit mir selbst bin, straft mich Gott.* Manche Menschen leben mit der Überzeugung, daß Gott diejenigen strafe, die mit ihrem Leben zufrieden sind. Um das zu vermeiden, spielen sie Erfolg herab, verhalten sich pessimistisch und machen sich zwanghaft Sorgen. Sie erlauben sich weder Selbstvertrauen noch Stolz, selbst wenn solche Gefühle angemessen wären. Sie quälen sich mit Selbstkritik, suchen in allen Situationen nach den Nachteilen und sorgen sich ständig um die Zukunft.
- *Wenn ich mich entspanne und Spaß habe, passiert etwas Schlimmes.* Bretts Vater war ein herzlicher, fröhlicher Mensch, doch seine Mutter war nervös und angespannt. Der Vater verlor das Familienvermögen in seinem schlecht geplanten und schlecht geleiteten Geschäft, lebte aber weiterhin so, als habe man reichlich Geld. Das kam alles zu einem unvermittelten Ende, weil die Bank den Familienbesitz enteignete und sie gezwungen waren, bei Verwandten unterzukommen. Seinem Vater schien das nicht

viel auszumachen, doch für Brett und seine Mutter war der Bankrott äußerst demütigend. Wann immer Brett sich entspannen und etwas genießen will, besonders, wenn er Geld ausgibt, macht er sich unbewußt Sorgen, er würde genau so wie sein Vater.

- *Es ist gefährlich und schlecht, wenn man nicht immerzu arbeitet.* Vielen Kindern wird die Lektion beigebracht: »Erst die Arbeit, dann das Spiel. Mach' zuerst deine Hausaufgaben. Räum' dein Zimmer auf, ehe du spielen gehst«. Diese Lektion hat natürlich einen gewissen Wert. Manchen Kindern wird jedoch nie erlaubt, anschließend spielen zu gehen. Die Eltern betrachten das Leben als unaufhörliche Folge von Pflichten und vermitteln den Eindruck, es würde etwas Schreckliches geschehen, wenn sie sich einmal eine Pause gönnten. Als Folge davon sind viele Menschen besessen, immerzu produktiv zu sein. Sie können nicht in Urlaub fahren, ohne eine dicke Aktentasche mitzunehmen. Sie werden am Wochenende nervös, wenn sie nicht Arbeit aus dem Büro mit nach Hause bringen, oder sie sich nicht zumindest einer ganzen Reihe von Arbeiten am Haus widmen.

## Flucht vor sexueller Erfüllung

Unsere Gesellschaft vermittelt uns eine Reihe widersprüchlicher Botschaften über Sexualität:

- Sex ist toll.
- Sex ist schmutzig.
- Sex ist notwendig.
- Sex ist Sünde.
- Sex ist romantisch.
- Sex ist für Ehefrauen eine Pflicht.
- Sex ist ekelhaft und animalisch.
- Frauen müssen gut im Bett sein.
- Frauen müssen bei der Hochzeit Jungfrau sein.
- Ein Mann sollte bei jeder Gelegenheit zum Sex bereit sein.
- Ein Mann sollte sich nicht allein aus sexuellen Gründen für eine Frau interessieren.

- Eine Frau, die mit mehreren Männern geschlafen hat, ist eine Schlampe.
- Ein Mann mit einer Vielzahl von Sexpartnerinnen ist ein Mann von Welt.

Alle diese widersprüchlichen und sexistischen Botschaften können dazu führen, daß man sexuelle Erfüllung vermeidet und verschiedene Sexualprobleme entwickelt. Es ist heute möglich, für die meisten solcher Probleme Hilfe zu finden, entweder durch Sexualtherapie oder durch Selbsthilfe. Es gibt inzwischen eine Reihe sehr guter Selbsthilfebücher für sexuelle Probleme.[5]

Unsere Kontrollbeherrschungs-Theorie bietet eine wichtige neue Einsicht in die Problematik sexueller Erfüllung: Sie vertritt die Ansicht, daß oft die Schuldgefühle aufgrund eingebildeter Verbrechen zur Folge haben, daß man Sexualität meidet. Sie können sogar die Fähigkeit beeinträchtigen, sexuelle Befriedigung zu erlangen.

Manche Eltern wirken auf ihre Kinder kalt und asexuell. Andere Eltern machen keinen Hehl daraus, daß Sex eine ekelhafte Aktivität sei, die sie abstößt. Wiederum andere Eltern vermitteln den Eindruck, daß sie gern ein aktives Sexualleben hätten, aber der Partner nicht kooperiere. Wenn man als Kind den Eindruck erhält, die Eltern schliefen nicht miteinander oder hätten keinen Spaß am Sex, läuft man Gefahr, sich unbewußt Vorwürfe zu machen, wenn man selbst ein befriedigendes Sexualleben hat. Die unbewußten Schuldgefühle können bewirken, daß man sich die sexuelle Erfüllung, die den Eltern versagt blieb, ebenfalls verweigert.

## Sadomasochismus und eingebildete Verbrechen

Manche Erwachsene werden bei dem Gedanken, geschlagen, bestraft oder beim Sexualakt gefesselt zu werden, sexuell erregt. Bei manchen gehören bestimmte Strafen und Dominierungsrituale zum sexuellen Repertoire. Aktivitäten, die man gewöhnlich als äußerst unangenehm oder sogar abstoßend beurteilen würde, können in sexuellem Kontext extrem lustvoll sein. Die meisten Erwachsenen, die sich frei für diese Art Sexualspiel entscheiden, haben damit keine Probleme. Sie brauchen die Praktiken nicht, um Spaß am Sex zu haben, und sie üben sie nur in einer sicheren Umgebung mit vertrauten Partnern aus.

Doch manche Menschen stellen fest, daß sie ohne gefesselt, verletzt, beherrscht oder gedemütigt zu werden, kaum oder gar nicht sexuelle Lust empfinden können. Andere wiederum empfinden ihr Bedürfnis nach Bestrafung als so intensiv, daß sie gezwungen sind, entsprechende Prostituierte zu besuchen. Wir haben in unserer Studie einige wichtige Erkenntnisse zu diesem Bedürfnis nach Strafe gewonnen. Das hat sich bei der Behandlung von Klienten, deren Bedürfnis, beim Sexualakt beherrscht, verletzt oder gedemütigt zu werden, ernsthafte Probleme bereitete, als extrem hilfreich erwiesen.

## *Fallbeschreibung: Ronald*

Ronald, Autoverkäufer, ein Mann in den Vierzigern, kam mit dem Problem in die Therapie, daß ihn nach harter, erfolgsbelohnter Arbeit immer eine so unnatürliche Erschöpfung überkam, daß er fast arbeitsunfähig wurde. Dann sanken seine Verkaufszahlen, und erst dann begann er wieder, intensiv zu arbeiten.

Ronald war nie verheiratet gewesen, doch er hatte ein reges Sexualleben. Er fühlte sich sehr stark zu eindeutig dominierenden Frauen hingezogen, die ihn schlecht behandelten. Er konnte nur dann sexuell erregt werden, wenn seine Partnerinnen ihn fesselten.

In der Therapie erinnerte sich Ronald, daß seine Mutter depressiv, empfindlich und besitzergreifend gewesen war und ihn wegen seiner kindlichen Energie und Begeisterungsfähigkeit beneidete. Schon als sehr kleines Kind konnte er seine Mutter völlig hilflos machen, wenn er in der kleinen Wohnung herumrannte. Er fühlte, daß schon das zu viel für sie war, daß er sie verletzte, wenn er seine Lebensfreude ausdrückte und Ansprüche an sie stellte. Unbewußt fühlte er zugleich Verachtung für seine Mutter wegen dieser Schwäche, und Schuldgefühle, weil er sie verletzte und belastete.

Ronald erinnert sich an mehrere Vorfälle in seiner Kindheit, in denen er sexuell erregt wurde, weil ihn Frauen spielerisch-festhielten. In der Pubertät und später gehörte zu seinen Masturbationsphantasien gewöhnlich, von einer Frau gefesselt zu werden. Nur so hatte er keine Angst, er könne die Frau verletzen oder demütigen, und so konnte er sich stark fühlen und sexuelle Erregung zulassen.

Er begriff allmählich, daß er in den Erfolgsphasen im Beruf, wenn er sich zunehmend stärker fühlte, unbewußt glaubte, seine Macht und sein Erfolg gefährdeten und demütigten seine Mutter. An einem bestimmten Punkt bewirkten seine Schuldgefühle aufgrund dieser irrationalen, unbewußten Überzeugung, daß er von unendlicher Erschöpfung überwältigt wurde. Dieser Zustand dauerte an, bis seine Verkaufszahlen in den Keller gerutscht waren und er sich nicht mehr so gefährlich stark fühlte. Dann erst war er frei, wieder vernünftig zu arbeiten.

Als Ronald seine Angst erkannte, seine Mutter und andere Frauen zu verletzen, bekam er sein berufliches Problem in den Griff und konnte auch Frauen vertrauen, die zwar stark waren, ihn aber nicht abwiesen. Er sorgte sich immer noch, die Frauen zu verletzen, aber er brauchte keine Frauen mehr, die ihn emotional verletzten.[6]

## *Fallbeschreibung: Stella*

Stella war eine attraktive Frau Mitte Dreißig, die bei einer Zeitung als Fotografin arbeitete. Sie kam nach der Auflösung einer kurzen, unangenehmen Ehe mit einem sadistischen ehemaligen Sträfling in die Therapie.

Stellas Mutter war eine dominante Frau gewesen, die in Wut geriet und gewalttätig wurde, wenn etwas nicht nach ihrem Willen ging oder wenn sie sich über echte oder auch nur vermeintliche Fehler ihres Mannes ärgerte. Als Stella heranwuchs, verschlechterte sich die Ehe der Eltern noch mehr. Schließlich blieb der Vater so häufig wie möglich von zu Hause fort, um den hysterischen Anfällen seiner Frau aus dem Weg zu gehen. Stella war wütend auf ihre Mutter, zögerte jedoch, sie zu kritisieren, weil sie Angst hatte, damit wieder einen Wutanfall heraufzubeschwören. Ihr Vater tat ihr leid, und sie behielt immer eine sehr enge und liebevolle Beziehung zu ihm. Als Erwachsene haßte Stella ihre Mutter, weil diese den sanften, lieben Vater so sehr mißhandelt hatte.

Stella verdiente das Geld für ihr Studium der Kunstgeschichte als Reporterin. Bei der Arbeit lernte sie viele Leute kennen, und sie fühlte sich immer wieder von mißhandelnden, dominierenden, ungebildeten Männern angezogen. Sie stellte fest, daß sie extrem erregt wurde, wenn sie beim Verkehr gefesselt, gehalten, geschlagen oder gedemütigt wurde. Schließlich wurde sie mehrfach mit unpassenden Partnern zu einer Art Sexualsklavin.

In der Therapie begriff Stella den Grund. Indem sie dafür sorgte, schlecht behandelt zu werden, verhinderte sie, daß sie den Partner verletzte und demütigte, wie dies ihre Mutter getan hatte. Unbewußt glaubte sie, sehr stark zu sein und nahm an, Männer wären sehr empfindlich. Daher fürchtete sie, sie leicht zu verletzen und zu demütigen – wie die Mutter den Vater beherrscht und gedemütigt hatte. Indem sie sich selbst in die Opferrolle brachte, vermied Stella es, Täter zu sein und identifizierte sich mit dem passiven, unterwürfigen Vater.

## Von Strafe zur Lust

Wir haben gesehen, daß wenn jemand beim Geschlechtsverkehr den starken Trieb verspürt, gedemütigt, verletzt oder gefesselt zu werden, das dahinterstehende Motiv oft ist, den Partner nicht verletzen zu wollen. Menschen mit dieser Einstellung zur Sexualität leiden oft unter unbewußten Schuldgefühlen. Sie empfinden den Schmerz, die Demütigung und die körperliche Zwangslage als verdiente Strafe.

Sobald die Strafe beginnt – ob in Wirklichkeit oder in der Phantasie – nehmen die Schuldgefühle ab, und die Lust nimmt zu. So erscheint es den Betroffenen dann, als ob die Strafe die sexuelle Lust hervorrufe. Doch die Fesselung oder Strafe macht sie bloß frei, sexuelle Lust zu empfinden, die sie normalerweise ohne Probleme erleben würden, wenn sie nicht von den Schuldgefühlen wegen ihrer eingebildeten Verbrechen so belastet wären.

Fesselungsphantasien stellen abgesehen davon, daß sie helfen, die Angst, den Partner zu verletzen, zu bewältigen, eine Methode dar, mit der unbewußten Schuld fertig zu werden, die ja viele Menschen wegen Sexualität schlechthin haben. Sex wurde ihnen als beschämend, schlecht und schmutzig dargestellt, und obwohl intelligente Menschen diese Vorstellungen als Unsinn zurückweisen, können sie im Unterbewußtsein doch noch große Macht ausüben.

Mit Phantasien oder realem Erleben von gewaltsamen Sexualakten, beschwichtigt man die unbewußten Schuldgefühle und Ängste, die andernfalls die sexuellen Gefühlen beeinträchtigen würden. Diese Rituale und Phantasien erlauben den Gedanken: Ich bin eigentlich nicht verantwortlich. Mich trifft eigentlich keine Schuld. Jemand anders zwingt mich dazu. Ich habe jetzt keine andere Wahl.

## Der Einfluß der Eltern auf Lust und Sexualität

Jeder Mensch engt seine Intimität, seine Vergnügen und seine sexuelle Erfüllung auf irgend eine Weise ein. Manche haben es mit jeder Art von Nähe schwer, andere stutzen Nähe und Vergnügen so zurecht, daß sie sich nur eine gekürzte Fassung der guten Seiten des Lebens zubilligen. Oder sie verweigern sich bestimmte Arten von Nähe und Vergnügen, und schenken sich grenzenlose Lust an anderen.

Man stellt vielleicht fest, daß man sich nur diejenigen Arten von Intimität und Vergnügen zubilligt, die sich auch die Eltern erlaubten. Unser Eindruck vom Glück der Eltern stellt eine Art Grenze für das Ausmaß an Glück dar, das wir uns im eigenen Leben gönnen. Nur wenn man sich von den irrationalen, unbewußten Schuldgefühlen frei macht, und sich von den destruktiven Vorstellungen vom Leben befreit, kann man diese Grenze überschreiten.

Kapitel 10

# Familiengeheimnisse

## Erwachsene Kinder von Alkoholikern und aus anderen gestörten Familien

*»Und das macht mich verrückt in dieser Familie, Dad. Mir ist egal, daß du uns geschlagen hast. Wirklich. Es ist vorbei und keiner von uns kann das ändern. Aber ich kann es nicht ertragen, wenn ich eine einfache Bemerkung über die Vergangenheit dieser Familie mache, und du oder Mam sagen mir, es sei gar nicht passiert.«*

Pat Conroy
Die Herren der Insel

Nur wenige Menschen durchleben die Kindheit ohne irgend ein Trauma. Viele erleben als Kind angsterregende und schreckliche Dinge. Aber das Trauma an sich macht eine Familie nicht gestört. In sogenannten dysfunktionalen Familien gibt es schwere und oft wiederholte Traumata, verbunden mit einem Verbot, über die Gefühle und Überzeugungen zu sprechen, die von diesen Ereignissen ausgelöst wurden.

Eltern verhalten sich oft so, wenn sie durch Alkohol, Tablettenabhängigkeit, sexuelle Sucht, kriminelles Verhalten, schwere körperliche und geistige Krankheiten oder andere ernsthafte Behinderungen belastet sind. Doch ob es sich um diese oder andere Faktoren handelt, wenn ein Kind körperlich, emotional oder sexuell mißhandelt wird, ist unerheblich. Wenn ein Kind ernsthaft vernachlässigt wird oder nicht die Fürsorge und das Verständnis bekommt, das es zum Wachsen und gesunden Reifen braucht, muß man die Familie als dysfunktional bezeichnen.

Kinder haben eine bemerkenswerte Fähigkeit, Traumata zu verarbeiten und sich von frühen Schäden zu erholen – sofern ihnen erlaubt wird, mit hilfsbereiten Eltern oder Elternfiguren über diese traumatischen Erlebnisse zu reden. Doch in der dysfunktionalen Familie betrachtet man Unloyalität als ein schweres Verbrechen. Die Alkoholsucht des Vaters, körperliche Mißhandlungen, die seelische Krankheit der Mutter oder sexuelle Untreue werden behandelt, als gäbe es sie nicht. Man darf nicht darüber reden, denn wenn die Wahrheit ans Licht käme, würde der Ruf der Familie Schaden nehmen. Der Schein wird somit höher bewertet als die Bedürfnisse der Familienangehörigen.

Kinder in dysfunktionalen Familien merken in der Regel nicht, daß sie in einer ungesunden Familie leben, denn Kinder finden immer alles »normal«, was in der Familie passiert. Oft werden sie erst Jahre später, wenn sie als Erwachsene versuchen, mit ihren verwirrenden seelischen Schwierigkeiten fertig zu werden, mit dem Gedanken konfrontiert, daß es in ihrer Familie schwerwiegende Probleme gab.

## Erwachsene Kinder von Alkoholikern und ihre Institutionen

Man ist das erwachsene Kind eines Alkoholikers, wenn man mit einem Elternteil oder einer Hauptbezugsperson aufwuchs, zu dessen dysfunktionalem Verhaltensmuster der Mißbrauch von Alkohol gehörte. Die erwachsenen Kinder von Alkoholikern, die ACA (eine Untergruppe der Anonymen Alkoholiker) ist die größte und einflußreichste alle Selbsthilfegruppen in den USA.

Wenn einer oder beide Eltern starke Trinker oder gar alkoholsüchtig waren, hilft es, wenn man sich mit den Prinzipien dieser Gruppen befaßt.[2] Doch selbst wenn Alkohol nicht das Hauptproblem war, sondern etwas anderes, gewinnt man aus diesen Erfahrungen.

Das Konzept eingebildeter Verbrechen, unbewußter Schuldgefühle und destruktiver, unbewußter Vorstellungen kann für erwachsene Kinder dysfunktionaler Familien sehr nützlich sein. Es paßt gut zum Konzept der Selbsthilfegruppen für Alkoholikerkinder und kann als Ausgangspunkt betrachtet werden, von dem aus erwachsene Kinder von Alkoholikern ihre Probleme angehen können.[3]

Traumatische Erfahrungen der Kindheit lassen starke, irrationale Überzeugungen entstehen, die die schwersten psychologischen Probleme auslösen.[4] Leider behandeln einige Therapeuten die Kindheitserinnerungen ihrer Klienten als imaginär oder unwichtig. Das ist falsch, vielmehr sollten Kindheitstraumata als Wurzel für die meisten seelischen Probleme angesehen werden. Es ist jedoch schwer, sich von diesen Traumata zu erholen, wenn die Umgebung vorgibt, sie seien nie geschehen. Wenn Angehörige, Berater und die Gesellschaft insgesamt die Existenz oder Schwere dieser traumatischen Erfahrungen verleugnen oder herunterspielen, wird es sogar noch schwieriger, die Überzeugungen zu ändern, die aus ihnen erwuchsen. Erwachsene Kinder von Alkoholikern und aus in anderer Weise gestörten Familien fühlen sich oft unbewußt verantwortlich für die Probleme ihrer Eltern. Sie leiden häufig unter unbewußten Schuldgefühlen z. B. weil sie ein besseres Leben haben als die sehr unglücklichen Eltern, oder weil sie die Eltern allein gelassen haben.

Wenn diese Kinder sich entschließen, sich von den ungesunden Verhaltensmustern der Eltern zu lösen, werden sie oft von Schuldgefühlen heimgesucht, denn sie glauben, sich den Eltern gegenüber unloyal zu verhalten. Erwachsene Kinder aus dysfunktionalen Familien denken auch oft, die Eltern übermäßig belastet zu haben. Da beide Eltern häufig von den ungeheuren Problemen überwältigt sind, die in der Familie bestehen, spüren diese Kinder, daß sie eine zusätzliche unerträgliche Belastung für die Eltern darstellen. Häufig glauben diese Kinder dann, grundsätzlich schlecht zu sein. Körperliche, emotionale und sexuelle Mißhandlungen sind in solchen Familien sehr häufig, und die Opfer schließen daraus, sie seien Menschen, die keine Liebe verdienten.

## Was tun, wenn man betroffen ist?

Da sich die Kinder aus dysfunktionalen Familien fast immer unbewußt für die Probleme der Eltern verantwortlich fühlen, laden sie eine erstaunliche Vielfalt von Selbstbestrafungen auf sich: Sie quälen sich mit chronischen Depressionen, Angstanfällen und Schuldgefühlen. Sie sind so sehr verstrickt in die Familienschwierigkeiten, daß sie selbst zu Alkoholikern werden oder Beziehungen mit Partnern eingehen, die Suchtverhalten zeigen. Darüber hinaus bedienen sie sich einer Reihe anderer selbstschädigender Verhaltensweisen.

Es ist ein sehr schmerzlicher Schritt, sich als Kind einer dysfunktionalen Familie zu erkennen. Man muß akzeptieren, daß einer oder beide Eltern so krank waren, daß man als Kind schädigenden, traumatischen Erfahrungen ausgesetzt wurde und in Situationen geriet, in denen man sich nicht schützen konnte und nicht einmal in der Lage war, das Verhalten der Eltern infrage zu stellen. Genau wie die meisten Eltern es schwer finden, zu akzeptieren, daß sie ein großes Problem haben, finden die Kinder es schwer, vor sich selbst zuzugeben, in einer teilweise oder völlig gestörten Familie aufgewachsen zu sein.

Doch wenn man sich dieser Tatsache stellt, so wird man in der ersten Phase versuchen, sich von den schädigenden Einflüssen der Kindheit zu befreien. Dabei hilft es, endlich zu begreifen, warum man immer das Gefühl hatte, anders, verängstigt oder wertlos zu sein. Die Konfrontation mit diesen schwierigen Tatsachen kann den Beginn eines langen Prozesses darstellen, der es möglich machen soll, ein erfülltes Leben zu führen.

## Wie man erkennt, ob man betroffen ist

Jeden Erwachsenen, der aus einer Alkoholikerfamilie stammt, kennzeichnen bestimmte Gefühle und Verhaltensweisen, die wir im folgenden aufführen.[5] Fast alle diese Eigenschaften sind auch bei Menschen aus anderen Typen dysfunktionaler Familien verbreitet:

- Ich habe ein übertriebenes Verantwortungsgefühl.
- Ich habe Schwierigkeiten, eine gesunde, intime Beziehung anzufangen und aufrechtzuerhalten.
- Ich habe ein ausgeprägtes Bedürfnis, andere zu kontrollieren.
- Ich habe ein ausgeprägtes Bedürfnis, mich selbst zu kontrollieren.

- Ich fühle mich manchmal isoliert, einsam und zutiefst traurig.
- Ich habe einen starken Wunsch nach Nähe, fürchte diese aber auch.
- Ich habe nur geringe Selbstachtung.
- Wenn ich mein wirkliches Gesicht zeigte, könnte mich keiner leiden.
- Ich gebe mir große Mühe, andere Menschen nicht zu enttäuschen.
- Ich verleugne oder unterdrücke starke Gefühle.
- Ich habe besonders vor Wut bei mir selbst und bei anderen Angst.
- Ich habe Schwierigkeiten, um das zu bitten, was ich möchte, und meine Bedürfnisse durchzusetzen.
- Mir ist der Anblick von Alkohol unangenehm.
- Ich hatte Suchtprobleme.
- Ich neige dazu, alles in Schwarz-Weiß zu sehen.
- Auf persönliche Kritik reagiere ich häufig zu stark.

Diese Liste enthält ein breites Spektrum allgemeiner menschlicher Probleme, so daß fast jeder Leser sich mit dem einen oder anderen identifizieren kann. Kinder von Alkoholikern jedoch, und Kinder aus anderen dysfunktionalen Familien, stellen oft fest, daß *viele* dieser Fragen sie stark betreffen.

Wenn eine ganze Reihe dieser Aussagen auf Sie zutreffen, kann es sein, daß es in Ihrer Familie große Probleme gab.

Es ist auch durchaus möglich, daß Ihre Familie ein gestörtes Verhältnis zu Alkohol hatte, obwohl kein Elternteil offensichtlich süchtig war. Vielleicht waren einer oder beide heimliche oder geheilte Trinker. In manchen Familien werden dysfunktionale, alkoholismusähnliche Verhaltensweisen von süchtigen Großeltern vererbt, obwohl keiner der Eltern Alkoholiker ist. Zusätzlich zu den direkten Folgen von Alkohol ist die besondere Kommunikationsform der dysfunktionalen Familie mit ihrer Starrheit und Verleugnung für alle Angehörigen, besonders aber für die Kinder, stark destruktiv.

## Verschiedene Typen alkoholsüchtiger Familien

Es gibt viele verschiedene Typen alkoholsüchtiger Familien und eine große Bandbreite von Verhaltensweisen in anderen Typen dysfunktionaler Familien. Die davon ausgehenden Schäden sind ebenso vielfältig wie das Erscheinungsbild der Familien:

- Alkoholismus kann wiederholten Arbeitsplatzverlust und daraus resultierend Einkommensverlust bedeuten.
- Alkoholsüchtige Eltern funktionieren gut oder zumindest ausreichend im Beruf und beschränken das ungesunde Verhalten auf den Familienkreis. Viele süchtige Eltern sind in der Lage, erfolgreich einen Beruf auszuüben.
- Der Alkoholismus war von Anfang an vorhanden oder entwickelte sich langsam im Laufe der Jahre.
- Der Alkoholiker trinkt immer noch stark.
- Der Alkoholiker hat seit vielen Jahren keinen Tropfen angerührt.

Aufgrund dieser großen Unterschiede fallen die Folgen für die Kindheit in einer süchtigen Familie unterschiedlich aus. Kind alkoholsüchtiger Eltern zu sein bedeutet nicht notwendigerweise, daß man alle Schwierigkeiten aufweist, die für Kinder von Alkoholikern typisch sind. Machen Sie aber nicht den Fehler, zu glauben, daß der Alkoholismus in Ihrer Familie so leicht war, daß Sie nicht davon beeinträchtigt wurden. Diese Überzeugung zeugt bloß von der Verleugnung der wahren Zustände, die ihnen in der alkoholsüchtigen Familie eingeimpft wurden.

Es ist unweigerlich traumatisch, einen alkoholsüchtigen Elternteil zu haben. Wenn einer oder beide Eltern ein schweres Trinkproblem hatten, stellt es einen notwendigen Schritt zur Lösung Ihrer gegenwärtigen psychologischen Probleme dar, zu verstehen, wie dieses Trauma Sie betraf.

## *Fallbeschreibung: Familie Clark*

Pat Clark, Abteilungsleiter bei einer großen Maklerfirma, war ein freundlicher Mann, der immer zu einem Scherz aufgelegt war. Er war bei der Arbeit beliebt und erfolgreich und kam mit den meisten Nachbarn gut aus.

Aber Pat war auch ein schwer gestörter Alkoholiker. In den vergangenen Jahren war sein Trinken so zwanghaft geworden, daß es seine Gesundheit allmählich beeinträchtigte. Sein Arzt warnte ihn schließlich, seine Leber zeige bereits Anzeichen einer Zirrhose. Mit dem zunehmenden Trinken wurde auch das Familienleben immer schwieriger. In den vergangenen paar Jahren hatte Pats Frau Joan mitangesehen, wie aus einem Mann, der ab und zu gern etwas trank, ein Mann wurde, der ständig Alkohol brauchte.

Pat hatte das Glück, daß sein Chef, der ihn nie wegen seiner Trinkerei kritisiert hatte, in Pension ging. Der neue Chef, Steve, war ein ehemaliger Alkoholiker. Er sagte zu Pat, wenn er nicht mit dem Trinken aufhörte, würde er ihm kündigen. Er forderte ihn auf, mit ihm zu den Anonymen Alkoholikern zu gehen und sich zu verpflichten, keinen Tropfen mehr anzurühren. Pats Leben war so chaotisch geworden, daß er es nicht mehr abstreiten konnte, süchtig zu sein. Er stimmte zu, es mit den Anonymen Alkoholikern zu versuchen.

Pat war äußerst nervös, als er Steve zum ersten Mal zu einem Treffen begleitete. Doch bald fühlte er sich dort überraschend wohl, denn da saßen einfach nur Männer und Frauen mit sehr ähnlichen Problemen wie er. Pat hatte sich immer vorgestellt, dort gäbe es nur hoffnungslose Fälle, und nun sah er sich in der Runde um und merkte, daß die Hoffnungslosen diejenigen waren, die nicht den Mut aufbrachten, ihr Problem zuzugeben und Hilfe zu suchen.

Joan Clark war eine treue Ehefrau und Mutter, die zu der Fürsorge für die vier Kinder ihr Haus in Ordnung hielt, bei der Elternpflegschaft mitarbeitete und sich bei den Pfadfindern engagierte. Sie war eine kompetente, perfektionistische Frau, die ihre Stelle als Oberschwester im Krankenhaus aufgab, als ihre älteste Tochter Mary geboren wurde. Joan war immer fröhlich und optimistisch gewesen, doch als Pats Verhalten sich zu verschlechtern begann, zeigten sich auch bei ihr Zeichen von Belastung.

Es war Joan, die immer Pats Chef anrufen und mitteilen mußte, er sei krank, wenn er in Wirklichkeit mit einem Riesenkater im Bett lag. Sie half ihm, die Konfrontationen zu vermeiden, die ihn schon früher in ein Entzugsprogramm gebracht hätten. Sie hielt die Kinder an, still zu sein, denn sie wußte, wenn Pat in solchem Zustand geweckt würde, wäre die Hölle los. Joan hatte viele ihrer eigenen Bedürfnisse aufgegeben, um Pat vor den Folgen seines Verhaltens zu schützen. Sie hatte eine gute Ausbildung für diese Rolle erhalten, denn sie war selbst das Kind eines Alkoholikers. Ihr Vater trank sich zu Tode, als sie neunzehn war.[6]

Joan wies viele Eigenschaften einer co-abhängigen Partnerin auf. Sie trank zwar selbst nicht, war aber genau so mit dem Alkohol beschäftigt wie ihr Mann. Bei gesellschaftlichen Anlässen beobachtete sie ihn besorgt. Sie machte ihm verzweifelte Andeutungen, nicht zu viel zu trinken. Sie saß vor Angst gelähmt neben ihm, wenn sie nach Hause fuhren, damit er wenigstens nicht wütend wurde und noch unsicherer fuhr. Sie versuchte, Diskussionen um Pats Trinken zu vermeiden, doch es wurde mit der Zeit immer schwerer, einen Streit zu umgehen.

Als Pat schließlich mit dem Trinken aufhörte, fand Joan den Wechsel genau so schwer wie er. Sie hatte als Kind erlebt, wie ihre Mutter alle Aktivitäten in ihrer vom Alkohol regierten Familie regelte und kontrollierte. Sie hatte sich in der gleichen Rolle sehr wohl gefühlt und wurde deprimiert, als Pat darauf bestand, wieder an Entscheidungen bei der Kindererziehung und im Haushalt mitzuwirken. Unbewußt fürchtete sie, alles würde zusammenbrechen, wenn sie die Zügel lockerer ließ. Joan empfand Schuldgefühle, wenn sie es wagte, sich zu entspannen und die Kontrolle mit dem nun nüchternen und verantwortungsbewußten Mann zu teilen. Joan begab sich in dieser Phase ebenfalls in Therapie und schloß sich einer Selbsthilfegruppe für Menschen mit alkoholsüchtigen Eltern an.

## Der co-abhängige Partner

Co-abhängiges Verhalten wurde zuerst von Forschern und Klinikärzten beschrieben, denen auffiel, daß die Partner und andere enge Angehörige von Alkoholikern ein typisches, wiederkennbares Verhalten gegenüber dem süchtigen Angehörigen entwickelten.[7] Paradoxerweise dienen die Versuche des Co-Abhängigen, den Alkoholiker zu retten, in Wirklichkeit dazu, den Tag hinauszuschieben, an dem er sich für sein Trinken verantworten muß. Darüber hinaus hat co-abhängiges Verhalten stark destruktive Wirkung auf den Co-Abhängigen selbst.

Das Verhalten des Co-Abhängigen blieb oft gleich, ob der Partner weiterhin trank oder nicht. In den letzten Jahren hat man daher bei Suchtbehandlungsprogrammen die Partner und andere enge Angehörige einbezogen.

Die Anonymen Alkoholiker haben dieses Problem schon vor vielen Jahren erkannt. Daraufhin gründete man die Organisation Al-Anon, die Familienangehörigen von Alkoholikern Hilfe und Unterstützung bietet. Die meisten Drogen- und Alkoholentzugsprogramme enthalten nun eine Familientherapie und Gruppen für Co-Abhängige.

## Charakteristische Merkmale einer dysfunktionalen Familie

Familie Clark veranschaulicht mehrere typische Merkmale vieler dysfunktionaler Familien:

### VERLEUGNUNG

Das schädigendste Element einer dysfunktionalen Familie ist vermutlich die massive Verleugnung. Pat und Joans Handlungen deuteten oft an, es gäbe überhaupt kein Problem. Das war für ihre Kinder sehr verwirrend, denn sie spürten, daß irgend etwas nicht stimmte. Doch man sagte ihnen wiederholt, alles sei in bester Ordnung. In einer solchen Situation bekommt das Kind oft das Gefühl, es habe selbst ein Problem. Irgend etwas stimmt offensichtlich nicht, weil sich das Kind traurig, verängstigt, besorgt oder wütend fühlt. Da die Eltern darauf bestehen, alles sei in Ordnung, muß es das Kind sein, das ein Problem hat.

## ÜBERTRIEBENE VERANTWORTUNG

Wenn die Eltern einer dysfunktionalen Familie regelmäßig abstreiten, daß es ein Problem gäbe, wird das Kind annehmen, es sei selbst an allem schuld. In einigen Fällen erteilen Eltern diese Botschaft ganz direkt: »Ehe du da warst, waren Mutter und Vater sehr glücklich.« »Wenn es dich nicht gäbe, würde Vater nicht so viel trinken.« Die Kinder aus dysfunktionalen Familien gelangen gewöhnlich zu der unbewußten Überzeugung, sie seien schlechte, selbstsüchtige, wertlose Menschen und verantwortlich für die Leiden und Enttäuschungen aller Angehörigen.

## ÜBERSENSIBILITÄT AUF KRITIK

Wenn Sie aus einer dysfunktionalen Familie stammen, finden Sie es vielleicht sehr schwer, mit direkter oder verdeckter Kritik umzugehen. Da Sie sich bereits so schuldig und für alles verantwortlich fühlen, reagieren Sie auf Kritik vielleicht extrem defensiv, denn einen Fehler zuzugeben, würde es mit sich bringen, daß Sie sich unerträglich schuldig fühlen. Diese Abwehrhaltung ist besonders stark, wenn Sie sich mit einem Elternteil identifizierten, der selbst nicht einmal den mildesten Vorwurf ertragen konnte. Um Kritik zu vermeiden, kann sich das Kind Mühe geben zumindest in bestimmten Bereichen perfekt zu sein, damit niemand jemals Anlaß haben wird, es zu kritisieren. Als Folge derart perfektionistischer Neigungen werden Kinder aus gestörten Familien oft ausgezeichnete Arbeitnehmer.

## STIMMUNGSWECHSEL

Viele abhängigen und seelisch kranken Eltern unterliegen extremen Gefühls- und Stimmungsschwankungen. Nehmen wir Pats Verhalten an einem Samstagmorgen. Er wachte gewöhnlich spät auf, war depressiv und hatte einen dicken Kopf. Nach ein paar Gläsern Alkohol wurde er freundlich und liebevoll, ging vielleicht mit den Söhnen Fußball spielen oder arbeitete im Garten. Später, wenn er bereits zuviel getrunken hatte, wurde er wütend und autoritär. Seine Kinder wußten nie, was sie zu erwarten hatten. Der Zwang, mit diesen unvermittelten Wechseln fertig zu werden, macht Kinder aus dysfunktionalen Familien extrem wachsam und sensibel für die Stimmungen anderer Menschen – so sehr, daß sie häufig sehr gut das Verhalten anderer Menschen deuten können.

Sie lernen auch, die eigenen Bedürfnisse so weit zu mißachten, daß sie den Kontakt zu dem verlieren, was sie wirklich wollen.

### UNZUVERLÄSSIGKEIT

Die Kinder vieler gestörter Familien wachsen in der Überzeugung auf, daß man sich nicht auf andere Menschen verlassen kann. Manchmal war Pat ein Musterbeispiel für einen Vater. Er ging zu allen Fußballspielen seines Sohnes, als dessen Mannschaft dabei war, die Meisterschaft zu gewinnen – nur nicht zum Endspiel, bei dem er völlig betrunken zu Hause im Bett lag. Der Sohn erzählte seinen Freunden, sein Vater habe eine schwere Grippe, aber er war sehr enttäuscht. Es kann für solche Kinder sehr schwer sein, einem Partner zu vertrauen und in Beziehungen beständig zu sein. Als Folge davon vermeiden sie vielleicht jede Partnerschaft oder versuchen, wie Joan Clark, die Beziehung in jeder Situation zu beherrschen. Dies macht es schwer, eine gegenseitig unterstützende, respektvolle Beziehung zu entwickeln.

### UNFÄHIGKEIT ZUM MITLEID

In vielen Fällen ist die Fähigkeit der Eltern, mit den Kindern zu fühlen und sie zu begreifen, stark eingeschränkt. Das Kind wächst dann mit dem Gefühl auf, die Eltern seien häufig distanziert oder einfach abwesend. Es hält sich leicht für nicht liebenswert und nicht der Zuwendung eines anderen Menschen wert. Es schließt vielleicht, daß andere Menschen wenig mitfühlend sind und sich nicht um Mitmenschen bemühen. Beide Überzeugungen können es sehr schwer machen, eine gute Beziehung zu führen.

### SCHULDGEFÜHLE GEGENÜBER DEM NICHT GESTÖRTEN PARTNER

Der Partner eines dysfunktionalen Elternteils ist oft so stark belastet, daß ein Kind häufig das Gefühl entwickelt, seine eigenen Ansprüche seien eine Überforderung. Daher leiden die erwachsenen Kinder aus vielen dysfunktionalen Familien unter Schuldgefühlen, weil sie meinen Vater oder Mutter zu sehr zu belasten. Diese Kinder haben besonders starke Schuldgefühle, wenn sie von zu Hause ausziehen. Den Vater allein bei Mutter zu lassen, die ernsthaft seelisch krank ist, oder die Mutter allein mit dem Vater zu lassen, der Alkoholiker ist, scheint sehr grausam.

ZUNEHMENDE WAHRSCHEINLICHKEIT VON MISSHANDLUNGEN

Dysfunktionale Eltern neigen viel eher dazu, ihre Kinder zu mißhandeln. Eine Studie weist darauf hin, daß Töchter von Alkoholikern zweimal so häufig zu Inzestopfern werden wie Kinder aus nichtsüchtigen Familien.[8] Mütter in alkoholsüchtigen Familien sind doppelt so häufig, Väter zehnmal so häufig gewalttätig wie Eltern in nichtalkoholischen Familien.[9]

## Rollen in der dysfunktionalen Familie

Aufgrund der Unsicherheit und des Chaos' in den meisten schwer gestörten Familien nehmen die Kinder in ihnen starre Rollen an. Bei Familie Clark spielte Joan, die Mutter, die Rolle der duldsamen Heiligen. Mary, die Älteste, war der Familienheld, das perfekte Kind, das so erfolgreich wurde, damit die ganze Familie stolz auf sie war. Ihre Schwester Evelyn war die Zerstreute, abseits Stehende. Marys älterer Bruder John spielte den Familienclown, der jüngere Bruder Evan war das schwarze Schaf.

In gesunden Familien sind solche Rollenzuweisungen flexibel und werden gewöhnlich nicht sehr ernst genommen. Sie können dem Kind sogar helfen, ein Gefühl für seine Einzigartigkeit und seine besondere Identität zu entwickeln. Doch in vielen dysfunktionalen Familien sind diese Rollen starr und einengend und verhindern sogar, daß das Kind sein volles Potential auslebt.

Viele Kinder von Alkoholikern werden wie die der Familie Clark leicht für Bilderbuchkinder gehalten. Entgegen der allgemeinen Erwartung handelt es sich nicht um Kinder, die in der Schule oder anderswo in der Gesellschaft auffallen.[10] Ihnen war klar, daß die Familie großen Wert auf den äußeren Schein legte. Sie begriffen, daß schlechtes Benehmen hieß, illoyal zu sein. Viele Kinder aus dysfunktionalen Familien sind wie Mary und John sehr gut in der Schule. Doch innerlich fühlen sie sich verängstigt, verwirrt, belastet und einsam. Sie tragen daher ein besonderes Risiko, als Erwachsene schwere seelische Probleme zu entwickeln.

## DER FAMILIENHELD

Mary Clark ist ein gutes Beispiel für einen Familienhelden. Sie reagierte auf das Chaos, das der Alkoholismus des Vaters verursachte, indem sie sich schon früh zu einer verantwortungsbewußten kleinen Erwachsenen entwickelte. Gewöhnlich nimmt ein älteres Kind diese Heldenrolle an. Mary tat alles, was sie konnte, um die Mutter zu entlasten – aus Sorge um die Mutter und mit der Erkenntnis, daß Joan während Pats Trinkphasen die einzige zuverlässige Erwachsene der Familie war.

Wie Mary identifiziert sich der Familienheld häufig mit dem leidenden, nicht süchtigen Partner, um unbewußte Schuldgefühle zu befriedigen. Indem Mary verzweifelt versuchte, ein perfektes Kind zu sein, ahmte sie eine Reihe der Verhaltensmuster ihrer Mutter nach, so z. B. deren ständige Sorge und ihre Tendenz, die eigenen Bedürfnisse zu vernachlässigen. Das Heldenkind entwickelt oft Fähigkeiten, die über sein Alter hinausgehen. Eine Neunjährige kann das Essen für die ganze Familie kochen oder die jüngeren Geschwister anleiten, das Haus zu putzen. Solche Familienhelden sind für die Eltern oft Grund zum Stolz. Ihre vielseitigen Fähigkeiten und ihre Zuverlässigkeit können ihnen im späteren Leben sehr nützlich sein.

Doch der kleine Held erlebt vielleicht nie eine richtige Kindheit. Er kann sich um andere kümmern, aber sich nicht gönnen, einmal von anderen bemuttert zu werden. Er wurde gezwungen, schnell groß zu werden, und daher wird er Schwierigkeiten haben, das Leben zu genießen.[11]

## DAS SCHWARZE SCHAF

Diese Kinder dienen als Sündenböcke für die ganze Familie. Indem sie Schwierigkeiten bekommen, lenken sie die Aufmerksamkeit von den zentralen Problemen der Familie ab: Von Vaters Trinken, von der seelischen Krankheit der Mutter, von der quälenden Ehe der Eltern. Dazu imitieren sie vielleicht das hilflose oder süchtige Verhalten der Eltern. Das Kind vermeidet unbewußt, die unzulänglichen Eltern zu übertreffen.

Dieses Kind verhält sich wütend oder unsozial. Es kommt in der Schule nicht zurecht und wird früh kriminell. Kinder aus dysfunktionalen Familien – besonders aber Kinder von Alkoholikern – stehen unter einem erhöhten Risiko, selbst süchtig zu werden. Doch das »Schwarze Schaf« der Familie ist am meisten gefährdet.

## DAS VERLORENE KIND

Das verlorene Kind ist unsichtbar. Es bewältigt das Leid und das Chaos in der Familie, indem es sich in sich selbst zurückzieht. Es ist still und recht gut in der Schule – aber nicht so gut, um Aufmerksamkeit auf sich zu lenken. Das Motto des Verlorenen lautet: »Du mußt mit den Wölfen heulen.« Es wird alle ausgeprägten Meinungen und enge Verbindungen mit anderen vermeiden.

Das verlorene Kind versucht, sich vor dem Gefühl, die Eltern zu sehr zu belasten, zu schützen. Während der Familienheld auf die Belastungen in der Familie reagiert, indem er zu helfen versucht, versucht das verlorene Kind die Spannungen zu mildern, indem es keine Ansprüche stellt und allen aus dem Weg geht.

## DER FAMILIENCLOWN

Wie das Schwarze Schaf versucht der Clown, die Spannung in der Familie abzubauen, indem es die Aufmerksamkeit von dem dysfunktionalen elterlichen Verhalten ablenkt und auf sich zieht. Das gelingt ihm durch Scherze, Lachen, ungewöhnliches Verhalten und indem er sich zum Narren macht. Er versucht, die Eltern möglichst wenig zu belasten, und nicht illoyal zu wirken, indem er alle aufheitert und die Aufmerksamkeit von den gestörten Eltern ablenkt.

Als Erwachsener hat der Familienclown Schwierigkeiten, sich selbst ernst zu nehmen, erfolgreich zu sein oder sich zu konzentrieren. In vielen Fällen leidet der Clown an intensiver innerer Angst und benutzt vielleicht Beruhigungsmittel oder Alkohol, um sich entspannen zu können.

## DER FRIEDENSSTIFTER

Der Friedensstifter reagiert extrem sensibel auf die Gefühle anderer. Er macht es sich zur Aufgabe, alles friedlich zu gestalten und Konflikte auszugleichen. Er leidet unter der destruktiven, unbewußten Überzeugung, es sei seine Verantwortung, Reibungspunkte zu vermeiden und Probleme zwischen Angehörigen zu lösen. Und dies beherrscht er so gut, daß diese unbewußte Überzeugung oft bestätigt wird.

Wie der Familienheld bekommt auch der Friedensstifter starke positive Bestätigung von Eltern, Lehrern und anderen Autoritätsfiguren, weil er sich so fürsorglich und selbstlos verhält. Als Erwachsener kann er niemals ruhen, bis nicht alle versorgt sind, und er leidet an einem starken Bedürfnis nach Anerkennung. Auch er wird große Schwierigkeiten haben, die eigenen Bedürfnisse zu erfüllen. Er schiebt deren Erfüllung immer auf, um sich erst um andere zu kümmern.

Kinder in dysfunktionalen Familien können zwei oder mehrere dieser Rollen annehmen. Sie können auch die Rollen wechseln. Ein solcher Rollenwechsel geschieht entweder allmählich oder unvermittelt, wenn sich die Konstellation der Familie ändert. Wenn der Familienheld zur Universität geht, kann das Schwarze Schaf plötzlich dessen Rolle übernehmen und zum guten Schüler werden. Wenn ein Schwarzes Schaf die Familie verläßt, beginnt vielleicht der Friedensstifter, Drogen zu nehmen und Schwierigkeiten zu machen.[12]

## Es ist nicht normal, mit dysfunktionalen Eltern aufzuwachsen

Kinder aus dysfunktionalen Familien beharren in der Therapie oft auf der Ansicht, daß ihre Familie gar nicht so schlecht war und daß es in jeder Familie negative Muster gebe. Wenn sie zugäben, wie schlecht es wirklich war, gingen sie das Risiko ein, sich illoyal zu verhalten. Außerdem müssen sie sich einer Reihe schmerzlicher Erinnerungen stellen.

Es ist folglich sehr wichtig, zu erkennen, daß es nicht normal ist, in einer dysfunktionalen Familie aufzuwachsen. Claudia Black schreibt: »Wenn dies nicht begriffen wird, wachsen Kinder von Alkoholikern mit der Überzeugung auf, daß das unberechenbare, chaotische, destruktive Familiensystem der Normalzustand sei.«[13]

## Familiengeheimnisse

In vielen dysfunktionalen Familien gilt das Kernproblem – Alkoholismus, Drogensucht, Inzest, Geisteskrankheit, Ehebruch, drohende Scheidung – als schreckliches Geheimnis, als Quelle von Scham. Die Angehörigen sollen so tun, als gäbe es das Problem nicht. Die Tatsache, daß der Vater jeden Abend betrunken und die Mutter seelisch krank ist, der Vater eine Affäre hat, die Eltern einander verachten, der Bruder sich umbrachte oder der Vater mit der Schwester Verkehr hat, ist bekannt oder wird vermutet, aber nur selten offen zur Sprache gebracht. Kinder mit solchen Familiengeheimnissen wachsen mit dem Gefühl auf, irgendwie anders zu sein. Viele Kinder mit dysfunktionalen Eltern erleben dies mit intensiver Scham und Verwirrung.

Die Verleugnung in einigen dieser Familien ist so stark, daß viele Menschen erst mit Hilfe objektiver Berater erkennen, daß sie selbst erwachsene Kinder aus dysfunktionalen Familien sind, etwa, wenn sie über solche Familien lesen, eine Therapie beginnen oder sich einer Selbsthilfegruppe anschließen. Die offene Diskussion dieser Geheimnisse in einer akzeptierenden Gruppe von anderen Kindern aus dysfunktionalen Familien gibt vielen zum ersten Mal das Gefühl, verstanden zu werden.

Wenn man seine Gefühle mit anderen Menschen teilt, die ähnliche Erfahrungen hatten, kann man die bedrückende Einsamkeit ablegen, die fast unweigerlich diejenigen belastet, die mit solchen Geheimnissen aufwachsen. Allein das Wissen, daß viele Dinge, die man gefühlt und geglaubt hat, natürliche Folge der Familiensituation waren und daß Millionen anderer Menschen ähnliche Gefühle haben, kann ungeheuer befreiend wirken. Bei diesem Mitteilungsprozeß beginnt sich die tiefverwurzelte Überzeugung zu lockern, man trage alle Schuld an den Problemen der Familie.

Die Teilnahme an einer solchen Gruppe ist ein sehr eindrucksvolles Erlebnis, doch schon das Lesen von Büchern über entsprechende Themen kann sehr nützlich sein.

## Erwachsene Inzestopfer

Das vielleicht schlimmste Familiengeheimnis ist der sexuelle Mißbrauch von Kindern. Wenn bekannt wird, daß jemand in der Familie Alkoholiker ist, so ist das vielleicht peinlich und bedeutet schlimmstenfalls den Arbeitsplatzverlust. Wenn sexueller Mißbrauch bekannt wird, besteht die Gefahr einer Gefängnisstrafe für den Täter, Quälereien und Demütigungen für das Opfer und vielleicht die endgültige Auflösung der Familie. Aus diesen Gründen wird das mißbrauchte Kind unter Druck gesetzt, nicht preiszugeben, was wirklich geschah. Man kann ihm sogar sagen, es habe sich die schrecklichen Szenen bloß eingebildet.

Viele Kinder die sexuell mißbraucht wurden, verdrängen diese Erlebnisse so stark, daß sie sich ihrer nicht mehr bewußt sind. Vielleicht nützt es, die folgenden Fragen zu beantworten: Wurden Sie als kleines Kind oder als Jugendlicher[14]:

- an den Geschlechtsorganen berührt: gestreichelt, geküßt, gebadet oder auf eine Weise gehalten, die Ihnen unangenehm war?
- gezwungen, für erotische Fotos zu posieren, oder gezwungen, solchen Gesprächen zuzuhören?
- gezwungen, sich Geschlechtsteile oder pornographisches Material anzusehen?
- zu Sexualakten gezwungen?
- gezwungen, eindeutige Beschreibungen schrecklicher sexueller Erlebnisse (Gruppenvergewaltigungen etc.) unter dem Vorwand zu lesen, das würde Ihnen helfen, so etwas zu vermeiden?
- vergewaltigt, penetriert, zur Masturbation oder oralem Sex gezwungen?
- von einem Elternteil, anderer Bezugsperson oder einem älteren oder stärkeren Geschwister gezwungen oder verführt, an einer sexuellen Aktivität teilzunehmen?

Auch wenn Sie keine eindeutigen Erinnerungen haben, sondern nur ein verschwommenes Gefühl, daß an Ihnen als Kind eine sexuelle Mißhandlung vorgenommen wurde, besteht eine große Wahrscheinlichkeit, daß dies zutraf. Es ist nicht ungewöhnlich, daß Überlebende von sexuellem Mißbrauch sich erst nach Monaten oder Jahren der Therapie unvermittelt an zuvor vergessene Vorfälle der Belästigung oder sexuellen Mißbrauchs erinnern.

Für viele Opfer ist die sexuelle Mißhandlung durch die Eltern zum eigenen schweren Verbrechen geworden. Sie haben das Gefühl, es selbst bewirkt zu haben, oder es hätten verhindern zu können oder es verdient zu haben. Dies trifft auch dann zu, wenn die Erlebnisse erschreckend und abstoßend waren, besonders aber, wenn das Opfer dabei sexuelle Lust empfand. Ein Kind kann leicht annehmen, für einen sexuellen Vorfall verantwortlich zu sein, wenn es einige Aspekte der Belästigung angenehm fand. Wenn man Kindern nicht die Möglichkeit gibt, offen darüber zu reden, übernehmen sie häufig dafür die Verantwortung. Schlimmer noch, in vielen mißhandelnden Familien wird ihnen ausdrücklich gesagt, sie hätten den Vorfall angeregt oder verdient.

Sexuelle Mißhandlung löst eine ganze Bandbreite von Problemen aus: Niedrige Selbstachtung, Angst, Depressionen, sexuelle Schwierigkeiten und Probleme, anderen Menschen zu vertrauen. Selbst scheinbar geringfügige oder vereinzelte Vorfälle sexueller Mißhandlung können für ein junges Opfer sehr traumatisch sein. Ellen Bass und Laura Davis schreiben in ihrem Leitfaden für sexuell mißbrauchte Frauen: »Ein Vater kann dreißig Sekunden seine Hand in den Schlüpfer der Tochter gleiten lassen. Die Welt ist anschließend nicht mehr dieselbe.«[15]

## Andere dysfunktionale Familienmuster

Körperliche Mißhandlung wird erst allmählich als schwerwiegend und weit verbreitet erkannt. Es besteht sogar die tiefverwurzelte Überzeugung in vielen Familien, Schläge seien für Kinder (und Frauen) nützlich und hilfreich. Viele Eltern glauben, daß sie ihre Pflicht vernachlässigen, wenn sie ihre Kinder nicht schlagen.

Kinder von Eltern mit schweren seelischen Krankheiten, wie chronischer Depression, manisch-depressiver Störung oder einer Psychose wachsen in einer erschreckenden, unberechenbaren Umgebung auf. Sie wissen, daß die Eltern sich nicht unter Kontrolle haben und sie in ständiger Gefahr schweben. Sie nehmen vermutlich auch an, daß etwas, was sie taten oder unterließen, die Eltern so verrückt werden ließ. Wenn ein seelisch Kranker eingeliefert werden muß, kann das Kind glauben, für diese traumatische Trennung verantwortlich zu sein.

## Die Bedeutung von Freunden, Angehörigen und Selbsthilfegruppen

Die Kontrollbeherrschungs-Theorie und die Leitsätze der führenden Selbsthilfegruppen stimmen darin überein, daß selbst unter den günstigsten Umständen die Veränderung einer irrationalen, unbewußten Überzeugung ein sehr langwieriger Prozeß ist. Doch auch wenn eine Veränderung dieser Muster nicht rasch oder leicht vollzogen werden kann, so ist sie durchaus möglich.

Verlieren Sie nicht den Mut, wenn Sie diese Probleme nicht in einem Monat oder einem Jahr bewältigen können. Und zögern Sie nicht, Hilfe zu suchen. Es gehört oft zur Zwangsvorstellung der gestörten Familie, zu glauben, man müsse alles allein tun und dürfe sich nicht von anderen abhängig machen.

Wenn Sie das Gefühl haben, manche Passagen dieses Buches sprächen Sie direkt an, bitten Sie Freunde oder Angehörige, diese Stellen durchzulesen und mit Ihnen zu diskutieren. Bei passender Gelegenheit teilen Sie anderen die Einsichten und Erfahrungen mit, die Sie als Folge diese Lektüre erlebt und aus Diskussionen gewonnen haben. Sie stellen dann vermutlich fest, daß viele Menschen in Ihrer Umgebung sich mit ähnlichen Themen befassen.

Die meisten Experten empfehlen, das eigene psychologische Material auf unterschiedliche Weisen durchzuarbeiten: durch Lesen und Nachdenken, Diskussionen mit Familie und Freunden, Teilnahme an einer mehr oder minder formellen Selbsthilfe- oder Therapiegruppe und vielleicht mit Individualtherapie. Eine Gruppe, ob in Selbsthilfe oder von einem Therapeuten geleitet, kann sehr hilfreich allein durch das Aufzeigen der Tatsache sein, daß man nicht allein ist. Individualtherapie ermöglicht, sich mehr auf die eigenen Probleme zu konzentrieren.

Der jeweils beste Zugang zu einem Problem ist von Mensch zu Mensch verschieden. Manche kommen erstaunlich gut ganz allein voran, andere arbeiten intensiv mit einem Partner, Freund, oder Angehörigen. Viele erzielen die wichtigen Durchbrüche in einer Gruppen- oder Individualtherapie.

## Die Verschwörung des Schweigens beenden

Die meisten erwachsenen Kinder aus gestörten Familien waren Opfer des Schweigens seitens der Eltern, der Verwandten, der Schule oder der Gesellschaft insgesamt. Die Tatsache, daß einer oder beide Eltern an einer schweren Sucht oder einem seelischen Problem litten, oder daß eines oder mehrere der Kinder wiederholt mißhandelt wurden, blieb unausgesprochen und wurde weder inner- noch außerhalb der Familie jemals erwähnt.

Die Verschwörung des Schweigens hat mehrere Wirkungen:

- Sie erlaubt dem gestörten Elternteil, sein negatives Verhalten fortzusetzen.
- Sie trägt zum Gefühl des Kindes bei, seine Traurigkeit, Wut und Angst seien unbegründet.
- Sie schafft bei vielen Kindern aus dysfunktionalen Familien das Gefühl von Isolation und Wahnsinn.
- Sie gibt Kindern in dysfunktionalen Familien das Gefühl, alles, was geschieht sei ihre Schuld.

Eine wichtige Voraussetzung für die Lösung der Probleme ist, daß man aufhören muß, sich an dieser Verschwörung des Schweigens zu beteiligen.[16] Das Thema der gestörten Familie muß endlich ans Tageslicht gebracht werden. Die Gesellschaft beginnt allmählich, sich der Wahrheit über gestörte, dysfunktionale Familien zu stellen. Besonders über Alkoholprobleme, Abhängigkeiten und Kindesmißhandlung wird viel gesprochen. Man beginnt, die Ungeheuerlichkeit des Problems zu begreifen und Lösungen zu suchen.

Dieser Prozeß ist vielleicht sehr schmerzlich, doch die Aufdekkung des Familientraumas kann den Menschen aus solchen Familien helfen. Am wichtigsten aber ist vielleicht, daß das zunehmende Bewußtsein dazu beiträgt, jene Kinder zu schützen und zu betreuen, die in diesem Moment in einer dysfunktionalen Familie leben.

Kapitel 11

# Wie kann Psychotherapie helfen

## Die Bedeutung von Tests

*»Wenn ... der Analytiker im Verhalten seines Patienten die Wiederholung einer Situation erkennen kann, die dieser passiv in der Kindheit erduldete, wird er sich fragen, wie die Eltern dieses Kind behandelten und ob das Verhalten des Patienten vielleicht die Geschichte eines völlig abhängigen Kindes erzählt, die so weit zurück in der Vergangenheit liegt, daß der Patient sie nicht mit Worten schildern, sondern nur durch unbewußtes Verhalten ausdrücken kann.«*

Alice Miller

Wenn Sie eine Individualtherapie beginnen, werden Sie vermutlich über einen Zeitraum von Monaten oder Jahren mindestens einmal in der Woche einen Therapeuten besuchen.[1] Dort sprechen meistens Sie. Der Therapeut hört Ihnen aufmerksam zu, stellt Fragen und fordert Sie auf, bestimmte Einzelheiten auszuführen. Ab und zu versucht er eine Deutung.

Es ist nur schwer zu begreifen, daß der Therapeut Ihnen durch bloßes Zuhören, Fragenstellen und Deutungen helfen kann, Ihre unangenehmen Gefühle zu überwinden und ein Verhalten zu ändern, das Sie vielleicht viele Jahre lang gequält hat. Doch genau das geschieht bei einer erfolgreichen Therapie. Nach mehr als zwanzigjähriger Forschung haben die Vertreter der Kontrollbeherrschungs-Theorie einige wichtige Einsichten dahingehend gewonnen, wie sich dieser Prozeß abspielt.

## Der unbewußte Plan zu seelischer Gesundheit

Ein Klient kommt mit einem unbewußten Plan in die Therapie, seine seelischen Probleme zu lösen, die ihm bereits klar sind. Beim Studium von Transskripten Hunderter von Therapiestunden haben wir entdeckt, daß der Klient einen unbewußten Plan zu haben scheint, seine ihn einengenden Probleme zu überwinden.[2] Unter anderem plant er unbewußt, seine engen Beziehungen zu einem Therapeuten, Partner, Mentor oder Freund zu nutzen, um sich von seinen destruktiven unbewußten Überzeugungen zu befreien.

Die Entdeckung, daß Menschen mit seelischen Schwierigkeiten einen unbewußten Plan haben, sich zu heilen, kann sowohl für die betroffenen Menschen wie auch deren Freunde und Angehörigen und für den Therapeuten ungeheuer nützlich sein. Das Individuum fühlt sich ermutigt, weil ihn dies des starken inneren Gefühls versichert, was notwendig ist, um die Probleme zu lösen. Und für den Therapeuten kann es nützlich sein, denn seine Aufgabe ist es, den unbewußten Plan des Klienten zu verstehen und sich dann so zu verhalten, daß dieser Plan durchgeführt wird. Da jeder Plan einzigartig ist, muß sich der Therapeut bei jedem Klienten anders verhalten.

Zu dem unbewußten Plan, den man zur Lösung seiner seelischen Probleme entwirft, gehören die folgenden Aspekte:

- Das Ziel, das man erreichen will (z. B. unabhängiger oder weniger von Zwängen bestimmt zu werden).
- Die unbewußten Schuldgefühle, die das Erreichen dieses Plan behindern oder unmöglich machen.
- Die Einsichten, die helfen, innere Widerstände zu überwinden (daß man sich z. B. schuldig fühlt, wenn man unabhängig ist)
- Die Vorstellung davon, wie sich Freunde, Angehörige oder der Therapeut auf unsere Wünsche, Forderungen oder Provokationen verhalten sollen, weil man ihnen unbewußt diesen Plan darlegt.

## Die echten Ziele der Klienten

Manchmal besteht ein großer Widerspruch zwischen den ausgesprochenen, bewußten Zielen des Klienten und den unbewußten. Darüber hinaus haben manche Klienten eine bemerkenswert deutliche Vorstellung davon, was sie an der Erreichung der Ziele hindert, andere aber nicht. Ihr bewußter Plan für die Therapie kann sich stark von dem unbewußten unterscheiden. Wenn beide Vorstellungen einander widersprechen, muß der Therapeut seine Aktivitäten mit dem unbewußten Plan des Klienten in Einklang bringen.

Vicki kam mit dem Wunsch in die Therapie, sich mit ihrer Ehe mit einem kalten, distanzierten, lieblosen Mann abfinden zu können. Im Verlauf der Sitzungen wurde dem Therapeuten klar, daß Vickis wirklicher Wunsch lautete, die Überzeugung zu überwinden, sie müsse bei diesem Mann bleiben, obwohl ihr klar war, daß er kein Interesse daran hatte, sich zu verändern. Sie sprach darüber, wie ihre Mutter bei deren lieblosen Mann geblieben war und zu einer verbitterten, unglücklichen Frau wurde. Vicki glaubte unbewußt, ihre Mutter unfairerweise zu übertreffen, wenn sie ihren unpassenden Partner verließ und sich einen herzlichen, liebevollen Mann suchte. Im Verlauf der Therapie konnte Vicki schließlich ihren Mann verlassen und einen befriedigenderen Partner finden.

## Der Schlüssel für eine wirksame Therapie

Nach dem Studium von Dutzenden von Therapiemethoden über zwanzig Jahre hinweg haben wir festgestellt, daß Therapeuten ungeachtet ihrer Ausbildung eines gemeinsam haben, wenn sie erfolgreich sind: Sie verhalten sich so, daß der unbewußte Plan des Klienten unterstützt wird.

Dan war der Leiter eines erfolgreichen Tennisclubs. Er kam mit dem Problem in die Therapie, daß er sich nicht endgültig an seine Freundin binden und sie heiraten konnte. Dan erzählte seinem Therapeuten, daß er seiner Freundin Jeanie viel Kummer mache, weil er nicht fähig sei, sich zu entscheiden. Jeanie war überzeugt, daß sie zusammen glücklich würden, wenn Dan nur sein Zögern überwinden könnte und sich endlich zu der Beziehung bekennen würde. Schon mehrere Male hatte Dan Jeanie gesagt, er wolle die Hochzeit nicht. Jedes Mal war sie hysterisch geworden und hatte mit Selbstmord gedroht.

Dans Vater war gestorben, als der Junge zehn war. Seine Mutter hat sich von dem tragischen Verlust nie wieder erholt. Dan zeigte schon früh ein sportliches Talent, und seine Mutter, eine ausgezeichnete Tennisspielerin, brachte ihm die Grundlagen des Spiels bei, als er noch ein kleiner Junge war. Sie sagte, von seiner Geburt an habe sie gewartet, daß aus ihm ein Tennisstar würde. Sie kümmerte sich um seine Tenniskarriere und unterstützte ihn bei jedem Schritt. In der Oberschule gewann Dan seine erste Meisterschaft.

Die ganze Kindheit und Jugendzeit hindurch traf Dans Mutter alle Entscheidungen für ihren Sohn – von der Kleidung, die er trug, bis hin zu den Mädchen, mit denen er sich verabredete. Wenn er einmal eine andere Meinung zu haben wagte, schien sie so verletzt und verärgert, daß er bald nachgab.

Aufgrund seiner Geschichte und der Beschreibung seiner gegenwärtigen Schwierigkeit schien klar, daß Dan unter den unbewußten Schuldgefühlen litt, seine Mutter im Stich gelassen zu haben. Er glaubte, wenn er eine eigene Entscheidung träfe, und sich unabhängig verhielte, würde er seine Mutter und andere (wie Jeanie) verletzen. Sein Therapeut erkannte, daß Dans unbewußter Plan lautete, der Therapeut solle ihm helfen, seine Schuldgefühle zu überwinden. Wenn Dan sich erst weniger schuldig fühlte, könne er eine freie Entscheidung treffen, seine Freundin zu verlassen oder bei ihr zu bleiben.

Der Therapeut machte Dan klar, daß er nicht grausam zu Jeanie wäre, wenn er sie nicht heiraten würde. Daraufhin wirkte Dan in der Tat sehr erleichtert. Nach einiger Zeit konnte er aufrichtiger sein und seine Bedürfnisse und Gefühle deutlicher ausdrücken.

Dan fragte seinen Therapeuten häufig um Rat. Da dieser vermutete, Dan hoffe unbewußt, er würde ihm nicht sagen, was er tun solle, sondern ihn auffordern, seine eigenen Entscheidungen zu treffen, reagierte er stets darauf, indem er Dan sagte, er sei derjenige, der die Entscheidungen treffen müsse. Auch wenn Dan sich beklagte, daß sein Therapeut sich weigere, ihm zu helfen, bestärkte ihn das doch darin, sein Verhalten selbst zu bestimmen. So wurde es Dan möglich, merklich entschiedener und selbstsicherer zu werden.

Eine von Dans Überzeugungen lautete, es sei grausam und gefährlich, eine Entscheidung zu treffen oder eigene Bedürfnisse geltend zu machen, besonders, wenn eine Frau daraufhin enttäuscht sein würde. Der Therapeut war fähig, Dan bei der Überwindung dieses Problems zu helfen, indem er ihn durchschaute, und sich entsprechend verhielt.

Die meisten Klienten hoffen so, wie Dan unbewußt, der Therapeut möge durch Worte und Handlungen demonstrieren, daß ihre destruktiven, unbewußten Überzeugungen nicht wahr seien.

## Viele Therapeuten hätten das gleiche getan

Das Verständnis dieses Therapeuten von Dans unbewußten Zielen ermöglichte eine erfolgreiche Behandlung, doch viele andere erfahrene Therapeuten hätten Dan auf dieselbe Weise geholfen. Sie hätten gewiß erkannt, daß sie Dan nicht auffordern durften, sich den Selbstmorddrohungen seiner Freundin zu fügen. Wenn der Therapeut nicht mit der Freundin übereinstimmte, und wenn er nicht die Entscheidungen für Dan traf, sondern ihn stattdessen aufforderte, seine eigene Wahl zu treffen, wäre in diesem Fall ein Therapieerfolg garantiert gewesen.

Wenn der Therapeut in Übereinstimmung mit den unbewußten Zielen des Klienten für seine seelische Gesundheit arbeitet, wird diesem geholfen. Glücklicherweise sind viele bei Therapeuten verbreitete Einstellungen und Verhaltensweisen für ein breites Spektrum von Klienten hilfreich. Daher können die meisten Therapeuten den vielen Klienten helfen, auch wenn sie ihre Rolle oft sehr unterschiedlich sehen.[3]

Betrachten wir Dr. A., eine erfahrene klassische Psychoanalytikerin, die ausgebildet wurde, still zu sitzen und aufmerksam ihren Klienten zuzuhören, die nur selten eine Deutung abgibt und das auch nur nach ausgiebigem Nachdenken. Dieses aufmerksame, zurückhaltende Verhalten wird für die meisten ihrer Klienten eine sehr positive Erfahrung sein. Daß jemand einfach nur respektvoll und aufmerksam zuhört, Stunde für Stunde, Tag um Tag, Woche um Woche, kann dem Klienten ein Gefühl verleihen, wichtig und wertvoll zu sein – besonders jenen Klienten, die der unbewußten Überzeugung sind, sie verdienten weder Respekt noch Zuwendung.[4]

Viele erfahrene Therapeuten erlangen oft, wie erfahrene Lehrer oder Eltern, ein intuitives Verständnis von den besonderen Bedürfnissen ihrer Klienten und verhalten sich entsprechend. Ein Therapeut kann ausgezeichnet, ja, ungewöhnlich sein, ohne formell den unbewußten Plan des Klienten erkannt zu haben. Doch wenn er von dem Gedanken ausgeht, der Klient bringe einen unbewußten Plan mit in die Praxis, kann er zu einem noch wirksameren Therapeuten werden.

Im Unterschied zu anderen Schulen der Psychoanalyse jedoch vertritt die Kontrollbeherrschungs-Theorie die Ansicht, daß keine Notwendigkeit für den Therapeuten besteht, den Klienten zu zwingen, an seinen Problemen zu arbeiten, oder zu versuchen, den Widerstand des Klienten zu brechen. Der Klient wird seine Zurückhaltung erst aufgeben, wenn er sich sicher dabei fühlt – und nicht früher.[5] Viele Klienten kommen in die Therapie und ihre Ziele und Hoffnungen sind von unbewußten Ängsten, andere zu verletzen oder verletzt zu werden, beeinträchtigt. Statt den Klienten zu drängen, muß sich der Therapeut Mühe geben, zu begreifen, wie diese Ängste aussehen, und die Situation sicherer zu gestalten, damit der Klient den Mut aufbringen kann, seine Ängste einer Prüfung zu unterziehen. Ein Therapeut, der die Therapiesituation noch bedrohlicher macht, verhindert Fortschritte.[6] Er sollte vielmehr eine Atmosphäre schaffen, in der der Klient sich sicher fühlt.

Um dies zu erreichen, muß der Therapeut die unbewußten Sorgen seines Patienten verstehen. Wenn ein Klient von einer aufdringlichen, anspruchsvollen Mutter erstickt wurde, muß er vielleicht eine kühle, professionelle Distanz aufrecht erhalten, damit der Patient sicher gehen kann, nicht vereinnahmt zu werden. Doch wenn die Eltern eines Klienten kühl und distanziert waren und dem Kind nur wenig Unterstützung und Zuwendung gaben, muß der Therapeut wärmer und offener sein. Keine Methode ist für alle Patienten die richtige. Während ein Therapeut instinktiv eine Methode wählt, die dem Klienten weiterhilft, kann das Verständnis der unbewußten

Ziele des Klienten es jedoch ermöglichen, ihn gezielter und eindeutiger zu behandeln.

## Therapie als Krieg

Am Anfang meiner Ausbildung hörte ich von einem meiner Professoren folgende Sätze: »Der Neurotiker will nicht geheilt werden. Er will einfach nur zu einem besseren Neurotiker werden.« Diese Ansicht ist unter Psychotherapeuten verbreitet, ich möchte ihr an dieser Stelle jedoch entschieden widersprechen, denn das soll heißen, daß der Therapeut ständig auf der Hut sein muß, damit der Klient nicht den Therapieprozeß untergräbt. Es bedeutet auch, daß die Therapie ein Krieg ist und der Therapeut sich vor den Anstrengungen des Klienten schützen muß, ihn auf subtile Weise anzugreifen oder zu hintergehen. Wenn es dem Klienten besser geht, gewinnt der Therapeut. Doch wenn sich der Patient nicht bessert, gewinnt dieser, denn er widersetzt sich einer positiven Veränderung und gibt dem Therapeuten das Gefühl von Frustration und Unfähigkeit. Dieser altmodischen Vorstellung liegt der Gedanke zugrunde, daß es dem Klienten lieber wäre, wenn sich der Therapeut unwohl fühlt, anstatt daß er selbst seelisch geheilt würde.

Ich glaube, man kann davon ausgehen, daß alle Klienten aufrichtig – bewußt und unbewußt – wünschen, daß es ihnen besser geht. Dies ist eine positive Ausgangsbasis, und sie beruht nicht auf naivem Optimismus, sondern wird vielmehr durch jahrelange, genaue Forschung unterstützt.[7]

Es liegt ein großer Vorteil darin, nicht dieses Gefühl zu haben, mit dem Klienten auf Kriegsfuß zu stehen. Sicher, zuweilen ist jede Therapie ein harter Kampf. Doch da der Klient wirklich geheilt werden will, und der Therapeut dies ebenfalls ehrlich wünscht, kämpfen Therapeut und Klient letztendlich auf der gleichen Seite.

### Wollen die Klienten wirklich geheilt werden?

Es ist unschwer zu erkennen, warum manche Therapeuten vielleicht glauben, ihre Klienten wollten eigentlich nicht geheilt werden. Klienten tun häufig Dinge, die den Therapeuten frustrieren. Manche bitten den Therapeuten um Rat, um diesen dann abzulehnen oder zu kritisieren. Sie beklagen sich über ihre Lebenssituation, unternehmen aber nichts, um sie zu verbessern. Sie beschuldigen den Therapeuten, er kümmere sich nicht genug um sie, lehnen jedoch jede offene Unterstützung ab. Manchmal scheinen diese Klienten sich an das Leid zu klammern, als sei es ihr kostbarster Besitz.

Jeder Mensch hat irgendwann einmal versucht, einem Freund oder Angehörigen bei einem seelischen Problem zu helfen. Diese Versuche werden manchmal durch die scheinbare Unwilligkeit unmöglich gemacht, das Problem wirklich zu lösen. Dann und wann hat vermutlich jeder einmal gedacht: Dieser Mensch will einfach unglücklich sein.

Dies scheint sehr oft so zu sein, doch in Wirklichkeit will niemand unglücklich sein. Menschen, die in selbstschädigenden Verhaltensmustern gefangen sind, leiden unter destruktiven Überzeugungen, die ihnen den Eindruck vermitteln, es sei gefährlich, glücklich zu sein oder Dinge zu tun, die einen glücklich machen. Sie bilden sich ein, Verbrechen an anderen Menschen begangen zu haben, und daher die guten Seiten des Lebens nicht zu verdienen. Oder sie meinen unbewußt, wenn sie ihre Probleme lösten, würde ihnen oder anderen etwas Schreckliches zustoßen. Natürlich versuchen Klienten bei der Psychotherapie oft bewußt, den Therapeuten zu provozieren. Der Klient stellt den Therapeuten so auf die Probe, um herauszufinden, ob seine unbewußten Überzeugungen wirklich wahr sind. Dies ist eine Art von Test.

Dan, der Tennisclubbesitzer, testete seinen Therapeuten, indem er ihn häufig um Rat bat. Aber eigentlich wollte er keine Ratschläge. Wenn der Arzt seine Wünsche erfüllt hätte, wäre Dans destruktive unbewußte Überzeugung bestätigt worden, daß er andere nur verletzen würde, wenn er eine eigene Entscheidung träfe. Indem sich der Therapeut weigerte, Entscheidungen für ihn zu treffen, half er Dan, diese Vorstellung zu widerlegen. Auf längere Sicht half er damit Dan, sich von seinen Überzeugungen zu befreien.

## Der Übertragungstest

Eine Art von Test, in den Klienten ihre Therapeuten verwickeln, nennt man den Übertragungstest. Dabei fordert der Klient den Therapeuten auf oder provoziert ihn, ihn auf die gleiche negative Weise zu behandeln, wie das früher seine Eltern getan haben.[8] Wenn die Eltern kritisch waren, drängt der Klient den Therapeuten kritisch zu sein. Wenn die Eltern kontrollierend waren, fordert er ihn auf, ihn zu kontrollieren. Wenn die Eltern ihn sexuell mißbrauchten, lädt der Klient den Therapeuten ein, sich ebenso zu verhalten, usw. Um den Test zu bestehen, muß der Therapeut sich diesen Aufforderungen widersetzen.

Der Klient will nicht wirklich kritisiert und kontrolliert werden oder sexuell mit dem Therapeuten umgehen, auch wenn er eine solche Behandlung herauszufordern scheint. Unbewußt wünscht er sich, daß der Therapeut demonstriert, daß er ihn nicht kritisieren und kontrollieren oder ihn sexuell ausnutzen würde, auch wenn er die Gelegenheit dazu hätte. So kann der Klient die unbewußte Überzeugung abbauen, er verdiene diese Ungerechtigkeiten. Wenn der Therapeut mit Kritik, Zurückweisung, Kontrolle oder sexuellem Verhalten reagiert, werden die destruktiven unbewußten Überzeugungen des Klienten bestätigt. Seine Symptome werden vermutlich schlimmer, und er wird Schaden nehmen, statt geheilt zu werden. Dies ist ein wichtiger Grund, warum es so schädlich für eine Therapie ist, wenn der Therapeut sexuellen Umgang mit dem Klienten hat, auch wenn dieser es aktiv darauf angelegt hat, ihn oder sie zu verführen.

Ein Übertragungstest ist der Versuch eines Klienten, drei Fragen zu beantworten:

- »Wird der Therapeut mich schlecht behandeln, wie meine Eltern das getan haben, oder werde ich mit ihm eine neue, positivere Erfahrung machen?«
- »Bin ich wirklich ein schlechter Mensch, der es nicht verdient, gut behandelt zu werden?«

– »Sind alle anderen Menschen ebenso unerreichbar, gewalttätig oder unberechenbar wie meine Eltern?«

## *Fallbeschreibung: Mark*

Mark war ein intelligenter junger Mann mit Fachhochschulabschluß, der immer wieder eine Stellung als Kellner hatte, dem es aber nicht gelang, diese zu behalten. Nachdem er mehrere Monate in einer Therapie gewesen war und gute Fortschritte gemacht hatte, begann er, zu spät zu kommen, seine Rechnungen verspätet zu bezahlen und schien plötzlich unfähig, zu begreifen, was der Therapeut ihm sagte.

Die Eltern hatten Mark, als er noch klein war, immer wieder gesagt, er sei dumm und unverantwortlich, und unbewußt hatte er genau diese Überzeugung gewonnen. Darüber hinaus glaubte er unbewußt, seine Eltern wollten, daß er so bliebe, damit sie ihn kritisieren mußten, und sich so selbst wohler fühlten.

Im ersten Jahr der Therapie waren dem Arzt Marks Überzeugungen nicht klar. Er bedeutete Mark, sein verantwortungsloses Verhalten zeige eine indirekte Feindseligkeit ihm gegenüber. Mark faßte diese Reaktion als Kritik auf. Er wurde noch ängstlicher und deprimierter und hatte noch mehr Probleme bei der Arbeit. Unbewußt hatte er geschlossen, daß seine destruktiven Überzeugungen stimmten, und daß sein Therapeut genau wie seine Eltern wollte, daß er ein verantwortungsloser Außenseiter sei, damit er immer jemanden hätte, den er kritisieren konnte. Daher kam Mark zu dem Schluß, daß er, wenn er sich klug verhielte, sich dem Therapeuten gegenüber als unloyal erweisen würde. Der Therapeut hatte also den Übertragungstest von Mark nicht bestanden.

Doch Marks mangelnde Fortschritte veranlaßten den Arzt, einen Kollegen zu befragen, der ihm riet, Marks Haltung nicht als Feindseligkeit zu deuten. Er nahm an, daß Mark ihm nur einen Vorwand zur Kritik liefere, weil er unbewußt annahm, daß jeder ihn unbedingt kritisieren wolle. Als der Therapeut diesen Ratschlag befolgte, machte Mark wieder Fortschritte. Seine Depression löste sich, und schließlich bot man ihm eine verantwortlichere Stelle an.

## Passiv-Aktiv-Tests

Für viele Therapeuten wird es besonders schwierig, wenn die Klienten sich feindselig, kritisch oder vorwurfsvoll verhalten. Häufig ist dieses Verhalten ein Beispiel für einen zweiten Typ von Test, den der Patient unbewußt durchführt: einen Passiv-Aktiv-Test. Dazu imitiert der Klient das Verhalten seiner Eltern und behandelt den Therapeuten genauso, wie er als Kind behandelt wurde. Aktiv fügt er dem Therapeuten – oder einem anderen Freund oder Helfer – die gleichen Mißhandlungen zu, die er als Kind passiv erduldete. Wenn ein Elternteil den Klienten beschuldigte, egoistisch und selbstbezogen zu sein, beschuldigt der Klient seinen Therapeuten ebenso. Wenn die Eltern depressiv und ohne Hoffnung waren, wird der Klient dieses Verhalten kopieren. Wenn die Eltern in unkontrollierbare Wut gerieten, wird der Klient dies wiederholen und wenn die Eltern dem Klienten die eigenen Probleme vorwarfen, wird er sich dem Therapeuten gegenüber genauso verhalten.

Bei diesem Passiv-Aktiv-Test versucht der Klient, sich folgende Fragen zu beantworten: Wenn ich meinen Therapeuten auf die gleiche Weise behandele, wie meine Eltern mich, wird er dann annehmen, etwas stimme mit ihm nicht, wie ich annahm, daß etwas mit mir selbst nicht in Ordnung war? Um den Passiv-Aktiv-Test zu bestehen, muß der Therapeut fähig sein, die Behandlung des Klienten auszuhalten, ohne sich davon berühren zu lassen.

Wenn der Klient kritisch ist, muß der Therapeut vermeiden, defensiv oder zu entschuldigend zu reagieren. Wenn der Klient ihn zurückweist, muß er vermeiden, verletzt zu sein. Wenn der Klient droht, darf er nicht ängstlich reagieren. Wenn der Klient Schuld erzeugen will, muß der Therapeut vermeiden, sich zu sehr verantwortlich zu fühlen.

Wenn der Therapeut den Passiv-Aktiv-Test besteht, gewinnt der Klient aus dessen Beispiel Kraft. Er denkt dann unbewußt, wenn sein Therapeut sich nicht für die schlechte Behandlung verantwortlich fühlt, die er ihm antut, er sich auch nicht für die schlechte Behandlung verantwortlich zu fühlen braucht, die er als Kind bekommen habe.

Wenn ein Therapeut, ein Freund oder ein Angehöriger den

Passiv-Aktiv-Test besteht, wird der Klient ihn als eine Art Vorbild dafür benutzen können, wie man leben kann, ohne unter irrationalen Selbstvorwürfen zu leiden. Zu erleben, wie der Therapeut erfolgreich den Passiv-Aktiv-Test besteht, hilft, den Griff der destruktiven unbewußten Überzeugungen beim Klienten zu lockern und seine Schuldgefühle zu verringern.

## *Fallbeschreibung: Edwina*

Edwina war neununddreißig Jahre alt und arbeitete als Versicherungsangestellte. Sie kam in die Therapie, weil sie unter Depressionen litt, mit ihrem Beruf unzufrieden war, keine Freundschaft mit Frauen oder Männern aufrecht erhalten konnte und dem Leben insgesamt zutiefst mutlos gegenüber stand.

Als ihre Therapeutin ihr vorschlug, sich eine andere Stelle zu suchen, erwiderte Edwina, sie sei dazu zu deprimiert. Sie beklagte sich stundenlang und flehte die Ärztin um Hilfe an. Doch wann immer diese etwas vorschlug oder deutete, reagierte sie ungläubig, als wollte sie sagen: »Dafür bezahle ich hundertzwanzig Mark die Stunde?« Sie beschuldigte die Therapeutin häufig, sich nicht um sie zu kümmern und nur an Geld interessiert zu sein, so daß diese allmählich die Sitzungen mit Edwina fürchtete.

Edwinas Vater war ein vielbeschäftigter, arbeitssüchtiger Mann, der kaum zu Hause war, während Edwina heranwuchs. Mit elf verließ der Vater ihre Mutter wegen einer anderen Frau. Edwinas Mutter war eine unglückliche, anspruchsvolle, sarkastische Frau, die von der Tochter zu erwarten schien, sie möge nun die Abwesenheit des Vaters ausgleichen. Jeden Tag, wenn Edwina nach Hause kam, begrüßte die Mutter sie erwartungsvoll an der Tür, verhielt sich aber bald enttäuscht, so als erzähle ihr die Tochter nicht genug, und dann fiel sie in ihre normale, chronisch-depressive Stimmung zurück. Edwina glaubte, sie sei eine Enttäuschung für ihre Mutter und für all deren Leid verantwortlich.

Trotz der Schwierigkeiten ließ die Therapeutin nicht zu, daß Edwinas falsche Anschuldigungen, Vorwürfe, Sarkasmus und Kritik ihr eigenes Gefühl von Kompetenz und Integrität untergruben. Ebensowenig übernahm sie Verantwortung für die Tatsache, daß Edwina unglücklich war. Sie merkte, daß Edwina sie genauso behandelte, wie sie selbst als Kind behandelt worden war. Aufgrund dieser Vermutung gewann die Therapeutin ein ziemlich genaues Bild von Edwinas Kindheit, lange, ehe diese darüber reden konnte.

Die Psychologin bestand Edwinas Test. Edwina fühlte sich nicht mehr der Mutter gegenüber schuldig. Sie hatte zwar der Therapeutin anfangs die Mutter als »beste Mutter, die ein Mädchen nur haben kann« geschildert, doch im Verlauf der Therapie erinnerte sie sich allmählich, wie schmerzlich ihre Beziehung tatsächlich gewesen war. Die Mutter war immer von ihr enttäuscht gewesen, hatte sie ungerecht behandelt und auf viele Weisen abgelehnt und herabgesetzt.

Edwinas Therapie gestaltete sich für beide Beteiligten lang und schwer, doch im Lauf der Zeit gelangte sie zu der Erkenntnis, daß sie nicht wirklich für das Unglück der Mutter verantwortlich war. Daraufhin wurde sie merklich weniger depressiv, konnte aufhören, ihre Freundschaften immer wieder zu zerstören und fand schließlich auch eine Stelle, die ihr Spaß machte.

Da die Therapeutin Edwinas scheinbar unfreundliches Verhalten als einen Passiv-Aktiv-Test erkannte, war ihr klar, wie sie reagieren mußte. So lernte Edwina allmählich, daß sie unter dem Zwang litt, andere so behandeln zu müssen, wie sie selbst als Kind behandelt worden war, und sie wurde sich der Situationen bewußt, in denen sie das negative Verhaltensmuster der Mutter wiederholte. Schließlich lernte sie, diese Situationen zu beherrschen.

## Ein Zweischneidiges Schwert

Für den Therapeuten hat der Passiv-Aktiv-Test verschiedene Seiten. Auf der einen Seite handelt es sich um eine schwierige, schmerzliche Phase, weil der Therapeut der gleichen grausamen Behandlung unterworfen wird, die der Klient als Kind erlitt.

Auf der anderen Seite wird der Passiv-Aktiv-Test dem Therapeuten wichtige Einsichten vermitteln. Diese Erkenntnisse beruhen nicht allein auf dem intellektuellem Verständnis, wie die Kindheit des Klienten aussah, sondern bilden eher die emotionale Erfahrung, wie er sich gefühlt haben muß. Alice Miller schreibt, daß die Art, wie der Klient den Therapeuten behandelt, Schlüssel anbietet, wie dessen Eltern ihn als Kind behandelten.[9]

Diese Schlüssel ermöglichen dem Therapeuten ein vollständigeres Bild der Eltern des Klienten. Dies ist besonders wertvoll, wenn der Klient nur wenige bewußte Erinnerungen an seine Kindheit hat, oder wenn er die Eltern idealisiert hat und sich nur an die guten Seiten erinnert.

## Ein Leitfaden für Therapeuten

Meistens ist die Reaktion auf das Bestehen oder Durchfallen des Tests unmittelbar. Wenn der Therapeut den Test bestanden hat, wird der Klient sofort weniger ängstlich, denkt klarer, ist mitteilsamer und erinnert sich besser an wichtige Dinge aus der Kindheit.[10] Doch wenn der Therapeut den Test nicht besteht, wird der Klient ängstlicher, kann nicht mehr folgen, erinnert sich weniger deutlich an seine Kindheit und hat Angst vor der Zukunft.

Der Therapeut kann also gewöhnlich genau deuten, ob er einen Test bestanden hat, indem er die Reaktionen seines Klienten sorgfältig beobachtet. Wenn er scheitert, kann er seine Reaktion beim nächsten Test abändern. Viele Tests werden wiederholt in verschiedenen Formen auftauchen, weil der Klient an der Widerlegung seiner unbewußten Überzeugungen ständig arbeitet. Auch wenn der Therapeut den Test beim ersten Mal nicht besteht, bekommt er gewöhnlich eine zweite Chance.

Alle Therapeuten müssen im Verlauf einer Therapie schwierige Entscheidungen treffen: Ob sie schweigen, eine Frage stellen, Rat anbieten oder sich einer Bitte des Klienten fügen. Der Therapeut, der sich der Tests bewußt ist, kann mit gründlichen Aufzeichnungen der Klientenreaktionen nützliches Material gewinnen, das ihm ermöglicht, weiterzumachen, wenn er sich auf dem richtigen Weg befindet, oder seine Verfahrensweise ändern, wenn dies nicht der Fall ist.

## Einsicht und Deutung

Klienten machen bei einer Therapie auf zwei verschiedene Weisen Fortschritte: Einmal durch Tests, und dann durch Einsichten in die eigene Psychologie.

Wenn ein Therapeut einen Test des Klienten besteht, geht es dem Patienten auch unfreiwillig besser. Seine destruktiven unbewußten Überzeugungen werden herausgefordert und zumindest teilweise widerlegt. Dies kann sich ohne ein bewußtes Verständnis seitens des Klienten vollziehen. Es können sogar Fortschritte passieren, wenn der Klient und der Therapeut noch völlig im Dunkeln tappen. Doch dies heißt natürlich nicht, daß klare Einsichten unwichtig seien.

Eine Einsicht in die eigene Psyche ist jeden Patienten extrem wichtig, besonders, um die Arbeit nach Beendigung einer Therapie selbständig fortzusetzen. Man verfügt dann über ein Raster von Gedanken, auf das man zurückgreifen kann, wenn man verwirrt, außer Kontrolle oder überwältigt ist. Größere seelische Probleme lassen sich manchmal lösen, ohne deren Gründe zu erfassen, doch anders ist es fast immer leichter. Das Verständnis der eigenen destruktiven und unbewußten Überzeugungen bildet ein wichtiges Instrument für die Lösung psychologischer Schwierigkeiten.

## Deutungen, die Schaden anrichten

Deutungen, die im Einklang mit dem unbewußten Heilungsziel des Klienten stehen, stellen eine große Hilfe dar. Doch andere die diesem entgegenstehen, können durchaus schaden.[11] Solche Interpretationen können Fortschritte aufhalten oder umkehren, wenn sie die unbewußten Schuldgefühle bestätigen.

Überdies gibt es Deutungen, die so gut wie niemals nützlich und immer schädlich sind, weil sie allgemeine destruktive Überzeugungen bestätigen und fast immer dem Ziel des Klienten entgegenwirken.

Stellen wir uns einen Klienten vor, der sich erinnert, als Kind sexuell belästigt worden zu sein. Der Therapeut reagiert, indem er sagt, diese Belästigung habe in Wirklichkeit nicht stattgefunden, er habe sich diese nur *gewünscht.* Der Therapeut versäumt es dadurch, einen wichtigen Teil der Erfahrung des Klienten ernst zu nehmen. Zudem fühlt sich der Klient wiederum für alles Geschehene verantwortlich. Das gleiche geschieht, wenn man einem Klienten sagt, es spiele eigentliche keine Rolle, ob ein traumatischer Vorfall sich wirklich ereignet habe, sondern es sei nur wichtig, wie der Klient darüber denke. Wenn einer schmerzlichen Kindheitserinnerung nicht die angemessene Bedeutung gegeben, oder sie als Phantasie bezeichnet wird, schadet dies dem Klienten.

Ein anderer Klient ist vielleicht extrem höflich und zurückhaltend. Der Therapeut reagiert mit dem Vorwurf, er scheine bloß kooperativ und freundlich, unterdrücke aber in Wirklichkeit eine große Wut. Der Therapeut insistiert dann, der Klient zeige gefährliche Impulse. Diese Deutung kann die unbewußte Überzeugung des Klienten bestärken, er sei eine Bedrohung für seine Umwelt. Menschen, die Konfrontationen um jeden Preis vermeiden, glauben, es sei schrecklich gefährlich, Wut zu zeigen. Sie fürchten unbewußt, ihre Wut würde anderen Schaden zufügen, sie würden die Kontrolle über sich verlieren und verrückt werden, oder sie glauben, von geliebten Menschen heftig angegriffen oder verlassen zu werden, wenn sie auch nur Anzeichen von Wut zeigen. Solchen Klienten nützt es nichts, wenn man ihnen sagt, sie unterdrückten ihre Wut. Sie müssen vielmehr verstehen, daß ihre Ängste irrational oder stark übertrieben sind. Sie brauchen Hilfe bei der Einsicht, daß Wut zwar in der Tat eine schwierige Emotion ist, aber daß es durchaus möglich ist, sie auf konstruktive Weise auszudrücken. Sie müssen lernen, daß die Tatsache, wütende Gefühle zu haben, kein Verbrechen darstellt.

Beobachten wir einen Klienten, der sich intensiv um die Gesundheit oder das Glück seiner Eltern sorgt. Der Therapeut reagiert mit der Aussage, unbewußt wünsche er sich, die Eltern seien krank oder unglücklich. Er sagt vielleicht sogar, der Klient wolle unbewußt seine Eltern umbringen. Sicher hegt jeder Mensch wütende Gefühle gegen die Eltern, doch wenn ein Klient Sorgen um einen Angehörigen ausdrückt, dann sind diese in der Regel echt. Solche Klienten haben gewöhnlich Eltern, die depressiv, einsam und hilflos sind oder einander schlecht behandeln. Solche Klienten leiden in der Regel unter starken Schuldgefühlen gegenüber den Eltern. Sie meinen, die Eltern grausam zu behandeln, wenn sie glücklich, erfolgreich oder unabhängig sind. Wenn man ihnen sagt, sie wünschten sich insgeheim, die Eltern seien unglücklich oder tot, verstärkt man diese Schuldgefühle.

Eine Frau in der Therapie reagiert auf Männer immer mit Wut oder Rivalität. Der Therapeut kontert mit der Deutung, sie leide unter Penisneid, denn sie glaube, die weiblichen Geschlechtsteile seien denen des Mannes unterlegen. Das ist nicht nur unwahr, sondern fast immer schädlich. Derart sexistische Deutungen meinen, daß jede Rivalität oder Wut, die eine Frau empfindet, pathologisch ist, während die gleichen Gefühle bei einem Mann Zeichen seiner Selbstsicherheit und seines gesunden Ehrgeizes sind.

Stellen wir uns einen schwer depressiven Klienten vor, dem der Therapeut attestiert, er habe wohl Lust daran, sich selbst unglücklich zu machen. Er erklärt, der Klient genieße sein Leiden, weil es ihm ermögliche, schwach zu sein, er brauche sich dann nicht anzustrengen und erhielte mühelos alle Aufmerksamkeit. Er besteht darauf, der Klient gewinne unbewußte masochistische Belohnungen durch sein Leiden. In unserer Studie haben wir jedoch festgestellt, daß Menschen nicht unglücklich sind, weil sie faul sind oder weil sie unbewußte masochistische Begierden haben. Menschen sind unglücklich, weil ihnen ihre unbewußten Schuldgefühle den Weg zum Glück versperren.

## Tests im Alltagsleben

Die Bemühungen, destruktive, unbewußte Überzeugungen zu entkräften, müssen nicht auf eine Psychotherapie beschränkt sein. Man kann Tests auch in der Beziehung zu wichtigen Menschen im Leben anwenden – Partnern, Eltern, Lehrern, Vorgesetzten, Trainern und Mentoren. Höchstwahrscheinlich setzt man diese Tests vor allem in Beziehungen ein, in denen man sich besonders sicher fühlt.

Beim Test der Partner, Freunde oder Vorgesetzten benutzt man entweder einen Übertragungstest oder einen Passiv-Aktiv-Test. Beim Übertragungstest verhält man sich so, daß diese Menschen einen kritisieren, demütigen, manipulieren oder abweisen – genau wie die Eltern. Unbewußt hofft man jedoch, daß sie dies nicht tun werden, weil dies hilft, sich von den unbewußten Schuldgefühlen zu befreien.

Bei Passiv-Aktiv-Tests verhält man sich selbst kritisch, wütend, vorwurfsvoll, depressiv oder abweisend – oder man wiederholt ein anderes elterliches Verhalten, bei dem man sich selbst als Kind schuldig oder verantwortlich gefühlt hat. Bei dieser Art von Test mit einem Vorgesetzten, Kollegen, Freund oder Angehörigen hofft man, daß die Menschen, die geprüft werden, sich nicht schuldig oder schlecht fühlen, so wie man selbst gern ohne Schuldgefühle wäre.

Das heißt, daß scheinbar selbstschädigende Verhaltensweisen also zwei unbewußte Gründe haben können:

- Sie können als Bestrafung für vermeintliche Verbrechen dienen.
- Sie können eine Methode darstellen, die eigenen destruktiven Überzeugungen zu überprüfen.

Manchmal versucht man unbewußt, den eigenen Erfolg oder sein Glück zu sabotieren, doch zugleich hofft man unbewußt, daß Partner, Freund, Kollege, Angehöriger oder Therapeut dies nicht zulassen.

## *Fallbeschreibung: Joyce*

Joyce, die sich nur von Männern angezogen fühlte, die sie schlecht behandelten, weil sie von ihrem Vater immer gnadenlos kritisiert worden war (s. Kap. 6), ging schließlich eine Beziehung mit Manfred ein, einem sehr liebevollen, toleranten Mann. Joyce war schon eine Weile in Therapie und fühlte sich viel besser. Im Verlauf einiger Jahre hatte sie einige nette Männer kennengelernt. Nach mehreren Monaten des Zusammenseins mit Manfred, in denen alles gut verlaufen war, fühlte sie sich sicher genug, ihm ein paar Vorwände zu liefern, sie zu kritisieren.

Sie verhielt sich gereizt und depressiv. Doch anstatt mit Kritik darauf zu reagieren, wie es ihr Vater getan hätte, verwöhnte Manfred sie. Sie beging aus Achtlosigkeit Fehler, doch statt sie zu kritisieren, fand Manfred, diese Dinge seien doch eine Kleinigkeit – was auch stimmte – und forderte sie auf, sich darum keine Sorgen zu machen. Manfreds respektvolles, mitfühlendes Verhalten stellte das genaue Gegenteil von Joyces Behandlung durch den Vater und die früheren Freunde dar.

Als ihr eines Tages, weit entfernt von der nächsten Tankstelle, das Benzin ausging, rief sie Manfred an. Joyce versuchte, indem sie vergaß, zu tanken, Manfred zu provozieren, sie zu kritisieren. Doch er kam ihr zu Hilfe und behandelte sie herzlich und mitfühlend. Manfred bestand Joyces Test und half ihr, ihre Gefühle von Schlechtigkeit zu vertreiben, daß sie alle Herabsetzungen, die sie als Kind erhalten hatte, verdiene. Als Joyce endgültig erkannte, daß Manfred sie nicht anbrüllen würde, begann sie unbeherrscht zu schluchzen. Wie schade, daß sie all die Jahre die Demütigungen des Vaters hatte ertragen müssen. Wie traurig, daß sie ein Dutzend Jahre hinter Männern hergerannt war, die ebenso kritisch waren. Wie schön, endlich einen wirklich freundlichen, mitfühlenden Mann gefunden zu haben.

Nachdem sie erkannt hatte, daß Manfred einen Test nach dem anderen bestand, fühlte sie sich viel besser und blickte auch optimistischer in die Zukunft. Sie kam auch mit anderen Freunden besser aus. Nach einer Weile beging sie auch nicht mehr jene kleinen, provokativen Fehler bei Manfred, um die Überzeugung zu erproben, sie verdiene es, kritisiert und schlecht behandelt zu werden.

Ihren Vorgesetzten forderte Joyce auf die gleiche Weise heraus. Sie leistete ihre Arbeit als Abteilungsleiterin sehr gut, war extrem belastbar, organisierte komplizierte Abläufe und war zu Überstunden bereit, wenn dies notwendig war. Aber immer vergaß sie wichtige Kleinigkeiten zu erledigen. Sie versäumte, ihren Stundennachweis auszufüllen, oder sie gab bestimmte Formulare nicht ab. Dann war ihr Chef immer ein wenig enttäuscht von ihr und gereizt. Da er aber wußte, wie gut sie sonst war, kritisierte er Joyce nicht wegen dieser kleinen Irrtümer. Doch seine vorwurfsvolle Haltung wurde immer stärker. Manchmal wurde er in völlig anderem Zusammenhang unangemessen kritisch.

Manfred bestand Joyces Test, doch der Chef nicht. Er hätte ihre Arbeit loben, und zugleich darauf bestehen sollen, daß sie die Kleinigkeiten erledigte, die sie immer vergaß. Die kurzangebundene Haltung des Chefs bestätigte ihre Überzeugung, sie verdiente seine Kritik.

In der Therapie erkannte Joyce, daß sie ihren Chef testete. Aber sie erkannte auch die Tatsache, daß die Vorwürfe ihres Chefs nicht bedeuteten, sie sei ein schlechter Mensch, der es verdiene, herabgesetzt zu werden. Erst da konnte sie mit diesen kleinen Provokationen aufhören, die den Chef so gereizt hatten. Als Joyce nun auch die Kleinigkeiten erledigte, die ihm so wichtig waren, beurteilte er ihre Arbeit angemessen gut und verhielt sich ihr gegenüber freundlich und unterstützend.

### Manche Tests sind nur schwer zu bestehen

Wenn man absolut überzeugt ist, daß die eigenen destruktiven unbewußten Überzeugungen richtig sind, ist es vermutlich nicht möglich, den Test zu bestehen. Vielleicht sucht man sich auch Menschen für diese Tests aus, die ihnen nicht gewachsen sind. Wenn dies der Fall ist, macht man vielleicht ohne Hilfe eines Psychotherapeuten keine Fortschritte.

Man kann also sagen, daß der ideale Therapeut ein Experte ist, der die Fähigkeit besitzt, auch die schwierigsten Tests zu bestehen. Die Therapiesituation ist so angelegt, daß es für den Therapeuten leichter ist, Tests zu bestehen, als es vielleicht für Freunde, Vorgesetzte, Liebhaber und Angehörige wäre: Der Therapeut hat kein persönliches Interesse an der Zuwendung und Zuneigung des Klienten. Dies macht ihn gegenüber Kritik oder Drohungen weniger empfindlich.

## *Fallbeschreibung: Veronika und Norton*

Veronika, eine zweiunddreißigjährige Frau, und Norton, sechsunddreißig Jahre alt, hatten eine Wirbelsturmromanze durchlebt und waren seit einem Jahr verheiratet. Dann begann sich Veronikas Verhalten zu ändern. Sie behandelte Norton extrem kritisch und hart.

Veronikas Mutter hatten ihren Mann, einen bekannten Arzt, ständig beschimpft und schlecht gemacht. Sie war auch den Kindern gegenüber sehr kritisch und kontrollierte sie. Veronika wiederholte nun das gleiche Verhalten, das sie bei der Mutter so gehaßt hatte.

Norton war in einer kühlen, höflichen Familie großgeworden. Er erduldete Veronikas schlechte Behandlung ohne sich zu wehren oder auf irgendeine Weise zu reagieren. Er war geduldig und offen – genau wie Manfred bei Joyce. Doch im Laufe der Zeit wurde er immer depressiver und zurückgezogener. Manfred hatte den Test bestanden, aber Norton scheiterte daran.

Ironischerweise ging Norton auf Veronikas Drängen hin zur Therapie. Als er begann, seine eigenen Gefühle zu erforschen, erkannte er, daß Veronikas ungerechte Angriffe ihn wütend machten, er sich aber zwang, diese Wut zu unterdrücken. Sein Therapeut ermutigte ihn, sich durchzusetzen.

Als Norton begann, Veronika entgegenzutreten, und darauf bestand, daß sie ihr kontrollierendes, kritisches Verhalten aufgab, verstärkte sich dieses anfänglich nur. Sie griff seinen Therapeuten an und verlangte, daß Norton die Therapie abbrach. Norton blieb jedoch hart. Er sagte Veronika, er begriffe nun, was geschähe, und er sei nicht mehr bereit, sich mit ihrer ständigen Kritik abzufinden. Wenn sie nicht in absehbarer Zeit aufhörte, ständig zu streiten, ließe er sich scheiden.

Veronika sah sich gezwungen, die Tatsache zu akzeptieren, daß sie das verletzende, negative Verhalten der Mutter übernommen hatte. Diese Einsicht erleichterte es ihr sehr, sich allmählich anders zu verhalten. Norton spürte dabei, wie seine Depression wich. Beide wurden herzlicher und reagierten wieder aufeinander. Ihre Beziehung verbesserte sich sichtlich.

Veronika litt unter Schuldgefühlen, weil sie ihre Mutter übertraf und zerstörte so fast ihre Beziehung, genau, wie die Mutter die eigene zerstört hatte. Veronika litt zudem immer noch unter der Überkontrolle der Mutter. Norton fügte sie die gleiche Behandlung zu, mit der unbewußten Hoffnung, er würde sich gegen sie auflehnen und sich nicht davon unterkriegen lassen, wie sie es selbst als Kind getan hatte. Veronika unterzog Norton einem Passiv-Aktiv-Test. Wenn er ihn bestand, würde sie sich weniger schuldig fühlen, das böse Kind zu sein, als das ihre Mutter sie immer bezeichnet hatte, und sich erlauben, eine gute Ehe zu führen.

Bis zu Beginn seiner Therapie versagte Norton wiederholt bei

Veronikas Tests, und sie spielte weiterhin das böse Mädchen. Doch als Norton aufhörte, ihre wütenden Vorwürfe einfach zu erdulden, und sich dagegen wehrte, half ihr dies ungeheuer. Sie fühlte sich weniger schuldig. Sie erkannte, daß sie ihre Ehe fast zerstört hatte, genau wie die Mutter die ihre. Obwohl in den Jahren, in denen Veronika unbehindert destruktiv sein konnte, viele Schäden entstanden waren, verbesserte sich ihre Beziehung zu Norton weiterhin, und sie waren gern zusammen.

Gern würden wir nun sage, daß die meisten Tests im Alltagsleben positive Ergebnisse nach sich zögen. Leider trifft das jedoch nicht zu. Unsere destruktiven unbewußten Überzeugungen werden nur zu häufig von den Erfahrungen als Erwachsene bestätigt, und die Schuldgefühle werden immer stärker. Häufig verbindet man sich mit Partnern oder anderen Autoritätspersonen, die viele Schwierigkeiten mit den Eltern gemeinsam haben. Teils tut man dies aus Familienloyalität – man glaubt, kein glücklicheres Leben zu verdienen als die Eltern. Doch es gibt auch einen positiven Grund dafür. Man versucht, das Trauma zu meistern, das man in der Kindheit erlebte. Man verbindet sich vielleicht unbewußt mit jemandem, der den Eltern sehr ähnlich ist, und versucht dann, ihn oder sie dazu zu bringen, einen besser zu behandeln als die Eltern. Unbewußt glaubt man, daß es die destruktiven Überzeugungen widerlegen würden, wenn dieser Mensch zuvorkommend ist.

## Die Lösung von den negativen Verhaltensmustern

Häufig kommen Menschen mit dem Problem in die Therapie, daß sie ihre selbstschädigenden Verhaltensweisen immer wiederholen. Sie sabotieren ihren beruflichen Erfolg und lassen sich auf schmerzliche Beziehungen ein. Sie werden von irrational ängstlichen oder depressiven Gefühlen belagert. Gleich, welches Muster, das auffallendste daran ist, daß es sich immer wiederholt – trotz aller Bemühungen, diesen Teufelskreis zu durchbrechen.

Man wiederholt negatives Verhalten aus zwei Gründen: Man straft sich für eingebildete Verbrechen. Doch wie wir in diesem Kapitel gesehen haben, wiederholt man es auch aus einem anderen, positiveren Grund, nämlich in der unbewußten Hoffnung, zu beweisen, daß die eigenen destruktiven unbewußten Überzeugungen falsch sind.

Im nächsten Kapitel untersuchen wir eine Reihe von Wegen, die uns helfen, den eigenen unbewußten Plan zur seelischen Gesundung zu verstehen.

Kapitel 12

# DER WEG ZUR SEELISCHEN GESUNDUNG

## Wie man sich selbst freispricht

*»Doch zuvor mußte ich mir selbst eine Zeit der Erneuerung gönnen, eine Frist zum Erlernen einer für mich neuen Art der Selbstbetrachtung. Fast siebenunddreißig Jahre meines Lebens hatte ich dafür geopfert, dem Bild ähnlich zu werden, das ich mir auch jetzt noch von mir machte. Ich hatte mich buchstäblich in eine Sackgasse manövriert, indem ich so zu sein versuchte, wie meine Eltern mich haben wollten. Sie hatten von Anfang an eine genaue Vorstellung von mir gehabt und gleichsam den geheimnisvollen Sinn einer Hieroglyphe in ein verständliches Wort übersetzt. Mein Leben lang hatte ich mich bemüht, dieser Definition gerecht zu werden. Auf diese Weise war es meinen Eltern gelungen, mich mir selbst zu entfremden. Sie hatten an meinem gefügigen Wesen so lange herummodelliert, bis ich der musterhafte Sohn geworden war, der ihren damaligen Bedürfnissen entsprach ...«*

PAT CONROY
Die Herren der Insel

Sie haben vielleicht beim bisherigen Lesen dieses Buches ein paar Dinge über Ihr eigenes Leben gelernt. Die Schlüsselelemente – destruktive unbewußte Überzeugungen, eingebildete Verbrechen, Identifikation und Gehorsam – haben vielleicht bereits begonnen, Ihnen Einsichten in die eigenen psychischen Grundmuster zu verleihen. Für manchen Leser reicht das aus. Andere möchten vielleicht diesen Prozeß der Selbsterforschung fortsetzen, indem sie die Übungen in diesem letzten Kapitel machen.

Wenn Theoretiker der Kontrollbeherrschungs-Theorie einen Klienten bei der Therapie verfolgen, verfassen sie ein sehr ausführliches Dokument, in dem der unbewußte Plan dieses Klienten für seine seelische Reifung umrissen wird. Dieses Dokument nennt man die Planformulierung.[1]

Vielleicht möchten Sie die vier Schritte der Planformulierung als Methode benutzen, den eigenen Plan für seelische Gesundung zu erfassen. Dazu müssen Sie die vier Elemente dieses Plans analysieren und Ihre Ziele, Hindernisse, Tests und Einsichten aufschreiben:

- *Ziele* – die Dinge, die Sie am liebsten im Leben erreichen möchten. Diese kann man in langfristige und kurzfristige Ziele unterteilen. Jemand mit dem langfristigen Ziel einer erfolgreichen und befriedigenden Karriere etwa, kann als kurzfristiges Ziel haben, zu lernen, wie man sich bei einem Vorstellungsgespräch wohlfühlt und gut abschneidet. Jemand mit dem langfristigen Ziel, in der Ehe Nähe aufzubauen und Konflikte zu reduzieren, kann das kurzfristige Ziel haben, sich dem Partner nicht völlig defensiv gegenüber zu verhalten.
- *Hindernisse* – diejenigen Barrieren, die die Erreichung dieser Ziele behindern. Es sind die Risiken für Sie selbst und andere, die Ihrer unbewußten Meinung nach eintreten, wenn Sie es wagen sollten, die wichtigsten Ziele zu verfolgen.
- *Tests* – sind Verhaltensweisen, die darauf angelegt sind, ihre destruktiven unbewußten Überzeugungen durch die Interaktion mit anderen zu entkräften. Wenn die anderen diese Tests nicht bestehen, werden die Überzeugungen fortbestehen. Wenn sie jedoch bestehen, werden Sie allmählich die Tatsache akzeptieren, daß Ihre destruktiven Überzeugungen falsch sind.
- *Einsichten* – alles Verständnis, das Ihnen helfen kann, sich von Ihren vermeintlichen Verbrechen loszusprechen oder Ihre destruktiven unbewußten Überzeugungen zu überwinden. Wenn man die Verbindung zwischen dem gegenwärtigen Verhalten und den Kindheitserlebnissen versteht, begreift man auch, wie man sich den negativen Botschaften der Eltern gefügt hat. Wenn der Therapeut diese vier Aspekte des Plans seines Klienten er-

kannt hat, kann er wirksamer intervenieren. Je mehr Sie selbst von den vier Aspekten Ihres Plans erfassen, umso fähiger werden Sie sein, Ihre beunruhigendsten Gedanken, Gefühle und Verhaltensweisen zu begreifen. Mit zunehmendem Verständnis findet man es immer leichter, das alte Verhalten der Selbstbestrafung zu vermeiden. Doch ehe wir Sie durch die Einzelschritte bei der Planformulierung leiten, schauen wir uns an, wie ein solcher Plan aussehen kann.

## Larrys unbewußter Plan

Gehen wir zu Larry zurück, dem Manager in der Chemiefabrik (s. Kapitel 2), der seinen beruflichen Erfolg sabotierte, indem er wichtige Dinge vergaß, wann immer er für eine Beförderung anstand. Larry glaubte unbewußt, seinen Vater zu übertreffen, wenn er aufstieg. Darüber hinaus fühlte er sich unbewußt schuldig, den Brüdern die Liebe der Eltern entzogen zu haben. Außerdem provozierte er unnötige Streitereien mit seiner Freundin, indem er sich überkritisch und dominierend verhielt. In der Therapie erkannte er traurig und überrascht, daß er seine Freundin genau so behandelte wie sein Vater seine Mutter behandelt hatte.

Wie sehen nun die Elemente von Larrys unbewußten Plan aus?

*Larrys langfristige Ziele:*
- Fähig zu sein für ein erfülltes und befriedigendes Arbeitsleben.
- zu heiraten und Kinder zu haben.

*Larrys kurzfristige Ziele:*
- Mit den unerklärlichen Fehlern und anderem selbstschädigendem Verhalten bei der Arbeit aufzuhören
- Aufzuhören, sinnlose Streitereien mit der Freundin zu provozieren

*Larrys Hindernisse:*
- Larry glaubte, sich allen Angehörigen seiner Familie gegenüber unloyal zu verhalten, wenn er ein erfolgreicher Manager würde.
- Larry glaubte, wenn er befördert würde, wäre das seinem Vater und seinen Brüdern gegenüber unfair.

- Larry fühlte sich schuldig, seine Brüder verdrängt zu haben, weil er von seiner Mutter offensichtlich vorgezogen wurde.
- Larry glaubte, nicht zulassen zu können, daß die Beziehung zu seiner Freundin sich vertiefte, denn dann müßte er ja seine Mutter verlassen, für die die Nähe zu ihm so wichtig war.
- Larry glaubte, wenn er eine herzliche, enge, konfliktfreie Beziehung mit seiner Freundin hätte, würde er seine Eltern quälen, deren Beziehung doch immer voller Spannungen und Konflikte war.

*Larrys Tests:*
- Larry sprach manchmal mit seinem Vater über seine Erfolge, um zu sehen, ob dieser immer noch verletzt oder rachsüchtig reagierte.
- Larry sprach häufig mit seinen Freunden über seine Erfolge, um zu sehen, ob sie eifersüchtig oder neidisch würden.
- In der Therapie prahlte Larry mit seinen sexuellen Errungenschaften und seinen Erfolgen beim Gewichtheben, um zu sehen, ob der Therapeut kritisch oder eifersüchtig reagieren würde.

*Larrys Einsichten:*
- Larry kam zu der Einsicht, daß viele seiner Probleme auf der Überzeugung beruhten, daß er seine Erfolge auf Kosten anderer Angehöriger erreicht hatte. Dies stützte sich auf eine echte Erfahrung, denn er wurde tatsächlich wiederholt wegen seiner Erfolge gestraft, abgewiesen und angegriffen, sowohl vom Vater als auch von seinen Brüdern. Doch sogar Jahre später lebte er in der Angst, seinem Vater oder seinen Brüdern zu schaden, indem er erfolgreich wurde.
- Larry wurde sich allmählich der Verbindungen zwischen seinen Fehlern bei der Arbeit und seinem Wunsch bewußt, den Vater und die Brüder nicht zu übertreffen.
- Larry erkannte, daß ein Großteil seines selbstschädigenden Verhaltens – bei der Arbeit und in seiner Beziehung – Folge des gleichen Verhaltens bei seinem Vater war. Seine Bemühungen, seinen Vater nicht zu übertreffen, hatten ihn dazu gebracht, dessen negatives Verhalten zu imitieren.
- Larry erkannte, daß er sich als der Lieblingssohn für das Glück seiner Mutter verantwortlich fühlte. Er meinte, wenn er eine

enge Beziehung zu seiner Freundin aufbaute, würde er den Kontakt zur Mutter gefährden.

- Larry begriff allmählich, daß er glaubte, durch eine gute Beziehung zu seiner Freundin, würde er seine Eltern übertreffen, die so unglücklich miteinander schienen.

## Das ist erst der Anfang

Die Formulierung eines Planes soll und kann keine sofortigen Ergebnisse bringen. Man sollte sich keine Sorgen machen, wenn man nicht sofort jede Einzelheit des Plans für die eigene seelische Gesundung ausmachen kann. Die Bewußtwerdung zuvor unbewußter Dinge kann lange dauern und sehr komplex sein. Dauerhafte Einsichten stellen sich weder leicht noch schnell ein.

Man sollte diese Übung eher als Bestandteil eines Prozesses betrachten, der sich über Jahre erstreckt. Auch wenn die erste Formulierung des Planes lückenhaft zu sein scheint, kann sie sich doch als sehr nützlich erweisen, weil sie einem eine Richtung gibt und weitere Einsichten fördert.

## Die Formulierung des Planes

Schreiben Sie auf vier weiße Blätter die Überschriften:
*Ziele, Hindernisse, Tests* und *Einsichten.* Wenn Sie den folgenden Teil durchlesen, notieren Sie sich dabei vorläufige Elemente Ihres eigenen Plans für seelische Gesundung.

### ZIELE

Alle Menschen haben ähnliche Hauptlebensziele: Wir brauchen die Nähe zu anderen, wir brauchen Nahrung, wir wollen uns um unsere Kinder kümmern. Finanzielle Sicherheit und ein erfülltes Leben wünschen wir uns.

Manche Lebensziele lassen sich ohne große Anstrengungen erreichen. Doch die meisten Menschen haben Lebensziele, die sich ihnen immer wieder entziehen. Obwohl man alles versucht, scheint es in manchen Bereichen einfach nicht recht zu klappen.

Schreiben Sie für diese Übung nur die schwierigsten oder problematischsten Lebensziele auf. Es sind dies die Ziele, deren Erreichung Sie irgendwie verhindern wollen.

Beobachten Sie sowohl Ihr Verhalten wie Ihre Gefühle. Sicher gibt es Verhaltensweisen, die Sie gern beherrschen möchten, oder andere, die Sie vielleicht lieber unterließen. Ebenso gibt es Gefühle, die Sie gern hätten oder die Sie lieber vermeiden.

Beispiele für Verhaltensziele:
- Ich möchte gern angemessene Partner kennenlernen.
- Ich möchte meine Arbeit gern pünktlich erledigen.
- Ich möchte gern aufhören, meine Kinder anzuschreien.
- Ich möchte aufhören, meine Arbeit selbst zu behindern.
- Ich möchte zu meiner Mutter nein sagen können, ohne mich schuldig zu fühlen.
- Ich möchte mich frei fühlen, eine erfüllende, aufregende Karriere zu verfolgen.
- Ich möchte gern weniger eng an meine Eltern gebunden sein.

Beispiele für Gefühlsziele:
- Ich möchte mich meiner Frau/meinem Mann näher fühlen.
- Ich möchte es aushalten können, abgewiesen zu werden, ohne mich am Boden zerstört zu fühlen.
- Ich möchte mich gern selbstbewußt und souverän fühlen.
- Ich möchte mich gern weniger verletzlich und hilfs- und unterstützungsbedürftig fühlen.
- Ich möchte mehr Freude am Sex mit einem Partner erleben.
- Ich möchte mir gern weniger Sorgen darüber machen, was meine Eltern denken.
- Ich möchte meine chronische Depression überwinden.
- Ich möchte gern aufhören können, mich ständig zu sorgen.

Unterteilen Sie Ihre Ziele in Verhaltensziele und Gefühlsziele. Schreiben Sie diejenigen Verhaltens- und Gefühlsziele auf, die Ihnen momentan am wichtigsten scheinen.

HINDERNISSE

Ihre Hindernisse sind die destruktiven unbewußten Überzeugungen, die Sie davon abhalten, Ihre Ziele zu erreichen.

Beispiele für destruktive Überzeugungen:

- Wenn ich wütend werde, lehnt man mich überall ab.
- Wenn alles zu gut geht, werde ich bestraft.
- Wenn ich mich ausruhe, geschieht etwas Schreckliches.
- Wenn ich einem Mann näher komme, wird er mich irgendwann verlassen.
- Wenn ich einer Frau vertraue, werde ich immer verraten.
- Wenn ich Freunde oder Angehörige um etwas bitte, das ich wirklich gern hätte, werde ich zurückgewiesen und bestraft oder sie werden wütend.
- Wenn ich mit einer Frau schlafe, wird sie am Ende immer bitter und beleidigt sein.
- Wenn alles gut verläuft, wartet die nächste Katastrophe schon.

Beispiele für destruktive Überzeugungen, die eingebildeten Verbrechen entstammen:

- Wenn ich sozialdemokratisch wähle, verhalte ich mich meinem konservativen Vater gegenüber illoyal.
- Wenn ich nicht dreimal in der Woche bei meinen Eltern zu Mittag esse, kränke ich meine unglückliche Mutter.
- Wenn ich versuche, eine enge Beziehung einzugehen, werde ich bloß verletzt und abgewiesen, denn ich bin grundsätzlich nicht liebenswert – ich bin grundsätzlich schlecht.
- Wenn es mir gelänge, mein Idealgewicht zu erreichen, würde ich dadurch meine dicke Mutter und Schwester demütigen.

Erinnern Sie sich, daß Sie sich wegen eines bestimmten eingebildeten Verbrechens gegenüber einem Angehörigen schuldig fühlen können, und wegen eines anderen bei einem anderen Mitglied Ihrer Familie. Denken Sie über jedes der folgenden eingebildeten Verbrechen nach und fragen Sie sich, ob es auf Sie zutrifft: Übertreffen, Belasten, Verdrängen, Verlassen, Unloyalität und grundsätzliche Schlechtigkeit.

Das sind nicht alle eingebildeten Verbrechen, die möglich sind. Stellen Sie Ihre eigene Liste auf, wenn es andere, für Sie wichtige gibt. Versuchen Sie, Ihre Überzeugungen zu formulieren, die vermeintlichen Verbrechen entstammen, wie diejenigen, die wir aufgelistet haben. Zum Beispiel:

»Wenn ich ein....... (Lebensziel) verfolge oder erreiche, wird das....... (negative Folge) passieren.«

Nun führen Sie ihre wichtigen destruktiven Überzeugungen auf dem Blatt auf, das Sie mit *Hindernisse* bezeichnet haben.

TESTS
Wir haben im letzten Kapitel erfahren, daß Tests Experimente sind, mit denen wir unsere destruktiven Überzeugungen herausfordern.

## *Fallbeispiel: Ein Übertragungstest*

Joyce, die wir bereits kennengelernt haben, begann eine Beziehung mit Manfred, einem freundlichen und toleranten Mann. Nach ein paar Monaten begann sie, eine Reihe kleiner, aber möglicherweise ärgerlicher Fehler zu machen und wurde auch launisch. Dieses Verhalten stellte eine unbewußte Aufforderung an Manfred dar, sie zu kritisieren, wie ihr Vater es mit ihr als Kind getan hatte. Manfred kümmerte sich nicht um diese kleinen Provokationen, sondern half Joyce, ihre unbewußte Überzeugung, sie verdiene schlechte Behandlung, zu überwinden.

Joyce testete auch ihren Chef, indem sie kleine, aber wichtige Dinge bei der Arbeit vergaß. Manfred bestand Joyces Test, indem er sich weigerte, sich provozieren zu lassen, aber ihr Chef fiel durch, weil er seine Unzufriedenheit mit Joyces Unverantwortlichkeit offen zeigte. Als Joyce erkannt hatte, daß sie ihren Chef prüfte, konnte sie dieses selbstschädigende Verhalten aufgeben.

Beispiel für einen Passiv-Aktiv-Test:
Felix kam immer zu spät von der Arbeit nach Hause. Er versprach, um halb sieben zum Essen da zu sein, kam aber erst um Viertel vor sieben oder noch später. Genauso hatte sein Vater sich verhalten, als Felix noch klein war, obwohl seine Mutter und Felix sich deshalb wütend und hilflos gefühlt hatten. Christa, seine Frau, wurde ebenfalls frustriert und wütend, und bat ihre Mutter

um Rat. Zusammen beschlossen sie, Christa solle die Essenszeit festsetzen und dann anfangen, ob Felix da war oder nicht. Christa wartete nicht mehr darauf, daß Felix nach Hause kam. Das Essen stand pünktlich um sechs auf dem Tisch. Felix knurrte zwar ein bißchen, doch bald erschien er pünktlich.

Christa weigerte sich, hilflos und wütend zu werden und bestand somit Felix' Test. Sie half ihm seine unbewußte Überzeugung abzubauen, daß er dazu verdammt sei, die konfliktbeladene Beziehung seiner Eltern zu imitieren.

Fragen Sie sich, ob Sie eine Beziehung entdecken können – mit Ihrem Partner, Freunden, Kindern, Eltern, dem Chef – in der Sie den anderen testen. Nun schreiben Sie diese Beziehungen auf und auch, wie die Tests aussehen.

Nun gehen Sie jede einzelne Person durch, die Sie testen, und stellen sich die folgenden Fragen:

- Provoziere ich diese Person, mich so zu behandeln, wie meine Mutter oder mein Vater es taten?
- Behandele ich diese Person, so wie mein Vater oder meine Mutter mich behandelt haben?
- Von welcher destruktiven unbewußten Überzeugung oder von welchem eingebildeten Verbrechen versuche ich mich zu befreien?
- Besteht diese Person die Tests oder fällt sie durch?
- Wie fühle ich mich, wenn diese Person besteht? Wie, wenn sie den Test nicht schaffen kann?
- Welche Angehörigen, Freunde oder Geschäftspartner testen mich? Bestehe ich gewöhnlich, oder falle ich durch?

Schreiben Sie nun die Antworten auf diese Fragen auf.

### EINSICHTEN

In diesem Teil führen Sie alle Erkenntnisse oder Einsichten auf, die ihnen helfen könnten, Ihre seelischen Probleme zu bewältigen. Einige dieser Einsichten spiegeln vielleicht eine destruktive Überzeugung oder ein eingebildetes Verbrechen wider.

Dieser Teil dauert vielleicht am längsten. Sie können immer wieder neue Erkenntnisse hinzufügen. Um Ihnen bei der Organisation des Materials zu helfen, teilen wir diese Sektion in Untergruppen auf:

- Die Ursprünge Ihrer destruktiven Überzeugungen
- Die Ursprünge Ihrer eingebildeten Verbrechen
- Die Identifikation mit einem Elternteil
- Der Gehorsam gegenüber einer negativen Botschaft der Eltern
- Die strafenden Gedanken

### *Die Ursprünge Ihrer destruktiven Überzeugungen*

Führen Sie jedes wichtige Erlebnis von Verlust, Mißhandlung, Mangel an Liebe oder Zuwendung auf, an das Sie sich erinnern können: Todesfälle, Trennungen, Krankheiten, Alkoholismus, Suchtverhalten, sexueller Mißbrauch oder andere Traumata. Dann versuchen Sie zu erfassen, wie diese Vorfälle bei der Entstehung Ihrer destruktiven Überzeugungen mitgewirkt haben könnten.

Ein paar Beispiele dafür:
- Vater war in seinen Trinkphasen immer sehr launisch und unberechenbar. Immer, wenn ich dachte, alles sei nun in Ordnung, fing er wieder mit dem Trinken an. Daher gelangte ich zu der Überzeugung, daß irgendetwas Schlimmes passieren würde, sobald ich mich entspannte.
- Mein älterer Bruder begann, als ich neun war, mich sexuell zu mißbrauchen. Als ich versuchte, es meinen Eltern zu sagen, glaubten sie mir nicht. Dieser Mißbrauch setzte sich fort, bis ich vierzehn war und mein Bruder auszog. Ich fühlte mich schuldig, bedrängt und wütend. Ich entwickelte das Gefühl, nicht das Recht zu haben, mir eine Belästigung zu verbieten, weil meine Eltern mich nicht in Schutz genommen hatten.
- Vater stürzte mit einem Flugzeug ab, nachdem ich einen Streit mit ihm hatte und ihm zum Abschied keinen Kuß geben wollte. Das war einer der Vorfälle, die mir den Eindruck vermittelten, Wut sei etwas sehr Gefährliches.
- Da meine Eltern mich immer vorgezogen hatten, glaubte ich, als meine Schwester drogensüchtig wurde, ich sei für ihr schreckliches Leben verantwortlich.
- Mein Vater verschwendete unser gesamtes Vermögen und

machte meine Mutter sehr unglücklich, obwohl er selbst immer fröhlich war. Daher glaube ich unbewußt, daß schon eine Katastrophe auf mich wartet, wenn ich nur einmal entspannt und glücklich bin.

### *Die Ursprünge Ihrer vermeintlichen Verbrechen*

Betrachten Sie die Schwierigkeiten und die unerfüllten Lebensziele Ihrer Eltern und Geschwister. Fragen Sie sich bei jedem Familienmitglied, inwiefern Sie sich ihm gegenüber eingebildeter Verbrechen schuldig fühlen und zu welchen destruktiven Überzeugungen Sie gelangten. Versuchen Sie bei jedem eingebildeten Verbrechen die Vorfälle zu identifizieren, die Sie überzeugten, dieses Verbrechen begangen zu haben.

Einige Beispiele dafür:
- Mein Vater schien nicht sehr erfolgreich, daher hindere ich mich selbst daran, Erfolg zu haben, damit ich ihn nicht übertreffe.
- Meine Mutter war immer unglücklich, wenn sie mir einmal nicht sagen konnte, was ich tun sollte. Daher habe ich Angst, eigene Entscheidungen zu treffen und sichere mich immer noch bei einer Autoritätsperson ab, ehe ich etwas tue. Wenn ich unabhängig würde, beginge ich das eingebildete Verbrechen, sie zu verlassen.
- Meine Eltern konnten keine Kritik ertragen. Daher fühle ich mich immer unloyal, wenn ich einmal etwas Kritisches über sie denke.

Schreiben Sie die unerfüllten Ziele Ihrer Eltern und Geschwister auf.

### *Identifikation mit den Eltern*

Gehen Sie alle Gedanken, Gefühle oder Verhaltensweisen durch, die Ihnen momentan Probleme bereiten. Ist Ihr Problem dem eines Elternteils oder eines Geschwisters ähnlich?

Falls dies zutrifft, überlegen Sie, ob Ihre Gedanken, Gefühle oder Verhaltensweisen vielleicht Folgen einer Identifikation mit diesem Elternteil oder Geschwister sind. Beispiel:

- Ich kritisiere meinen Sohn übermäßig, genau wie mein Vater mich immer heftig kritisiert hat.
- Ich denke besessen an mein Gewicht, genau wie meine Mutter und meine Schwester das getan haben.
- Ich kann Rechnungen einfach nie pünktlich bezahlen – genau wie mein Vater.

Schreiben Sie nun die Identifizierung mit Eltern oder Geschwistern auf.

*Gehorsam gegenüber negativen Botschaften der Eltern*

Betrachten Sie Ihre gegenwärtigen Verhaltensweisen, die Ihnen Probleme bereiten, und denken Sie über die Möglichkeit nach, daß Sie sich vielleicht einer negativen Botschaft Ihrer Eltern fügen. Führen Sie alle negativen Botschaften der Eltern und Geschwister auf, sowohl ausdrückliche, wie angedeutete Botschaften (vielleicht hilft es, die Liste mit negativen Botschaften am Ende von Kapitel 6 zu Rate zu ziehen.)

Ein paar Beispiele dafür:
- Mein Vater hat gesagt, kein Mann würde mich jemals wollen, und so habe ich mein ganzes Leben dafür gesorgt, von Männern abgelehnt zu werden.
- Meine Mutter brachte mir bei, niemandem außerhalb der Familie zu trauen.
- Meine Mutter hat niemals eine Pause gemacht oder sich Ruhe gegönnt. Sie legte sich niemals mal hin und ging nicht zum Arzt, wenn sie krank war. So habe ich gelernt, mich nicht auszuruhen oder mich sonstwie um mich selbst zu kümmern.
- Bei der Beerdigung meiner Mutter sagte meine Tante zu mir, meine Ansprüche hätten meine Mutter umgebracht. Daher kann ich niemanden um Hilfe bitten, auch jetzt noch nicht, zwanzig Jahre später.

Schreiben Sie nun auf, inwiefern Sie gehorsam sind.

*Strafende Gedanken*

Verfolgen Sie bedrohliche Gedanken? Wenn solche Gedanken auftreten, obwohl Sie eigentlich Glück haben, wenn Sie etwa ein wichtiges Ziel erreicht haben, dann handelt es sich vermutlich um strafende Gedanken. Beispiele:

- Nach meiner letzten Beförderung wurde ich von der Angst besessen, ich könnte diese Stelle nicht ausfüllen.
- Nachdem ich mich geweigert hatte, mit einem netten, aber leicht depressiven und langweiligen Mann auszugehen, ertappte ich mich bei dem Gedanken: Ich bin ein schlechter Mensch. Ich habe schon so viele Menschen im Leben verletzt.
- Nach einer kurzen Phase nach meinem Umzug, in der ich mich sehr glücklich und lebendig fühlte, quälte mich der Gedanke, Aids oder Krebs zu haben, obwohl ich mich gesund fühlte und alle Tests negativ waren.
- Nachdem wir den Vertrag zu diesem Buch unterzeichnet hatten, machte ich mir Sorgen, daß alle Kollegen und Freunde mich verachten, und mein Koautor mich als dumm und ungebildet betrachten und unsere zwanzigjährige Freundschaft beenden würde. Niemandem würde das Buch gefallen.

Nehmen Sie sich nun ein paar Minuten Zeit und schreiben sie alle unangenehmen, hartnäckigen Gedanken auf, an die Sie sich erinnern können.

## Ihr Plan ist vielleicht sehr komplex

Vermutlich stellen Sie fest, daß Ihr eigener Plan sehr viel komplexer ist als die Fallbeispiele, die wir in diesem Buch geschildert haben. Bei diesen Fallgeschichten haben wir häufig vereinfacht, um einen besonderen Aspekt zu veranschaulichen.

Alle Menschen sind komplexe Individuen mit einer starken Bindung an ihre Familie und Freunde. Vielleicht fühlen Sie sich mehrerer eingebildeter Verbrechen schuldig. Sie glauben etwa, die

Mutter übermäßig belastet und verlassen zu haben, den Vater übertroffen und die Geschwister verdrängt zu haben. Sie stellen fest, daß Sie sowohl in Identifikationen (Wiederholung von elterlichem Verhalten) wie Gehorsam (Anpassung an negative elterliche Behandlung oder Botschaften) verstrickt sind.

Wenn Sie Ihren persönlichen Plan aufgestellt haben, sollten Sie ein genaueres Bild von den Problemen gewonnen haben, an denen Sie arbeiten, von den Überzeugungen, die hinter jenen Problemen stehen, und von den Erlebnissen, die zu diesen Überzeugungen führten.

Dieser Plan und seine Erstellung sind schon an sich wertvoll. Doch die Formulierung des Planes ist noch auf andere Weise nützlich. Wenn Sie ein Problem haben oder Gefühle erleben, die Sie nicht verstehen, kann es helfen, das Aufgeschriebene durchzulesen. Genau wie ein Therapeut für sich den Plan seines Klienten durchgeht, wenn ihn dessen mangelnde Fortschritte verwirren, können Sie zu ihrem eigenen Plan greifen, wenn Ihnen Gefühle oder Verhaltensweisen verwirrend oder selbstschädigend erscheinen.

Wir schlagen vor, die Übung von Zeit zu Zeit zu wiederholen. Vermutlich können Sie eine immer bessere und hilfreichere Leitlinie für Ihre Heilung entwickeln.

## Der fortlaufende Prozeß der seelischen Selbsthilfe

Man kann die mit dieser Übung begonnene Arbeit auf verschiedene Weisen fortsetzen. Vielleicht möchten Sie den Plan mit Ihrem Partner, einem Angehörigen oder Freund besprechen. Wenn Sie in einer Therapie sind, können Sie ihn mit Ihrem Therapeuten durchgehen. Wenn nicht, könnten Sie vielleicht erwägen, eine Therapie zu beginnen, um schnellere Fortschritte zu machen.

Die Therapie kann eine sehr nützliche Methode sein, sich von einengenden unbewußten Überzeugungen zu lösen. Für Menschen, die in der Kindheit ein schweres Trauma erlitten haben, ist vermutlich eine Individual- oder Gruppentherapie unerläßlicher Bestandteil des Prozesses, Einsichten darüber zu gewinnen.

Doch auch bei weniger schwerwiegenden Problemen bietet die Psychotherapie zwei Vorteile: Die Bemerkungen und Deutungen

Ihres Therapeuten können Ihnen Erkenntnisse vermitteln, die Ihrer besonderen Situation eher angemessen sind als die hier angebotenen. Eine Therapie bietet darüber hinaus eine gute Umgebung für die in Kapitel 11 beschriebenen Tests. Die Widerlegung Ihrer destruktiven Überzeugungen mittels solcher Tests stellt vermutlich die beste Methode dar, deren hartnäckigen Griff zu lockern.

Wenn Sie unter überwältigenden seelischen Problemen leiden, würden wir Ihnen dringend anraten, eine Psychotherapie aufzusuchen. Doch auch wenn Ihre Probleme relativ gering sind, kann eine Therapie sehr nützen. Es gibt viele Wege zur Selbsterkenntnis, doch Hilfe von einem sensiblen und erfahrenen Therapeuten ist eine der besten Methoden, sich von unnötigen Einschränkungen zu befreien, die verhindern, daß Sie möglichst befriedigend und erfüllt leben.

Manche Klienten begeben sich nicht wegen eines dringenden Problems in Therapie, sondern aus dem Gefühl heraus, ihr Leben bereichern zu wollen. Die meisten Therapeuten arbeiten sehr gern mit solchen Klienten. Die Psychotherapie kombiniert im Optimalfall den Prozeß, Probleme zu lösen, mit dem der Bereicherung und Entdeckung, denn dies ist letztendlich ein und dasselbe.

## Die Suche nach dem richtigen Therapeuten

Am besten findet man einen guten Therapeuten, indem man Bekannte fragt. Wenn Sie Freunde haben, die eine Therapie besuchen, so bitten Sie diese um eine Empfehlung. Fragen Sie, ob es ihnen recht ist, wenn auch Sie deren Therapeuten aufsuchen. Falls nicht, bitten Sie, Ihnen jemand anders zu empfehlen.

Ihr Seelsorger oder Arzt kann Ihnen vielleicht auch einen guten Therapeuten empfehlen. Die Psychologie- und Medizinfakultäten der Universitäten, sowie die örtlichen Vereinigungen der Psychologen, Psychiater und Ehe- und Familienberater können Ihnen ebenfalls weiterhelfen. Außerdem kann es nützlich sein, das Branchenfernsprechbuch zu Rate zu ziehen.

Psychologen, Psychiater und Familienberater, Sozialarbeiter, Analytiker und andere Berater bieten Therapie privat und in klinischer Umgebung an. In beiden Bereichen arbeiten ausgezeichnete Therapeuten, und man kann nicht sagen, ob der eine oder der andere die bessere Hilfe wäre. Suchen Sie sich einen Therapeuten aus, der für Sie richtig zu sein scheint – ungeachtet seiner Ausbildung.

## Vertrauen Sie auf die eigene Reaktion

Auch wenn jemand Ihnen eine Empfehlung gibt, ist es sehr wichtig, daß Sie selbst die Lage einschätzen und sich selbständig entscheiden. Stellen Sie sich die folgenden Fragen:

- Fühlen Sie sich bei diesem Therapeuten sicher? Wirkt er auf Sie wie jemand, dem Sie Ihre geheimsten Gedanken, Phantasien und Ängste mitteilen können? Oder wirkt er oder sie irgendwie respektlos, unzuverlässig, unordentlich, ungeduldig, kritisch oder strafend? Man reift nur, wenn die Umgebung sicher ist, nicht, wenn man angespannt und verschreckt ist.
- Fühlen Sie sich verstanden? Scheint der Therapeut wirklich den Einzelheiten Ihres Problems zuzuhören und wirkt an dem, was Sie schildern, interessiert? Oder scheint er eine Theorie zu haben, die er anwendet, ehe er Sie und Ihre Situation erfaßt hat? Scheint der Therapeut ein Gefühl für Ihre Lage zu haben? Ein Therapeut, der Ihr Problem nicht zu begreifen scheint, wird Ihnen vermutlich kaum helfen.
- Fühlen Sie sich nach diesem ersten Treffen mit dem Therapeuten wenigstens ein bißchen besser? Sind Sie weniger ängstlich, schuldbewußt, deprimiert und statt dessen hoffnungsvoller und sicherer? Wenn Sie Schwierigkeiten haben, anderen Menschen zu vertrauen, brauchen Sie vermutlich eine lange Probezeit mit einem Therapeuten, bis Sie herausfinden, ob er Ihnen helfen kann. Doch nach nicht langer Zeit sollten Sie einen Hoffnungsschimmer sehen, auch wenn Ihre destruktiven Überzeugungen bewirken, daß Sie dieser Hoffnung mißtrauen.

Manchmal ist es besonders nützlich, wenn Ihr Therapeut einige der Eigenschaften verkörpert, die Sie für sich anstreben. Wenn Sie depressiv sind, nützt Ihnen vielleicht ein Therapeut, der fröhlich und lebhaft ist. Wenn Sie ängstlich sind, ziehen Sie vielleicht einen entspannten, zuversichtlichen Arzt vor.

Wenn Sie das Gefühl haben, daß die in diesem Buch gewonnenen Einsichten Ihnen nützen könnten, diskutieren Sie sie mit Ihrem potentiellen Therapeuten. Vermutlich erlangt man auch Hilfe von einem Therapeuten, der die Schlüsselrolle irrationaler Schuldgefühle in den Problemen seines Patienten nicht erkennt, doch es bedeutet natürlich einen Vorteil, wenn er sich damit auskennt.

## Die Auswahl eines Therapeuten

Wir schlagen die folgende Methode bei der Auswahl eines Therapeuten vor: Benutzen Sie die Quellen, die wir im letzten Abschnitt diskutierten. Rufen Sie an, und machen Sie einen Termin aus. In den ersten Sitzungen konzentrieren Sie sich auf die Frage, ob Ihnen dieser Therapeut helfen kann. Wenn Ihnen dabei wohl ist, können Sie dem Therapeuten von Ihrer Planformulierung erzählen und von den aus diesem Buch gewonnenen Einsichten.

Drei Sitzungen sollten ausreichen, um Ihnen ein Gefühl zu vermitteln, wie der Therapeut arbeitet, wie sicher Sie sich fühlen, und ob er oder sie helfen können. Wenn Sie sich nicht wohlfühlen, suchen Sie ihn nicht wieder auf. Rufen Sie einfach an, und sagen Sie die eventuell ausgemachten Termine ab. Sorgen Sie sich nicht, die Gefühle des Therapeuten zu verletzen, denn es kommt häufig vor, daß neue Patienten sich bald wieder zurückziehen. Versuchen Sie es bei jemand anderem. Setzen Sie diesen Prozeß fort, bis Sie jemanden gefunden haben, dem sie vertrauen.

Eine weitere gute Methode ist, eine Probestunde mit drei oder vier Therapeuten auszumachen. Besuchen Sie alle zwei oder drei Mal, ehe Sie eine Entscheidung treffen. Diese Methode ermöglicht Ihnen, Vergleiche zu ziehen, ehe sie eine Entscheidung treffen.

## Therapiegruppen

Eine andere Möglichkeit, den Prozeß der Selbsterforschung fortzusetzen, ist eine Selbsthilfe- oder Therapiegruppe. Die Suche nach einer passenden Gruppe wird ironischerweise vereinfacht, wenn man Kind oder Partner eines Alkoholikers oder Inzestopfers ist, d. h. in eine leicht identifizierbare Gruppe fällt.

Menschen in größeren Städten finden leicht eine von einem Therapeuten geleitete Gruppe. Wenden Sie sich an die örtliche Vereinigung von Gruppentherapeuten.

## Tagebuch führen

Manche Menschen führen ohnehin Tagebuch. Wenn sie dies tun oder es anfangen wollen, können Sie Ihre aus diesem Buch gewonnenen Einsichten ausgezeichnet festhalten und verarbeiten. Tagebücher sind etwas sehr Persönliches. Hier einige Vorschläge, wie man damit beginnt.

- Denken Sie über Beispiele für selbstschädigendes Verhalten in Ihrem täglichen Leben nach. Suchen Sie nach destruktiven unbewußten Überzeugungen oder eingebildeten Verbrechen, die hinter solchen Überzeugungen stehen können.
- Achten Sie auf bestrafende Gedanken in Ihrem täglichen Leben. Wenn Ihnen solche Gedanken auffallen, notieren Sie sie in Ihrem Tagebuch.
- Fragen Sie sich: Wie strafe ich mich am häufigsten für meine eingebildeten Verbrechen?
- Sammeln Sie Informationen von Ihren Geschwistern und Eltern, um ein möglichst genaues Bild Ihrer Kindheit aufzustellen. Versuchen Sie, dies mit den Problemen und den Stärken in Zusammenhang zu bringen, die Sie heute haben.
- Benutzen Sie die Aufzeichnungen aus Ihrem Tagebuch auch für die Aktualisierung Ihres Plans.

## Romane und Filme

Romane und Filme, die die in diesem Buch geschilderten Prinzipien veranschaulichen, stellen ebenfalls einen guten Weg zur Selbsterforschung dar. Die Prinzipien, die unsere grundsätzlichsten Motive auslösen, wurden oft instinktiv von Autoren und Regisseuren begriffen. Genau dieses Verständnis läßt die Charaktere so echt erscheinen.

## Wie geht es weiter?

Vielen Menschen wurde beigebracht, ihre Probleme auf Arten zu betrachten, die vornehmlich selbstkritisch und selbstanklagend sind. Besonders Psychoanalytiker haben uns gelehrt, daß Probleme Folgen unbewußter Wut, unterdrückter Sexualität und der Unwilligkeit sind, die egoistischen Freuden der Kindheit aufzugeben. Doch obwohl alle Menschen zuweilen egoistische, wütende und sexuelle Impulse verspüren, stellen diese nicht immer die Quelle von seelischen Problemen dar. Meistens werden Schwierigkeiten durch unbewußte Scham, unbewußte Ängste und unbewußte Schuldgefühle ausgelöst.

Es ist wichtig, herauszufinden, wenn man sich von unbewußten negativen Verhaltensmustern leiten läßt, doch das Wissen darum wird das Verhalten nicht verhindern. Natürliche Aggression, Egoismus und Sexualität verursachen gewöhnlich keine ernsten Probleme, wenn diese Motive nicht von irrationalen unbewußten Überzeugungen verzerrt werden. Daher ist es überaus wichtig, die Überzeugungen zu begreifen, die hinter dem unangemessenen Verhalten stehen. Eine der häufigsten destruktiven Überzeugungen ist, daß es allein schon ein Verbrechen ist, egoistische, wütende oder sexuelle Gefühle überhaupt zu haben.

Unsere Hoffnung ist, daß dieses Buch geholfen hat – und weiterhin helfen wird, daß Sie sich verstehen und Ihre seelischen Probleme aus einer neuen, positiven und fruchtbaren Perspektive betrachten.

- Statt über die Probleme zu grübeln, die selbstsüchtige Begierden schaffen, kann man seine Schuldgefühle akzeptieren, weil man Dinge für sich selbst will, weil man Dinge besitzt, die andere nicht haben, Schuldgefühle, ein eigenes Leben zu haben, sowie irrationale Ängste, andere zu verletzen.
- Statt sich um die Wirkungen von Wut zu sorgen, kann man die Schuldgefühle erforschen, die man empfindet, eben weil man wütende Gefühle hat: die Angst, daß wütende Gefühle für andere gefährlich sind, und die Sorge, daß jeder Ausdruck von Wut bedeutet, von anderen abgelehnt zu werden.
- Statt sich auf unbewußte sexuelle Wünsche gegenüber den Eltern zu konzentrieren, kann man sich mit dem Unbehagen be-

schäftigen, das man hat, weil die elterliche Zuwendung sexuellen Beigeschmack hatte, die Schuldgefühle, weil man Spaß am Sex hat, während die Eltern dies nicht zu haben schienen, und die irrationalen unbewußten Ängste, andere zu gefährden, wenn man sexuelle Gefühle ausdrückt.

Sie haben vielleicht Angst, daß die Erforschung der dunklen Seite Ihrer Kindheit Sie vielleicht veranlaßt, sich in Selbstmitleid zu ergehen. Das wird aber nicht der Fall sein. Die Vorstellung, daß man eher in Selbstmitleid zerfließt, als mit dem Leben fortzufahren, ist Echo einer elterlichen Anschuldigung: »Du tust dir wohl selber leid!« Es kann überaus befreiend sein, wenn man sich den Schmerz in Erinnerung ruft, den man als Kind empfunden hat.

Wenn man sich seine Kindheitsgeschichte ansieht, findet man zwei Arten von Leid. Es gibt den Schmerz, an den man gewöhnt ist: Schmerz aufgrund von Ablehnung, Mißhandlung, Armut, Verlust, Vernachlässigung und Mißverständnissen. Für viele Menschen spielen solche Schmerzen eine wichtige Rolle im Leben. Doch es gibt auch einen anderen Typ Schmerz, an den man nicht so gewöhnt ist: das Mitleid, das man empfindet, wenn man Zeuge des Leids der Eltern oder Geschwister war, auch wenn diese Leiden vielleicht unbewußt selbstauferlegt waren. Es ist dieser Schmerz der am häufigsten das Entstehen eingebildeter Verbrechen auslöst.

Und so gelangen wir an das Ende unserer Reise. Wir haben in diesem Buch versucht, eine Reihe neuer und komplexer Konzepte darzulegen. Wir hoffen, daß die hier vorgelegten Gedanken Ihnen wie uns ermöglichen, Tiefe, Komplexität und das Wunder des menschlichen Geistes zu erkennen und zu schätzen. Es liegt sicherlich eine gewisse Tragik des menschlichen Herzens darin, daß so viele destruktive Verhaltensweisen unseren mitfühlendsten und altruistischsten Impulsen entspringen.

Wir hoffen, daß diese Gedanken gut aufgenommen und Bestandteil Ihrer Gedanken werden, daß Sie sie am Ende als nützliche Instrumente bei der Erforschung Ihrer seelischen Probleme verwenden. Wir wären dankbar, wenn Sie uns bei dieser so wichtigen Reise weiterhelfen, die jeder unternehmen muß, wenn er sich von destruktiven Überzeugungen befreien und von vermeintlichen Verbrechen lossprechen will.

# Danksagungen

Ein Großteil des Materials zu diesem Buch entstammt der Arbeit von Joseph Weiss, Harold Sampson und ihrer Mitarbeiter bei der Mount-Zion-Forschungsgruppe.

Weiss' dreißigjährige, mühselige Arbeit an Psychotherapie-Aufzeichnungen schuf die Basis für die Kontrollbeherrschungs-Theorie, jenes überzeugende neue Konzept psychologischer Prinzipien, das dieses Buch anregte. Alle grundsätzlichen Erkenntnisse, die Terminologie und die Auswertung der Forschung sind Folge von Weiss' Ideen und seiner ungeheuren Arbeit. Wir danken seiner uneingeschränkten Unterstützung, daß wir nun die Kontrollbeherrschungs-Theorie einem breiteren Publikum vorstellen können.

Die Zusammenarbeit zwischen Joe Weiss und Hal Sampson, die 1964 begann, war ausnehmend erfolgreich. Von Anbeginn ihrer Kooperation an konzentrierten sie sich darauf, eine Strategie zu entwickeln, um das Handwerkszeug der wissenschaftlichen Methode für den Prozeß der Psychotherapie fruchtbar zu machen. 1972 gründeten sie die Mount-Zion-Forschungsgruppe, zu der inzwischen fünfzig Mitglieder gehören – Psychologen, Psychiater, Psychoanalytiker, Ehe-, Familien- und Kindertherapeuten, klinische Sozialarbeiter und Doktoranden. 1986 veröffentlichen Weiss und Sampson in Zusammenarbeit mit der Mount-Zion-Gruppe »The Psychoanalytical Process: Theory, Clinical Observation and Empirical Research«, die erste ausführliche Einführung in die Ideen und Forschungsmethoden der Kontrollbeherrschungs-Theorie.

Hal Sampson war uns ein wichtiger Freund und Mentor und hat Hunderte von Stunden mit Lewis Engel über die Kontrollbeherrschungs-Theorie diskutiert. Darüber hinaus hat er selbstlos Zeit und Energie zur Verfügung gestellt, um erste Fassungen des Manuskripts durchzuarbeiten.

John Curtis und George Silberschatz, Ko-Leiter des *Brief Therapy Research Projects,* sind, zusammen mit Weiss und Sampson, verantwortlich für die Grundlagen der Kontrollbeherrschungs-Foschung und haben sich immer stark eingesetzt, andere an dieser Arbeit zu beteiligen.

Wir möchten auch für die Beiträge anderer früherer und gegenwärtiger Mitarbeiter der Mount-Zion-Psychotherapy-Research-Gruppe danken: Edward Ballis, Sandra Bemesdorfer, Anne Black, Marcia Black, Kay Blacker, John Bogardus, Diana Bowling, Jessica Broitman, Abbot Bronstein, David Brown, Suzanne Brummer, Martel Bryant, Jack Bugas, Marshall Bush, Lynn Campbell, Joseph Caston, Sandra Cohen, Joshua Coleman, Lowell Cooper, Janet Cumming, Barbara Dallas, Kathy DePaola, Jack Dolhinow, Carol Drucker, Heather Folsom, Steven Foreman, Polly Fretter, Michael Friedman, Suzanne Gassner, Jess Ghannam, John Gibbins, William C. Glover, Ruth Goldman, Rachelle Goodfriend, Irwin Gootnick, Seppe Graupe, Phyllis Greene, Harriete Grooh, Forrest Hamer, Sheryl Hausman, Arthur Hoffman, Leonard Horowitz, Sue Hulley, J. Rod Hundley, Marla Isaacs, Susan Jenny, Cynthia Kale, Thomas Kelly, Michael Kirsch, Andrew Knier, Anya Lane, Lisa Levine, Georgine Marrot, Elizabeth Mayer, Terry McCall, Mary Margaret McClure, Ellen Mowery, Roxanne Norville, Lynn O'Connor, Jacob Ofman, Harvey Peskin, Judy Pickles, Don Propstra, Paul Ransohoff, Owen Renik, Saul Rosenberg, Arlene Rothschild, Eleanor Sampson, Frances Sampson, Jan Schreiber, Cynthia Shilkret, Robert Shilkret, Ellen Siegelman, Alan Skolnikoff, Norman Sohn, Ronald Spinka, April Stan, Thomas Stein, Stanley Stenberg, Diane Suffridge, Phyllis Toch, Estelle Weiss, Michael Windholz, Abby Wolfson, John Wotkyns, Neil Young und Ellen Zuckerman.

Wir hatten das Glück, die Hilfe vieler Freunde und Kollegen beanspruchen zu dürfen, die der Durchsicht des Manuskripts viel Zeit und Mühe schenkten:

Eugene Alexander, Edward Bourg, Esther Bourg, Stephanie Brown, Marshall Bush, Beverley Cone, John Curtis, Meredith Dreiss, Judith Elman, Barbara Engel, Brandy Engel, Frieda Engel, Paula Engel, Joseph Engel, Heather Folsom, Steve Foreman, Michael Friedman, Joe and Terry Graedon, Rose Levinson, George Silberschatz, Evelyn Whitlock und Stuart Yudofsky.

Besonderen Dank schulden wir Lonnie Barbach, die mehrere Fassungen durchsah und ihre Erkenntnisse, Erfahrungen und Ratschläge großzügig mit uns teilte. Außerdem möchten wir John Sterling und Tony Lopopolo für ihre Unterstützung danken.

Außerdem sind wir unseren fähigen Agenten Charlotte Sheedy

und Vicki Bijur dankbar, die uns durch die Anfangsstadien und erste Planung dieses Buches leiteten und uns bei der Suche nach einem Verlag halfen.

Besonderen Dank schulden wir Ruth Hapgood, unserer Lektorin, und ihrer Assistentin Tara Hartnett. Ruth diente uns von Anfang an als Ratgeberin, Mitarbeiterin und Hauptstütze und ließ uns an ihrer Begeisterung, konstruktiven Kritik und beruhigenden Zuversicht teilhaben. Ihre uneingeschränkten Bemühungen haben dieses Buch besser gemacht. Jayne Yaffem polierte und straffte, was wir geschrieben hatten und verlieh dem Endprodukt Flüssigkeit und Eleganz. Marly Rusof und Sandy Goroff-Miller setzten sich in der Vertriebsabteilung ein, um das Buch herauszubringen.

Ein besonderer Dank geht an Rachel Sanborn, die bei der Manuskriptvorbereitung half. Ihre unendliche Geduld und fast übermenschlich gute Laune während der scheinbar endlosen Durcharbeitungen machten den Prozeß des Schreibens und Umschreibens zu einem Vergnügen.

Unsere Partner Brandy Engel und Meredith Dreiss haben dieses Projekt auf mannigfaltige Weise unterstützt – indem sie das Manuskript lasen und kommentierten, indem sie einen Extraanteil an Haushalt- und Elternpflichten übernahmen, uns bei Laune hielten und, wenn notwendig, daran erinnerten, daß es noch andere Dinge im Leben gab, als »Das Buch«. Ohne die enge Bindung an den Lebenspartner hätten wir uns beide nicht an ein Werk dieses Umfangs begeben können.

Unsere Kinder Nicholas Engel und Adrienne Dreiss erinnerten uns an die Kämpfe, die Kinder durchstehen müssen, wenn sie dieser komplexen und manchmal schwierigen Welt, in der wir leben, einen Sinn geben wollen. Unsere Beziehung zu ihnen hat uns geholfen, die ungeheure schwere Aufgabe als Eltern zu schätzen, und uns daran erinnert, daß oft ein Riesenunterschied zwischen dem besteht, was Eltern wollen und was Kinder wahrnehmen.

Schließlich möchten wir unseren Eltern Frieda und Joseph Engel und Helen und Wallace Ferguson unsere tiefe Dankbarkeit ausdrücken. Im Verlauf dieses Projekts begriffen wir, wie viel sie uns mitgegeben haben.

# Anmerkungen

## *Kapitel 1*

1. Die Kontrollbeherrschungs-Theorie ist nach ihren beiden Schlüsselaspekten benannt: Kontrolle und Beherrschung.

   Psychotherapie nützt unter anderem, indem sie hilft, lange vergessene Erinnerungen und Gefühle wieder auszugraben. Wenn diese wieder zugänglich sind, kann man sie benutzen, jene unbewußten, irrationalen Überzeugungen zu überwinden, die die seelischen Schwierigkeiten auslösten. Die Kontrollbeherrschungs-Theorie geht davon aus, daß man unbewußt kontrolliert, ob man diese unterdrückten Erinnerungen und Gefühle an die Oberfläche bringt, je nachdem, wie sicher man sich dazu fühlt.

   Einige Therapeuten glauben, daß seelische Probleme entstehen, weil man sich an primitive, unreife Impulse klammert. Die Kontrollbeherrschungs-Theorie vertritt die Ansicht, daß man sich nicht wirklich an seine Probleme klammert. Man will diese Probleme beherrschen. Tatsächlich geht die Kontrollbeherrschungs-Theorie von einem starken, unbewußten Trieb des Menschen aus, seine seelischen Probleme zu meistern. Wenn man dabei versagt, dann nicht, weil diese einem kindliche Gefühle vermitteln, sondern weil man unbewußt fürchtet, sich selbst oder geliebte Menschen dadurch zu verletzen. Und da man sich eingebildeter Verbrechen für schuldig hält, glaubt man, die Dinge nicht zu verdienen, die man wirklich will.

2. Der Begriff »eingebildete Verbrechen« (imaginary crimes) wird von Weiss selbst in seinen Schriften nicht verwendet. Wir haben ihn benutzt, um Weiss' Gedanken einem breiten Publikum eingängiger zu machen.

3. Der Gedanke, daß unbewußte Überzeugungen seelische Probleme verursachen, wird von mehreren psychologischen Theorien vertreten. Freud behauptete an einigen Stellen in seinem umfangreichen Werk, daß unbewußte Überzeugungen manche seelischen Probleme hervorriefen, doch er vertrat nie die Ansicht, daß unbewußte Überzeugungen praktisch alle seelischen Probleme auslösten. In neuerer Zeit haben Aaron Beck, Albert Ellis und Anhänger der kognitiven Therapie bestätigt, daß Überzeugungen seelische Probleme verursachen. Kognitive Therapeuten erforschen jedoch den Ursprung der unbewußten Überzeugungen nicht so gründlich wie Kontrollbeherrschungs-Therapeuten, und dies macht ihre Arbeit weniger nützlich, als sie es ansonsten sein könnte.

4. Freud war ein fruchtbarer Denker und Schriftsteller, der sich sein ganzes Leben lang Mühe gab, die menschliche Psyche zu ergründen. Seine Gedanken entwickelten und veränderten sich ständig, und daher ist es möglich, in seinem Werk eine Vielzahl von Ansichten zu finden, die sich widersprechen. Ein sehr durchgängiges Thema ist jedoch der Gedanke, daß Menschen allein durch

Selbstinteresse motiviert sind. Freud glaubte, die menschliche Neigung zum Altruismus stelle eine unterschwellige Gegenhaltung zum »brutalen Egoismus« dar. Michael Friedman führt weitere Beispiele für Freuds Überzeugung auf, daß Menschen grundsätzlich ichbezogen sind.

5. M. L. Hoffmann: »Is Altruism Part of Human Nature?« in: *Journal of Personality and Social Psychology* 40, Nr. 1 (1981): 121–37. Dieser ausgezeichnete Artikel bietet einen umfassenden Überblick über die überwältigenden Beweise für menschlichen Altruismus.

6. Einer der Gründe, warum die meisten Menschen die Vorstellung, man habe instinktive altruistische Neigungen, für sentimental und unrealistisch halten, ist der Eindruck, »niedere Tiere« würden ausschließlich von Eigeninteresse getrieben. Und wenn Tiere keinen Trieb hätten, sich umeinander zu kümmern oder einander zu schützen, warum dann der Mensch? Neue Informationen und die Neueinschätzung älterer Daten haben jedoch Biologen zu dem Schluß geführt, daß manche Arten fast gar kein altruistisches Verhalten aufweisen, andere hingegen eine starke Neigung dazu zeigen.

   Das wohl verbreiteteste Beispiel ist, daß Mütter und manchmal Väter bei bestimmten Tierarten sich selbst vernachlässigen, wenn sie die Jungen füttern und umsorgen. Eltern bei einer ganzen Reihe von Arten würden sogar ihr Leben riskieren, um den Nachwuchs zu schützen. Sie bekämpfen gefährliche Feinde oder versuchen, deren Aufmerksamkeit auf sich zu lenken, um sie von den hilflosen Jungen fortzulocken. Dabei mißachten diese Tiere selbstlos die eigenen Bedürfnisse, um den Jungen zu helfen.

   Doch sie ignorieren das eigene Wohlbefinden nicht nur beim Schutz des Nachwuchses. Besonders bei gruppenbildenden Tieren opfern sich Individuen instinktiv zum Nutzen anderer. Arbeitsbienen opfern etwa ihr Leben, um den Schwarm zu schützen, obwohl sie steril sind und selbst keinen Nachwuchs haben. Wölfe, Krähen, Schimpansen und andere gesellige Tiere sind vorprogrammiert, nach einander Ausschau zu halten. Schimpansen teilen zuweilen ihr Futter und führen einander zu Nahrungsquellen, wodurch sie weniger für sich haben, aber die Stärke der Gruppe fördern.

   Der Gedanke, daß Tiere altruistisch seien, scheint Darwins Theorie der Evolution zu widersprechen. Sagt uns diese Theorie nicht, daß jedes Tier mit anderen Vertretern seiner Art konkurriert und nur der Stärkste überlebt? Nicht ganz. Darwin meint eigentlich, daß Tierarten, die sich erfolgreich unter wechselnden Umweltbedingungen fortpflanzen, weiter bestehen, während jene, die sich nicht anpassen, aussterben. Wettbewerb ist ein wichtiges Element in Darwins Gedankenbau. Wenn eine Spezies jedoch einen starken altruistischen und kooperativen Instinkt besitzt, der ihr bei der Fortpflanzung und Reproduktion hilft, dann stehen dieser Altruismus und die Kooperation ebenfalls in Einklang mit Darwins Theorie.

   Daher genießen Tiere in Gruppen einen beträchtlichen evolutionären Vorteil, wenn sie eine ausgeprägte altruistische Neigung aufweisen. Archäologische und paläontologische Forschungen haben deutlich erwiesen, daß Menschen immer in Gruppen gelebt haben. Diese Information, verbunden mit Forschung, die das empathische und hilfsbereite Verhalten kleiner Kinder bewies, gibt uns ein neues Konzept von menschlicher Motivation. Diese differenziertere Vorstellung vertritt die Ansicht, daß der Mensch weder völlig selbstsüchtig noch völlig selbstlos ist. Wie bei vielen anderen Lebewesen existiert neben selbstsüchtigen und rivalisierenden Instinkten die Neigung, andere zu schützen und zu umsorgen.

7. A. Sagi / S. Hoffman: »Empathic Distress in Newborns«, in: *Developmental Psychology* 12, Nr. 4 (1976): 175–76.

8. C. Zahn-Wexler / M. Radke-Yarrow: »The Development of Altruism«, in: *The Development of Pro-social Behavior.* Hrsg. v. M. Eisenberg. New York 1982, S. 115. Diese Forscher setzen Mütter nach einem strengen Trainingsprogramm als Beobachter des Verhaltens ihrer Kinder ein. Bei der überraschend hohen Prozentzahl von Situationen, wenn die Kinder Unbehagen bei anderen beobachteten (zwischen 30 und 39 % der Einjährigen) legten die Kinder altruistisches Verhalten an den Tag. Das heißt, sie versuchten, den leidenden Elternteil oder Geschwister zu trösten, Erwachsene zu Hilfe zu holen oder den anderen aufzuheitern. Dieser Auszug ist ein typischer Bericht einer Mutter über einen altruistischen Vorfall aus dieser Studie, wurde aber gekürzt, um ihn anschaulicher und deutlicher zu machen.

9. Ebda., S. 111. »Manche Forscher finden erkennbares prosoziales Verhalten bei Vorschulkindern ... doch die meisten entwicklungspsychologischen Theorien gehen von einem höheren Alter aus, in dem echtes, reifes, prosoziales Verhalten auftritt. Das Alter der Vernunft und der Beginn operationaler Gedanken (etwa sieben Jahre) und das Alter der Lösung ödipaler Konflikte (etwa sechs) wird von kognitiven und psychoanalytischen Theorien allgemein als ungefähre Schwelle für das Auftauchen von Altruismus gehalten.«

10. Das Vorkommen von altruistischem Verhalten bei Tieren und Menschen wird zwar von fast allen Evolutionsbiologen angenommen, doch es bestehen Meinungsverschiedenheiten, was den evolutionären Mechanismus dieses Verhaltens angeht. Neuerdings gewinnt die Theorie der »selbstsüchtigen Gene« von Richard Dawkins verbreitete Aufmerksamkeit. Diese vertritt, daß Gene Organismen benutzen, um sich und jedes Verhalten (auch altruistisches) fortzusetzen, das das Überleben von eng verwandten Genen fördert und daher evolutionär vorteilhaft sei – auch wenn es für das Individuum von Nachteil ist. S. Richard Dawkins: *The Selfish Gene* (New York 1976), und R. Trivers: »The Evolution of Reciprocal Altruism«, in: *Quarterly Review of Biology* 466, Nr. 4 (1971): 35–57.

11. Die Ansicht der Kontrollbeherrschungs-Theorie über Omnipotenz unterscheidet sich von der klassisch-freudianischen Vorstellung, nach der das Kind eine angeborene Neigung hat, sich als allmächtig zu betrachten. Andere Theoretiker betrachten Omnipotenz ebenfalls als angeboren, vorteilhaft und im Verlauf der Reifung aufgegeben, doch wir meinen, sie sei angelernt, lästig und schwer wieder abzustreifen.

12. Der Mensch wird abgesehen von den Schuldgefühlen aus einer Reihe von Gründen süchtig, und wir wollen nicht behaupten, daß unbewußte Schuldgefühle die einzigen oder verbreitetsten Gründe für Abhängigkeit seien. Meine Kollegen und ich haben jedoch eine größere Anzahl von Klienten behandelt, für die unbewußte Schuld ein Schlüsselaspekt ihrer Sucht war.

## *Kapitel 2*

1. In der letzten Zeit ist das Interesse an der sogenannten »kognitiven Wissenschaft« stärker geworden, in der der Mensch als theorieerzeugendes Lebewesen gilt. Forscher in diesem neuen Gebiet – das Psychologie, Anthropologie, Linguistik und Neurowissenschaft miteinander kombiniert – betonen die Bedeutung von Zielen und geistiger Darstellung in prägendem Verhalten. Sie betonen, daß Kinder sich von einem sehr frühen Alter an große Mühe geben, ihre eigene Theorie zu entwickeln, wie die Welt funktioniert. Eine gute Einführung in dieses Fach bietet Howard Gardner: *The Mind's New Science: A History of the Cognitive Revolution,* New York 1985.

2. Destruktive unbewußte Überzeugungen bilden den Eckstein von Joseph Weiss' Neuformulierung der psychoanalytischen Theorie. Freud schrieb in seinen frühen Arbeiten die meisten seelischen Probleme dem ständigen Konflikt zwischen lustvollen und mörderischen Impulsen einerseits und dem repressiven Ich andererseits zu. Nach Weiss, der Freuds Spätwerk näher steht, entstehen die meisten psychologischen Probleme aufgrund destruktiver unbewußter Überzeugungen, die bedeuten, daß die Verfolgung normaler, gesunder Impulse einen selbst und andere verletze. Ein Freuds Frühwerk folgender Therapeut kann daher ein Symptom als Kompromiß zwischen den lustvollen Begierden des Es und den repressiven Kräften des Ich betrachten. Weiss hingegen sieht es als einen Versuch, die schrecklichen Folgen zu vermeiden, die unbewußte Überzeugungen prophezeien.

3. Weiss bezeichnet diese Überzeugungen oft als destruktiv, unbewußt und pathogen. Mit der letzten Bezeichnung betont er, daß sie der Grund von seelischen Problemen sind. Wir haben diesen Begriff in unserem Buch nicht benutzt, weil es sich um einen speziellen medizinischen Ausdruck handelt, der Laien verwirren könnte, haben jedoch in diesem Kapitel und an anderen Stellen versucht, klarzumachen, daß wir Weiss' Überzeugung destruktive unbewußte Überzeugungen seien Ursprung der meisten seelischen Probleme teilen.

4. Martha Friedmans *Overcoming the Fear of Success* (New York, 1980) bietet eine nützliche Darlegung der Gründe, warum Menschen ihren eigenen Erfolg sabotieren. Friedman ist Psychologin, die sich auf die Behandlung von Klienten mit Erfolgsangst spezialisiert hat.

5. Der Begriff: »Tausendfach wiederholte destruktive Überzeugungen« wird von Weiss und Sampson nicht benutzt. Weiss spricht eher vom »Belastungstrauma«, wenn er jene vielfachen, kleinen Vorfälle meint, die eine destruktive unbewußte Überzeugung formen.

6. Pauls Fall ist die gekürzte und überarbeitete Version des Falles S. aus Joseph Weiss et. al.: *The Psychoanalytic Process: Theory, Clinical Observation and Empirical Research.* New York 1986, S. 79.

## *Kapitel 3*

1. Mike stand vor einer Kombination von Umständen, die alle nur zu typisch für eine Familie mit alkoholsüchtigem Vater sind: Sein Vater war zwar unzuverlässig und oft betrunken, doch von seinem Alkoholismus wurde nie geredet (denn wenn sein Problem bekannt geworden wäre, hätte er Stelle und Patienten verloren). Dies stellte für Mikes Mutter eine ungeheure Belastung dar. Die Kinder fühlten sich verantwortlich und nahmen alle »Familienrollen« an – Mike wurde zum perfekten »kleinen Mann«, der versuchte, das Leid der Mutter auszugleichen.

2. »Das Erlebnis von Schuldgefühlen oder einfach nur die Bedrohung durch solche ruft Angst hervor, weil Angst eine Reaktion auf Gefahr ist und Schuld eines der verbreitetsten menschlichen Gefühle. Die Gefahr beruht auf der Tatsache, daß Schuldgefühle fast unerträglich sein können. Sie lösen das Bedürfnis nach Bestrafung und Wiedergutmachung aus, zerstören Selbstachtung und Selbstwertgefühl, untergraben den Glauben an die eigenen guten Absichten und machen einen weniger fähig, sich gegen falsche Anschuldigungen und unverdiente Mißhandlung zu wehren:« Auszug aus einem unveröffentlichten Artikel mit dem Titel: »*The Role of Unconscious Guilt in Masochism*« von Marshall Bush, 1985.

3. Diese Verbrechenskategorien gehören nicht zur ursprünglichen, von Weiss aufgestellten Kontrollbeherrschungs-Theorie. Nach Weiss sind Belastung, Übertreffen und Liebesraub eng mit Überlebendenschuld verknüpft, während Verlassen und Illoyalität mit Trennungsschuld zu tun haben. Grundsätzliche Schlechtigkeit würde man als Unterordnen unter negative Botschaften und Behandlung der Eltern betrachten.

4. Stella Chess und Alexander Thomas stellen in ihrem ausgezeichneten Ratgeber *Know Your Child* dar, wie wichtig es ist, daß Elternstil und Temperament des Kindes zueinander passen. Sie geben dazu praktische Hinweise, wie man dieses Ziel erreichen kann. Chess und Alexander stützen einen Großteil ihrer Gedanken auf eine dreißigjährige Langzeitstudie, die 133 Personen von der Geburt bis zum Erwachsenenalter verfolgte. Es ist sehr erfreulich, wenn ein Buch über Kindererziehung auf eine solide und weithin anerkannte Forschungsarbeit gestützt wird.

Manches völlig gesunde, normale Kind ist für seine Eltern eine Belastung. Diese Kinder können von Geburt an eine Reihe oder alle der folgenden Charakterzüge aufweisen, die als schwierig gelten: Unruhe und Lebhaftigkeit, Schwierigkeiten bei der Anpassung an Routinen, Neigung, fremde Menschen und Situationen zu meiden, starke Intensität, unregelmäßige Eß- und Schlafgewohnheiten, leichte Störbarkeit durch Geräusche, Licht, Kleidung, sowie allgemeine Negativität und Empfindlichkeit. Wenn Sie vermuten, selbst ein solches Kind zu haben oder eines kennen, empfehlen wir *Das lebhafte Kind – fordernd und begabt*, von Stanley Turecki und Leslie Tonner.

5. Ein ausgezeichnetes Werk über Scheidung ist Judith Wallersteins und Sandra Blakeslees *Gewinner und Verlierer. Frauen, Männer, Kinder nach der Scheidung*. Es beruht auf einer umfassenden Studie, in der geschiedene Eltern und Kinder über Jahre hinweg untersucht wurden. Die Autorinnen glauben, daß etwa ein Drittel der Kinder sich einen deutlichen Anteil an Schuld für die Scheidung zuschob und daß jüngere Kinder sich eher schuldig an einer Scheidung fühlen als ältere. Darüber hinaus machte sich über die Hälfte aller Kinder ernste Sorgen um die Mutter.

6. H. Leowald: »The Waning of the Oedipus-Complex«, in: *Journal of the American Psychoanalytic Society* 27 (1979): 751–75. Für die Kinder vieler depressiver, abhängiger Eltern ist die Übernahme von Verantwortung für das eigene Leben psychologisch gesehen gleichbedeutend mit dem Mord an den Eltern. In diesem faszinierenden Artikel behauptet Leowald jedoch, daß Schuld aufgrund von Unabhängigkeit einen wichtigen Teil bei der Reifung eines jeden Menschen spielt.

7. Mein Konzept von grundsätzlicher Schlechtigkeit ist Bradshaws »toxischer Scham« sehr ähnlich. John Bradshaw: *Healing the Shame that Binds You.* (Deerfield Beach, 1988). Wenn Scham zur Identität gehört, hält man sich für einen fehlerhaften, unzulänglichen Menschen.

8. Chess / Thomas: *Know Your Child*. Die Autoren berichten, daß die »hyperaktiven« Kinder aus ihrer Studie, die in Umständen lebten, die ihnen Raum und Möglichkeiten gaben, diese Energie freizusetzen, keine Verhaltensstörungen entwickelten, im Gegensatz zu einer großen Anzahl von »hyperaktiven« Kindern, die in kleinen Wohnungen oder in einer unsicheren Gegend wohnten.

## *Kapitel 4*

1. Judith Guest *Ordinary People* (New York, 1976), S. 223. Der Film zu diesem Buch lief unter dem Titel »Eine ganz normale Familie« auch in den deutschen Kinos.

2. Häufig werden Schuldgefühle gegenüber verstorbenen Geschwistern psychologisch mit Geschwisterrivalität erklärt. Da sich der Wunsch, den Mitstreiter um die Gunst der Eltern loszuwerden, erfüllt hat, schließt man, er habe auf zauberische Weise den Tod bewirkt. Die Kontrollbeherrschungs-Theorie vertritt die Ansicht, daß derart rivalisierende und wütende Gefühle die Überlebendenschuld vielleicht verstärken, aber die schlichte Tatsache, am Leben zu sein, wenn ein Geschwister gestorben ist, reicht, um diese intensiven Schuldgefühle hervorzurufen.

3. William G. Niederland: »The Survivor Syndrome: Further Observations and Dimensions:, in: *Journal of the American Psychoanalytic Association* 29 (1981): 413–23. Niederland erwähnt Überlebendenschuld bei Menschen die von den Nazis verschont blieben. »(Eine schuldbeladene Überlebende wirft sich vor, die Mutter ›verlassen‹ zu haben, als letztere bei der Ankunft im Konzentrationslager auf die linke Seite aussortiert wurde (die schlechte Seite), während sie selbst, eine kräftige, große junge Frau, nach rechts geschickt, daß heißt, zur Arbeit in der Schneiderei gezwungen wurde und später Küchenarbeit verrichtete.« Wie Sophie beschuldigte sich diese unglückliche Frau selbst, als habe die Entscheidung, wer überlebte, und wer starb, in ihrer Macht gelegen.

4. Obwohl Überlebende von Konzentrationslagern alle in beträchtlichem Ausmaß unter Überlebendenschuld leiden, können einige besser damit umgehen als andere. Ein gutes Beispiel dafür ist Viktor Frankl, der Psychiater, der im Konzentrationslager ausführlich über die Rolle vom Sinn bei der Aufrechterhaltung seelischer Gesundheit schrieb. Wir können im Rahmen dieses Buches das komplexe Thema nicht untersuchen, warum manche Überlebenden von Schuldgefühlen zermürbt wurden, andere aber nicht. Vermutlich konnte Frankl seine Schuldgefühle mildern, indem er sein Leben anderen Menschen widmete.

5. Niederland, S. 421. »Aufgrund meiner jahrelangen Forschung habe ich Grund zu der Annahme, daß das Überleben unbewußt als Verrat an den toten Eltern oder Geschwistern empfunden wird, und lebendig sein stellt einen ständigen Konflikt und Quelle für andauernde Schuldgefühle und Ängste dar.«

6. Ebda., S. 413–23. Niederlands Artikel beschreibt vornehmlich Überlebende der Nazi-Konzentrationslager. In dieser Gruppe von Überlebenden sind seelische Probleme vermutlich häufiger als bei Überlebenden von Überschwemmungen, Feuersbrünsten und Naturkatastrophen, und zwar aus zwei Gründen.
1) Die geliebten Menschen, die von den Nazis umgebracht wurden, starben auf brutale Weise unter Schmerzen und Leiden. Dies verstärkt zweifelsohne die Schuldgefühle, die der Überlebende empfindet. 2) Jene Überlebenden, die selbst im Lager gewesen waren, litten selbst unter extremen Mängeln, Schrekken und Brutalität. Daher werden sie nicht allein von Überlebendenschuld verfolgt, sondern auch von Erinnerungen an den eigenen Schrecken, Ängste und Demütigungen.

7. Weiss' Gedanken zum Thema der Überlebendenschuld wurden von Arnold Modell stark beeinflußt. Es war Modell, der ursprünglich die Überlebendenschuld auf die Schuldgefühle ausweitete, die auftreten, wenn Eltern oder Geschwister gestorben waren, besonders, wenn dies unter schrecklichen Umständen geschehen war. Modell sagt in einem ausgezeichneten Artikel: »Ich meine damit ein Schuldgefühl, das sich aufgrund der Wahrnehmung einstellt, man habe irgend etwas mehr als andere. Dieses Gefühl von Schuld wird unweigerlich von einem Gedanken begleitet, der unbewußt bleiben kann, nämlich, daß das, was man hat, auf Kosten des anderen erlangt wurde.« S.: »The Origin of Certain Forms of Pre-oedipal Guilt and the Implication for a Psychoanalytic Theory of Affects«, in: *International Journal of Psychoanalysis* 52 (1971): 339.

## *Kapitel 5*

1. Eine faszinierende Diskussion der Universalität und Bedeutung von Trennungsschuld bietet H. Leowald: »The Waning of the Oedipus-Complex«, in: *Journal of the American Psychoanalytic* Society 27 (1979): 751–75.

2. Jay R. Greenberg / S. A. Mitchell: *Object Relations in Psychoanalytic Theory*. Cambridge, Mass. 1983, S. 274–81. Theorien über Objektbeziehungen konzentrieren sich viel stärker als klassische psychoanalytische Theorien auf die echten Folgen elterlichen Verhaltens für die Entwicklung des Kindes. Greenbergs und Mitchells ausgezeichnetes Werk enthält Zusammenfassungen und Vergleiche vieler Objektbeziehungs-Theorien. Hier ragt vor allem Margaret Mahler heraus, die zuerst den Begriff Separation-Individuation prägte und auch berichtete, wie kleine Kinder sich immer wieder auf die Mutter beziehen, um »emotional aufzutanken«. Die Kontrollbeherrschungs-Theorie betont die Beziehung des Kindes zu seinen Eltern noch stärker als die von Greenberg und Mitchell vorgestellten Theorien.

3. Freud glaubte, Kinder betrachteten ihre Eltern stets als mächtig, und sein Konzept hatte starken Einfluß auf Experten und das allgemeine Publikum. »Freud nimmt in seinen Schriften durchgängig an, daß Kinder ihre Eltern als mächtig wahrnehmen. Eltern sind frustrierend oder wohlwollend, liebevoll oder lieblos, aber sie stellen immer mächtige Autoritäten dar.« (Michael Friedman: *Towards a Reconceptualization of Guilt*). Freud glaubte, Kinder seien ausschließlich von Eigeninteresse und Angst geleitet. Friedman weist darauf hin, daß die Zuneigung eines Kindes zu seinen Eltern für Freud keine Ausnahme darstellt, obwohl man dies leicht dafür halten könnte. Er zitiert Freud: »Kinder lieben zunächst sich selbst, und erst später lernen sie, andere zu lieben und etwas vom eigenen Ich anderen zu opfern. Auch jene Menschen, die ein Kind von Anbeginn an zu lieben scheint, werden geliebt, weil es sie braucht und ohne sie nicht überleben kann – wiederum aus egoistischen Motiven.«

4. C. Zahn-Wexler / M. Radke-Yarrow: *The Development of Altruism.* a. a. O. S. 116.

5. Ich glaube, daß die Kontrollbeherrschungs-Theorie und Familientherapie einander eine Menge zu geben haben. Die Kontrollbeherrschungs-Theorie bietet der Familientherapie eine eingehende und höchst passende Deutung intrapsychischer Wirkungen von Familiendynamiken. Familientherapeuten können unser Verständnis bereichern, wie Familiensysteme tatsächlich funktionieren und wie man eingreifen kann, um sie zu ändern.

6. Viele Schlüsselaspekte der Kontrollbeherrschungs-Theorie werden von Familientherapeuten sofort erkannt. Der Gedanke, daß ein Kind bei einem fehlgeleiteten Versuch, einem anderen Familienmitglied zu helfen, delinquent oder schwierig werden kann, ist nur ein Beispiel. Ein weitere Gedankengang, den die beiden Theorien gemeinsam haben, ist die Bedeutung von Kindheitsomnipotenz bei der Entstehung von Psychopathologien. Eine der häufigsten Techniken der Familientherapie besteht darin, einem überverantwortlichen Kind zu helfen, sich weniger für alles, was in der Familie passiert, verantwortlich zu fühlen.

7. Anns irrationale Sorgen sind ein Beispiel für strafende Gedanken. (s. Kap. 7).

8. Dan Greenburg: *Satanische Liebe.* Dieser Bestseller ist ein ironisches Kompendium von Techniken, die Eltern anwenden, um im Kind Schuldgefühle hervorzurufen. Manche finden dieses Buch vielleicht ärgerlich, weil sie glauben, es fördere Vorurteile, so etwa, daß jüdische Mütter die einzigen seien, die Schuld als Kontrollmittel bei den Kindern anwenden. Meiner Erfahrung nach nutzen jüdische Mütter ebenso häufig oder selten Schuldgefühle aus, um die Kinder zu kontrollieren, wie Väter oder Angehörige anderer Rassen, Glaubensbekenntnisse oder ethnischer Abstammung. Grund für den guten Verkauf des Buches war, daß sich alle möglichen Leute darin wiedererkannten.

9. Wie jede über den Daumen gepeilte Regel läßt sich nicht auf alle Eltern anwenden, es sei wichtig, Energie in seine Aktivitäten zu stecken und viele Interessen zu haben, um glücklich zu sein. Es gibt Eltern, die alle Energie in ihren Beruf, ihr gesellschaftliches Leben etc. stecken, aber nicht genügend Zeit und Emotionen für die Kinder aufwenden. Dies ist bei Vätern häufiger als bei Müttern, die eher dazu neigen, mit den Kindern zu eng verbunden zu sein. Diesen Eltern entgeht das Glück und die Freude, die aus einer wirklich engen und liebevollen Beziehung mit den Kindern entsteht.

10. In Standardbegriffen der Psychologie nennt man das Gefühl eines kleinen Kindes, wenn es von der Mutter oder einer Mutterfigur getrennt wird, Trennungsangst. Trennungsangst ist bei kleinen Kindern und jungen Tieren ein häufig beobachtbares Phänomen. Es besteht aus Bestürzung und der Bemühung, sich der Mutter zu nähern, wenn diese zu weit entfernt ist oder eine potentielle Gefahr oder Bedrohung auftaucht.

    Dieses Phänomen wurde am ausgiebigsten von dem britischen Psychologen John Bowlby untersucht, der sich für das Thema zu interessieren begann, als er untersuchte, was mit englischen Schulkindern geschah, die man während der Bombenangriffe durch die Deutschen aus London evakuiert hatte. Diese Kinder wurden sehr depressiv und entwickelten eine Reihe anderer Symptome, die Bowlby zu dem Schluß führten, daß die Trennung von der Hauptbezugsperson in der Kindheit ernste, anhaltende Schäden bewirkt. Bowlby vermutete, daß Trennungsangst und die darauffolgende Bemühung, sich den Eltern zu nähern, ein adaptives, instinktives Verhaltensmuster ist.

11. Es ist interessant, Lydias Reaktion auf das Verlassenwerden durch die Eltern mit der sehr verschiedenen Reaktion Pauls zu vergleichen. Dieser wurde mit zweieinhalb fortgeschickt, um ihn vor Ansteckung zu schützen. Als Erwachsener wurde Paul ängstlich, angespannt, abhängig und unfähig zu einer intimen Beziehung. Lydia war erfolgreich, während Paul kaum eine Stelle länger behalten konnte. Lydia war einschüchternd und heftig, Paul schüchtern und zurückhaltend. Aber eines hatten sie gemeinsam: Beide mißtrauten anderen Menschen und mieden enge Beziehungen.

 Wenn die Bezugsperson eines kleinen Kindes zu lange fort ist, wird das Kind ängstlich und erregt. Wenn die Bezugsperson zurückkehrt, klammert sich das Kind eine Weile stark an, aus Angst, die Bezugsperson würde wieder verschwinden. Psychotherapeuten und Forscher nennen dieses Phänomen Trennungsangst. Wenn sich jedoch Erwachsene auf anklammernde, ängstliche Weise verhalten, beruht das nur selten auf Trennungsangst. Wie bei Ann, deren Eltern überfürsorglich waren, und wo Trennungsschuld vorliegt: Die unbewußte Sorge, ein geliebter Mensch würde sich verlassen fühlen, wenn man heranwächst, unabhängig wird und geht. Menschen wie Lydia und Paul, die als Kinder mehr unter Trennungsangst als Trennungsschuld litten, sind gewöhnlich nicht anklammernd. Sie neigen vielmehr dazu, enge Beziehungen überhaupt zu meiden.

## *Kapitel 6*

1. Der Gedanke von der grundsätzlichen Schlechtigkeit hat vieles mit der »toxischen Scham« von Bradshaw gemein: »Toxische Scham« bedeutet, als Mensch unzulänglich zu sein. Eine Besserung ist ausgeschlossen, da eigentlich keine Veränderung möglich ist. Letztendlich ist toxische Scham gleichbedeutend mit Hoffnungslosigkeit.« *Healing the Shame That Binds You*, a. a. O., S. 9.

2. Siehe Alice Miller: *Am Anfang war Erziehung*, (Frankfurt, 1980), mit ihren zahlreichen Beispielen für grausame und destruktive Kindererziehungspraktiken in unserer Gesellschaft. Dieses Buch zeigt, wie mißhandelte Kinder zu Erwachsenen werden, die das brutale Verhalten der Eltern entschuldigen und oft bei den eigenen Kindern wiederholen. Miller stellt die These auf, die Brutalität von Hitlers Vater habe schließlich zum Bedürfnis des Diktators geführt, brutal jenen gegenüber zu sein, die zu hilflos waren, sich gegen ihn zu wehren. Sie vertritt die Ansicht, daß die starke Betonung von Gehorsam

in der deutschen Kindererziehung zu jener Zeit es vielen Deutschen ermöglichte, an dem Naziwahnsinn teilzunehmen.

## *Kapitel 7*

1. John Harvey / Cynthia Katz: *Ich habe Erfolg – Ich fühle mich schlecht.*

2. Harvey / Katz, a. a. O.,

3. Stephanie Brown: *Treating the Alcoholic.* Die wirksame Behandlung von Alkoholikern bietet ein gutes Beispiel für den Unterschied zwischen Reue als Selbstbestrafung und konstruktiver Reue. Alkoholiker verletzen und mißhandeln gewöhnlich andere Menschen, wenn sie aktiv trinken. Partner, Kinder und Kollegen werden angelogen, im Stich gelassen und auf verschiedene Weise mißhandelt. Viele Alkoholiker wechseln zwischen dramatischer Reue und völligem Abstreiten des angerichteten Schadens. Ihre ungeheuren Schuldgefühle tragen zur Depression und der Neigung bei, das Trinken wieder aufzunehmen.

   Beim Programm der Anonymen Alkoholiker werden Trinker aufgefordert, eine Liste aller Menschen aufzustellen, denen sie Schaden zugefügt haben. Dann werden sie aufgefordert, Wiedergutmachung zu leisten, falls dies möglich ist. Dies ist das Prinzip bei den Schritten 8 und 9 des Zwölf-Schritte-Programms der AA.

   Es gibt viele ausgezeichnete Bücher und Artikel über die AA-Methode bei Alkoholikern. Sie sind bei der Organisation erhältlich. Browns Buch interessiert vermutlich eher Experten und konzentriert sich auf ein Entwicklungsmodell der Heilung.

## *Kapitel 8*

1. W. H. Grier / P. M. Cobbs: *Black Rage,* S. 114–20.

2. Sehr oft sind die Ängste, verletzt zu werden und andere zu verletzen, miteinander verknüpft. Ein Elternteil etwa, den zu verletzen Sie Angst haben, kann Sie verletzen, indem er Sie angreift, abweist oder demütigt.

## *Kapitel 9*

1. Die Kategorien für eine Ehe: vital, devitalisiert, konfliktgewohnt und passivkongenial stammen aus einem faszinierenden Buch von zwei Soziologen, John F. Cuber und Peggy B. Harroff: *Sex and the Significant Americans.* (New York 1968). Die Autoren interviewten 437 »bekannte Amerikaner« über ihre Ehe. Es

handelte sich vorwiegend um Generäle, Richter, Firmenchefs und andere erfolgreiche Personen und deren Partner. Es war zwar keine Zufallsgruppe, doch die Studie erwies, daß vitale Ehen sich stark in der Minderheit befanden. Da die Untersuchungsobjekte vornehmlich aus der Oberschicht stammten, kann man sich sicher sein, wie die Ergebnisse für die Mittel- und Unterschicht aussehen, doch wir vermuten, daß das Ergebnis kaum anders ausfallen würde.

2. Wir stimmen zu, daß die Zuneigung, die in der Frühphase einer Beziehung normal ist, nur selten andauert. Stattdessen kann ein Gefühl gegenseitigen Akzeptierens und beiderseitiger Offenheit erreicht werden, das nicht nur andauert, sondern sich im Verlauf der Jahre noch verstärkt. Dazu gehört die starke Verpflichtung zum Partner, erstens für den anderen da zu sein und ihm zuzuhören, und zweitens seine tiefsten Gefühle zu teilen. Beide Verpflichtungen sind sehr schwer einzulösen. Dem Partner wirklich zuzuhören und den eigenen Standpunkt für diesen Zeitraum zu vergessen, kann manchmal sehr schwer sein, besonders, wenn die Worte des Partners kritisch oder auf andere Weise bedrohlich sind. Und die eigenen Gefühle bloßzulegen, darunter auch jene, die den Partner bedrohen, kann ebenfalls sehr schwierig sein. Doch das gehört vornehmlich zur Aufrechterhaltung einer lebenslangen, intimen Beziehung. Dieses Thema wird ausführlich in dem Buch von M. Scott Peck: *Der wunderbare Weg* beschrieben.

3. Für die Verbesserung von Partnerschaftsfähigkeiten möchten wir die folgenden Bücher empfehlen: George R. Bach / Peter Wyden: *Streiten verbindet.* Es bildet einen ausgezeichneten Anfang dazu und enthält eine sehr nützliche Beschreibung des streitphobischen Partners, der Konflikte um jeden Preis vermeidet, und eines Partners, der leicht in Wut gerät. Die Autoren empfehlen Paaren, zu lernen, fair und konstruktiv zu streiten und destruktive Konflikte und nutzloses Genörgel zu vermeiden. Es enthält auch einen guten Abschnitt über Verhandlungsfähigkeiten.

4. TA (Transaktionsanalyse), eine populäre Schule der Psychotherapie, wurde von Eric Berne mit seinem einflußreichen Buch *Spielarten und Spielregeln der Liebe* begründet. Er hat eine Menge über das Thema negativer Botschaften zu sagen. Nach der TA-Theorie wird das, was ich negative Botschaften nenne, in Verbote und Zuschreibungen unterteilt. Verbote sind implizite oder explizite Botschaften wie: »Sei nicht glücklich, sei nicht erfolgreich, sei nicht sexuell.« Zuschreibungen sind Bezeichnungen durch die Eltern wie: Du warst vom Tag deiner Geburt an wütend, dein Bruder ist das Genie, du mußt dich sehr anstrengen, du bist ein Störenfried. Zuschreibungen werden oft zu sich selbst erfüllenden Prophezeiungen. Siehe Claude Steiner *Wie man Lebenspläne verändert,* der diese Unterschiede weiterhin diskutiert.

5. Eine der besten Abhandlungen dieses Themas bietet Lonnie Barbachs *Füreinander.* Dieses und Barbachs andere Bücher über sexuelle Probleme und sexuelle Bereicherung gehören zum besten, was über dieses Thema geschrieben wurde.

6. Teile dieses Falles wurden frei vom Fall R. übernommen, den Joseph Weiss et. al. in *Psychoanalytic Process* beschreibt (S. 81–82).

## *Kapitel 10*

1. Man schätzt die Anzahl von Kindern aus alkoholsüchtigen Familien in den Vereinigten Staaten allgemein zwischen 20 und vierzig Millionen. Ob man nun die höhere oder niedrigere Zahl vermutet, sie stellen immer noch einen riesigen Anteil der Bevölkerung dar, der unter den Folgen leidet, in einer alkoholsüchtigen Familie aufgewachsen zu sein, was ein großes Risiko für Schwierigkeiten in Beziehungen bedeutet, für chronische Angst, niedrige Selbstachtung, erhöhte Anfälligkeit für Alkoholismus und andere Süchte und Unfähigkeit, sich zu entspannen und Freude am Leben zu haben. Jede Bewegung, die eine deutliche Veränderung im Leben so vieler Menschen in unserer Gesellschaft auslösen kann, bewirkt eine deutliche Veränderung in der Gesellschaft selbst.

2. Es hat zwar seit den späten vierziger Jahren gelegentlich Forschungsarbeiten über Kinder von Alkoholikern gegeben, doch das Konzept von ihnen als Gruppe mit gemeinsamen ernsten Problemen verbreitete sich erst Ende der Siebziger Jahre. 1979 interviewte *Newsweek* Stephanie Brown und Claudia Black. Der Artikel brachte der allgemeinen Bevölkerung den Gedanken nahe, daß man besondere Probleme hat, wenn man in einer alkoholsüchtigen Familie aufwuchs. Etwa um die gleiche Zeit begannen Brown und andere eine langfristige Gruppenbehandlung von Kindern von Alkoholikern an der Stanford Universität.

3. Im April 1989 wurde eine Konferenz dieser Bewegungen veranstaltet.

4. »Es ist von großer Bedeutung, daß wir von Anfang an akzeptieren, daß die Symptome und Verhaltensweisen von erwachsenen Kindern von Alkoholikern in direktem Zusammenhang mit der Erfahrung stehen, in einem unsicheren, dysfunktionalen, alkoholsüchtigen Familiensystem aufgewachsen zu sein.« Wayne Kritsberg: *The Adult Children of Alcoholics Syndrome* (Pompano Beach, Fla. Health Communications, 1985, S. 1).

5. Diese Liste von Eigenschaften übernahmen wir von Judith Seixas / Geraldine Youcha: *Children of Alcoholics: A Survivors Manual,* S. 47–48.

6. Es ist auffallend, wie oft erwachsene Kinder von Alkoholikern selbst Alkoholiker heiraten. Dies trifft besonders auf Töchter von alkoholsüchtigen Vätern zu. Wahrscheinlich drückt die unselige Partnerwahl zumindest teilweise die unbewußte Weigerung aus, den unglücklichen und belasteten nichtalkoholischen Elternteil zu verdrängen.

7. Anfänglich nannte man am Syndrom »Co-Abhängigkeit« leidende Menschen Co-Alkoholiker. Als man darunter auch andere Drogen und süchtige Verhaltensweisen faßte (zwanghaftes Glücksspiel, Essen etc.) benutzte man immer häufiger den Begriff Co-Abhängigkeit. S. Melody Beattie: *Die Sucht, gebraucht zu werden.*

8. Claudia Black, in Rachel V.: *Familiy Secrets: Life Stories of Adult Children of Alcoholics.* New York 1987, XXIX.

9. Ebda., S. XXIII. Viele sexuelle und körperliche Mißhandlungen geschehen zwar, wenn der mißhandelnde Elternteil getrunken hat, doch dieses Verhalten ist nicht eine bloße Folge des Alkoholismus. Viele Alkoholiker sind nicht mehr gewalttätig oder unangemessen sexuell, wenn sie das Trinken aufgeben, andere doch. Körperliche oder sexuelle Mißhandlung muß als ernstes, eigenständiges Problem betrachtet werden, das oftmals parallel zur Suchtbehandlung angegangen werden muß.

10. Claudia Black vertritt dies in ihrem ausgezeichneten Buch *Mir kann das nicht passieren.*

11. Unseres Wissens nach wurden die verschiedenen Rollen in alkoholsüchtigen Familien aufgrund klinischer Beobachtung beschrieben, statt aufgrund offizieller Forschungsarbeiten. Daher unterscheiden sich die Kategorien der Familienrollen unter Fachleuten leicht. Der Held ist die auffallendste und vielleicht häufigste Kinderrolle in einer alkoholsüchtigen Familie, und alle von mir zurate gezogenen Bücher nennen diese Kategorie. Bei anderen Kategorien scheint weniger Übereinstimmung zu herrschen.

12. Die Familientherapiebewegung weiß seit Jahren, daß die Rollen, die jedes Familienmitglied spielt, für die ganze Familie einen Sinn haben. Virginia Satir hat 1964 den Begriff »identifizierter Patient« eingeführt, um anzudeuten, daß das Kind, das Schwierigkeiten bekommt, vermutlich nicht die Ursache für Probleme der Familie ist. Familientherapeuten bemerkten, wenn sie das »kranke« Familienmitglied »heilten«, begann häufig ein anderes Mitglied, Symptome zu zeigen. *Conjoint Family Therapie,* überarb. Fass. (Palo Alto, 1967).

13. Claudia Black, in: Rachel V., S. XXXVII.

14. Die Liste sexueller Mißhandlungen wurde von Ellen Bass und Laura Davis übernommen.

15. Ebda.

16. Die Bewegung erwachsener Kinder von Alkoholikern versucht in den Vereinigten Staaten, das Thema elterlicher Alkoholsucht in den Schulen zur Diskussion zu bringen.

## *Kapitel 11*

1. Psychotherapie wird auf viele verschiedene Weisen praktiziert: Körpertherapie, Schreitherapie, Psychodrama, Kunsttherapie, Musiktherapie etc. Dennoch findet die große Mehrheit als Gespräch zwischen einem Therapeuten und dem Klienten statt, bei dem der Klient redet und der Therapeut das Gesagte kommentiert.

2. S. Kapitel 12, wie diese Forscher den Plan eines jeden Klienten formulieren und Anweisungen für die Aufstellung des Plans geben können.

3. K. Howard et.al.: »The Dose-Effect Relationship in Psychotherapy«, in: *American Psychologist* 41, Nr. 2 (1968): 159. »In der Literatur herrscht zunehmende Übereinstimmung, daß psychotherapeutische Behandlung allgemein vorteilhaft für den Klienten ist.«

4. Traditionelle Psychotherapie wird gewöhnlich drei bis fünf Tage pro Woche über einen Zeitraum von drei bis fünf Jahren durchgeführt. Der Klient liegt dabei gewöhnlich auf einer Couch, der Analytiker sitzt hinter ihm. Psychoanalyse ist sowohl zeitaufwendig und teuer, und nur ein winziger Bruchteil aller Psychotherapieklienten macht eine Analyse. Das psychoanalytische Verständnis seelischer Probleme bleibt jedoch unter amerikanischen Psychotherapeuten gegenwärtig der verbreitetste Standpunkt.

5. Mehrere Studien von Kontrollbeherrschungs-Forschern bestätigen die These, daß der Klient Fortschritte macht, wenn er sich dazu sicher genug fühlt. S. Georg Silberschatz: »Testing Pathogenic Beliefs«, in: Joseph Weiss et.al.: *The Psychoanalytic Process,* S. 256–66. S. auch G. Silberschatz et.al.: »Testing Pathogenic Beliefs versus Seeking Transference Gratification«, S. 267–76. Die erste dieser Studien weist nach, daß der Klient sich sofort nach einer Reihe von Fortschrittsmessungsskalen verbessert, wenn der Therapeut die Situation für ihn sicher gestaltet, indem er einen Test besteht. Die zweite Studie führt Beweise an, daß nicht die Frustrierung infantiler Wünsche, sondern der Nachweis, daß die destruktiven Überzeugungen des Klienten falsch sind, den Patienten zum Fortschritt verhilft.

6. Natürlich gibt es in einer Therapie oft Phasen, in der der Therapeut die Situation sicherer gestalten kann, indem er dem Klienten entgegentritt. Wenn der Klient etwa dem Therapeuten erzählt, er plane etwas Gefährliches, Selbstzerstörerisches oder Illegales, fühlt er sich oft beruhigt, wenn der Therapeut einen eindeutigen Standpunkt gegen diesen Plan einnimmt. Dies trifft besonders zu, wenn die Eltern des Klienten keinen Standpunkt gegen dessen selbstschädigendes Verhalten einnahmen.

7. Leider kann nicht jeder Klient durch die richtige Therapie geheilt werden. Manchmal wurde jemand als Kind so traumatisiert, daß er selbst mit Hilfe eines erfahrenen und einfühlsamen Therapeuten seine destruktiven unbewußten Überzeugungen nicht ablegen kann.

8. Die meisten Klienten erhielten eine Mischung aus guter und schlechter Behandlung durch die Eltern. Die gute Behandlung schafft keine psychologischen Probleme, weil sie nicht zur Entwicklung destruktiver unbewußter Überzeugungen beiträgt. Da das erste Ziel eines Klienten in der Therapie heißt, sich von diesen Überzeugungen zu befreien, fordert er den Therapeuten heraus, das negative Verhalten zu wiederholen, das er erhielt, nicht das gute.

9. Alice Miller: *Du sollst nicht merken,* S. 12.

10. Wenn ein Therapeut einen Test besteht, fühlt sich der Klient manchmal stark genug, einen schwereren Test zu stellen. Ein Klient, der sich vorsichtig über seinen Therapeuten beklagt, klagt vielleicht nachdrücklicher, wenn der Therapeut seinen ersten Test bestanden hat.

11. Einige Therapeuten merken beim Lesen dieses Buches vielleicht, daß sie einige der schädlichen Empfehlungen gegeben haben, die wir hier beschreiben, ohne daß daraus offensichtlicher Schaden entstand. Tatsächlich kann ein Klient zuweilen Nutzen aus einer Bemerkung oder Deutung ziehen, die für die meisten Menschen schädlich sein kann. Dies hängt vorwiegend davon ab, wie die Deutung in den unbewußten Plan des Klienten paßt. Manchmal kann der Prozeß der Deutung wichtiger sein als deren Inhalt. Wenn die Eltern eines Klienten sich niemals eindeutig verhielten und der Klient an diesem Problemen arbeitet, kann die bloße Tatsache, daß der Therapeut eine eindeutige Interpretation abgibt und sich daran hält, nutzen, auch wenn die Deutung an sich unrichtig ist. Die Wirkung einer jeden abgegebenen Deutung auf den Fortschritt eines Klienten wird von einem komplexen Netz von Faktoren bestimmt, die über den Rahmen dieses Buches hinausgehen. S. Joseph Weiss et.al.: *The Psychoanalytic Process,* S. 84–116.

## *Kapitel 12*

1. Die Planformulierung wurde ursprünglich von Joe Caston entwickelt und wird in seinem Artikel: »Reliability of Diagnosis of Patient's Unconscious Plan« beschrieben. In: Joseph Weiss et.al.: *The Psychoanalytical Process,* S. 241. Die Entwicklung des Plans bedeutete einen ungeheuren Durchbruch für die psychotherapeutische Forschung. Er erlaubt Forschern, die Interventionen des Therapeuten einzuschätzen und zu bestimmen, ob diese die echten Ziele des Patienten unterstützen oder behindern.

## Literaturverzeichnis und weiterführende Lektüre

Bach, George R. / Wyden, Peter – Streiten verbindet: Spielregeln für Liebe und Ehe. Köln, 1976.

Barbach, Lonnie – Für einander: das gemeinsame Erleben der Liebe. Stuttgart, 1988.

Bass, Ellen / Davis, Laura – Trotz allem. Wege zur Selbstheilung für sexuell mißbrauchte Frauen. Berlin, 1990.

Beattie, Melody – Die Sucht, gebraucht zu werden. München, 1990.

Berner, Eric – Spielarten und Spielregeln der Liebe. Reinbek, 1974.

Black, Claudia – Mir kann das nicht passieren. Kinder von Alkoholikern als Kinder, Jugendliche und Erwachsene. Wildberg, 1988.

Bradshaw, John – Bradshaw on the Familiy. Deerfield Beach, 1988.

ders. – Healing the Shame that Binds You. Deerfield Beach, 1988.

Brown, Stephanie – Treating the Alcoholic. New York, 1985.

Chess, Stella / Thomas, Alexander – Know Your Child. New York, 1987.

Conroy, Pat – Die Herren der Insel. Bergisch Gladbach, 1986.

Forward, Susanne / Buck, Craig – Vergiftete Kindheit. Vom Mißbrauch elterlicher Macht und seinen Folgen. München, 1990.

Grier, W. H. / Cobbs, P. M. – Black Rage. New York, 1968.

Harvey, John / Katz, Cynthia – Ich habe Erfolg – ich fühle mich schlecht. München, 1988.

Miller, Alice – Am Anfang war Erziehung. Frankfurt, 1980.

dies. – Das Drama des begabten Kindes und die Suche nach dem wahren Selbst. Frankfurt, 1979.

dies. – Du sollst nicht merken. Variationen über das Paradies-Thema. Frankfurt, 1981.

Peck, Scott M. – Der wunderbare Weg. München, 1986.

Steiner, Claude – Wie man Lebenspläne verändert. Paderborn, 1982.

Styron, William – Sophies Entscheidung. München, 1982.

Turecki, Stanley / Tonner, Leslie – Das lebhafte Kind – fordernd und begabt. München, 1992.

Wallerstein, Judith / Blakeslee, Sandra – Gewinner und Verlierer. Frauen, Männer, Kinder nach der Scheidung. München, 1992.

Wile, Daniel B. – After the Honeymoon: How Conflict Can Improve Your Relationship. New York, 1988.

Zilbergeld, Bernie – Männliche Sexualität: was nicht alle schon immer über Männer wußten. Forum für Verhaltenstherapie und psychologische Praxis, Bd. 5. Tübingen, 1983.

## Mein ärgster Feind bin ich.

Dieses Buch beschreibt eingängig die negativen Strategien, mit denen wir uns den Alltag und die eigene Lebensfreude verderben. Bei regelmäßiger Anwendung der hier gegebenen Tips wird es leichtfallen, jegliche Hoffnung aufzugeben und ganz an sich zu verzweifeln. Oder aber ein Ende zu machen mit der liebgewordenen Selbstquälerei.

Bernhard Geue
**Wie ich mir das Leben zur Hölle mache**
und andere erfolgreiche Strategien,
sich selbst zu schaden
*176 Seiten, Hardcover mit farbigem Schutzumschlag*

## Hypochondrie — was ist das?

Hypochondrie ist so alt wie Krankheit überhaupt. Wer hätte sie nicht wenigstens ansatzweise schon bei sich selbst festgestellt? In einer mitfühlenden und amüsanten Analyse verfolgt das Buch Geschichte, Ursachen, Symptome und Heilungschancen der Hypochondrie und das merkwürdige und bewegende Leben der Hypochonder.

Susan Baur
**Die Welt der Hypochonder**
Über die älteste Krankheit
der Menschen
*256 Seiten, Hardcover mit Schutzumschlag*

## Wenn Angst zum Leben herausfordert

Für Menschen, die unter starken Ängsten leiden, ist es wichtig, die tiefere Bedeutung ihrer Angst zu verstehen. Ängste wie die Flug- und Prüfungsangst, Phobien, mit Angst verknüpfte Krankheiten (Asthma) wie auch die diffusen Ängste werden auf ihren Sinn untersucht. Alois Hicklin zeigt, wo die Möglichkeiten zur Angstbewältigung liegen: Angst fordert uns auf, bisher brachliegende Verhaltensmöglichkeiten in uns zu erkennen und endlich zu ergreifen.

Alois Hicklin
**Das menschliche Gesicht der Angst**
Buchreihe »Psyche & Soma«
*168 Seiten, Paperback*

## Wenn Liebe krank macht.

Wenn wir uns verlieben, fühlen wir uns wie durch ein Wunder von allerlei körperlichen Beschwerden erlöst — wir gehen wie auf Wolken. Im Liebes- und Beziehungsalltag holt uns die Erdenschwere wieder ein, und auch unser Körper kann sich, vielleicht ehe wir ein Beziehungsproblem erkennen, störend bemerkbar machen. Der Autor zeigt Zusammenhänge zwischen psychosomatischen Krankheiten und typischen, konfliktanfälligen Beziehungskonstellationen auf.

Perikles Kastrinidis
**Wenn Liebe krank macht**
Buchreihe »Psyche & Soma«
*160 Seiten, Paperback*

KREUZ: Was Menschen bewegt.